Kishor Sridhar

Wie Sie andere dazu bringen, das zu tun, was Sie wollen

Für
Anait, Kalyan und Alyosha
Ich wünsche Euch, dass Ihr im Leben möglichst
viele Gelegenheiten habt,
das zu tun, was Ihr wollt. Ich hab Euch lieb!

Kishor Sridhar

Wie Sie andere dazu bringen, das zu tun, was Sie wollen

REDLINE | VERLAG

Bibliografische Information der Deutschen Nationalbibliothek:
Die Deutsche Nationalbibliothek verzeichnet diese Publikation in der Deutschen National-
bibliografie; detaillierte bibliografische Daten sind im Internet über **http://d-nb.de** abrufbar.

Für Fragen und Anregungen:
lektorat@redline-verlag.de

2. Auflage 2015

© 2015 by Redline Verlag, ein Imprint der Münchner Verlagsgruppe GmbH
Nymphenburger Straße 86
D-80636 München
Tel.: 089 651285-0
Fax: 089 652096

Redaktion: Bärbel Knill, Landsberg am Lech
Umschlaggestaltung: Kristin Hoffmann, München
Umschlagabbildung: unter Verwendung von shutterstock.com
Satz: EDV-Fotosatz Huber/Verlagsservice G. Pfeifer, Germering
Druck: Konrad Triltsch GmbH, Ochsenfurt
Printed in Germany

ISBN Print 978-3-86881-553-5
ISBN E-Book (PDF) 978-3-86414-664-0
ISBN E-Book (EPUB, Mobi) 978-3-86414-665-7

Weitere Informationen zum Verlag finden Sie unter

www.redline-verlag.de

Beachten Sie auch unsere weiteren Verlage unter
www.muenchner-verlagsgruppe.de

Inhalt

1. Sprintstart

Wie wäre es, wenn Sie Ihre kostbare Zeit nicht ständig mit den Widerständen Ihrer Mitmenschen vergeuden würden? Was könnten Sie erreichen, wenn alle das machen würden, was Sie wollen? Das Leben wäre so viel einfacher und stressfreier!

Mindestens ein Viertel unserer Arbeitszeit verbringen wir mit Konfliktlösung, und in den wenigsten Fällen erfolgreich[*]. Und in unserem Privatleben sieht es auch nicht viel besser aus. Konflikte müssen dabei nicht gleich offener Streit sein, sondern es sind all die Situationen, wo Absprachen nicht eingehalten wurden oder Dinge einfach nicht gemacht oder anders gemacht werden, als Sie es sich vorgestellt haben. Diese Reibereien sind auf die Dauer frustrierend, zeitraubend und kräftezehrend. Man vergeudet seine Ressourcen für ungewollte Kämpfe, die andererseits notwendig sind, um voranzukommen.

Nun kann man es statt direkter Konfrontationen wie beim Judo machen und die Kraft des Gegenübers nutzen, durch den Schwung einer Rückwärtsrolle wird der Gegner mitgerissen und findet sich auf der Matte in einem unlösbaren Klammergriff wieder. Diese Methoden werden – natürlich im übertragenen Sinn – bei Verhandlungen, Vertriebsgesprächen und Streitschlichtungen eingesetzt, manchmal mehr, manchmal weniger erfolgreich.

Wie aber wäre es, wenn es erst gar nicht zum Kampf käme? Wie wäre es, wenn Ihr Judogegner Sie anschaut, kurz nachdenkt und es plötzlich für eine sensationell gute Idee hält, sich mal freiwillig auf die

---

[*] laut einer Umfrage unter 250 Arbeitnehmern und Führungskräften im Jahr 2014

Matte zu legen, weil es so schön bequem ist? Genau das kann die sanfte Kraft der Behavioral Economics bewirken. Im Grunde handelt es sich bei Behavioral Economics frei übersetzt um Verhaltenspsychologie. Schon in den 50er-Jahren des letzten Jahrhunderts hatte man erkannt, dass wir Menschen nicht rein logisch denkende und handelnde Wesen sind, sondern von den rationalen Handlungspfaden abweichen. Eine Heerschar von Psychologen beschäftigt sich seither mit diesem Thema. Leider ist die Anwendung der Behavioral Economics bis heute nicht wirklich im Alltag angekommen, wenn man von populärwissenschaftlichen Zeitschriften oder amüsanten Anekdoten in kleinen Büchlein absieht.

Verhaltenspsychologie ist jedoch mehr als die Ansammlung einiger lustiger Effekte, die sich als Bonmots für Partys eignen. Sie schafft eine komplett neuartige Denk- und Sichtweise auf uns, unsere Mitmenschen und unser Zusammenwirken und Handeln. Wie man die sanfte Macht der Behavioral Economics im Alltag anwenden kann, darum geht es in diesem Buch. Hierfür habe ich in den letzten Jahren viele konkrete Beispiele aus den verschiedensten Bereichen gesammelt, die meine Kunden und ich persönlich getestet haben – also quasi mit Erfolgsgarantie. Mit ein wenig Kreativität und Übung werden Sie selbst noch viele weitere Anwendungsmöglichkeiten finden.

Ich bin überzeugt, dass Sie binnen kürzester Zeit diese Techniken instinktiv im Alltag anwenden werden. Sie werden sich, Ihre Mitmenschen und das Zusammenspiel der Menschen in einem ganz anderen Licht sehen und spielend leicht andere dazu bringen, das zu tun, was Sie wollen.

Nun werde ich in meinen Vorträgen und Beratungsprojekten oft gefragt, ob es nicht unethisch sei, Menschen gezielt zu beeinflussen. Gegenfrage: Ist es unethisch, dass wir täglich von der Werbung mit ihren Idealbildern und zahnpastalächelnden Supermodels manipuliert werden, Waren zu kaufen, die eigentlich überteuert sind, und die wir im Grunde gar nicht brauchen? Ist es unethisch, dass Bewerber beim Vorstellungsgespräch versuchen, dem Personalchef zu imponieren, Anekdoten von ihren Arbeitserfolgen zum Besten geben und kleine Lücken im Lebenslauf elegant kaschieren? Was ist Beeinflussung und was nicht?

Ich erhebe nicht den Anspruch, als Moralapostel durch diese Welt zu ziehen, da gibt es genügend andere, die dies ungefragt tun. Ich gebe Ihnen aber gerne eine Faustregel mit auf den Weg, die mir selbst immer ganz gute Dienste geleistet hat:

Handeln Sie immer so, dass sich die anderen Menschen langfristig gut dabei fühlen, und so, dass Sie ihnen auch in Zukunft noch guten Gewissens gegenübertreten können. Ihre Mitmenschen sollten sich nicht nur kurzfristig gut fühlen, um danach schmerzhaft zu erwachen. Im Prinzip ist es wie damals beim ersten Date. Natürlich hatten Sie da alle Register der positiven Einflussnahme gezogen, aber so, dass Sie beide dauerhaft glücklich sind. Nach einigen Jahren schaut man gemeinsam zurück und schmunzelt über die kleinen Tricks und Kniffe des anderen beim ersten Kennenlernen. Wenn Sie Ihren Mitmenschen auch noch in Zukunft offen gegenübertreten können und vielleicht sogar über den einen oder anderen Kniff gemeinsam schmunzeln können, dann haben Sie alles richtig gemacht.

2. Die drei wichtigsten Fähigkeiten

Wer Menschen dazu bringen möchte, das zu tun, was er will, sollte nicht auf die Vernunft der Menschen bauen, sondern auf deren Unvernunft. Im Alltag versuchen wir meist über Sachargumente zu überzeugen, damit kommen wir aber selten weiter. Denn der rationale Verstand ist vom Standpunkt der Evolution aus gesehen recht jung. Deutlich älter und deswegen viel dominanter sind unsere instinktiven, also irrationalen Verhaltensweisen. Der frühe Mensch hatte nicht den Luxus, in Gefahrensituationen lange und rational Möglichkeiten abzuwägen, um dann den logisch besten Schluss zu ziehen. Bis dahin hatten ihn schon längst irgendwelche Urzeitwesen gefressen. Außerdem kostet Denken erhebliche Energie. Bis zu 20 Prozent der Kalorien, die wir zu uns nehmen, gehen für diese kleine graue Masse in unserem Kopf drauf. Weniger denken war also in Zeiten von Nahrungsmangel und in denen es auf Schnelligkeit ankam, von Vorteil. Deswegen hat unser Gehirn im Laufe der Evolution Abkürzungen und Notfallpläne für gewisse Situationen eingebaut. Durch diese kleinen Hilfsmittel sparen wir wertvolle Zeit, Energie und kommen schneller ans Ziel – jedoch nicht immer. Denn manchmal ergeben sich daraus auch Trugschlüsse und Verzerrungen.

Wenn sachliche Argumente den darunter schlummernden, irrationalen Beweggründen widersprechen, führt das dazu, dass Menschen nicht so handeln, wie wir es eigentlich beabsichtigt hatten. Wenn wir aber diese verhaltenspsychologischen Effekte kennen, dann kennen wir auch die Abkürzungen, die das menschliche Gehirn nimmt. Wer einmal erkannt hat, dass er zwar sachlich argumentieren kann, aber auf der irrationalen Ebene punkten muss, und vor allem wie das gelingt, dem eröffnen sich ungeahnte Möglichkeiten. Es ist dann wie bei Hase und Igel. Sie sind immer einen Schritt schneller als Ihre Mitmenschen. Es kommt aber noch besser. Sie können sogar den Weg beeinflussen, den der Hase läuft.

Die Illusion des gemeinsamen Ziels

»Warum machen meine Mitarbeiter nicht mit? Wir haben doch ein gemeinsames Ziel!«, raufte sich ein sehr verzweifelter Geschäftsführer die Haare. Es war gerade zwei Monate her, dass die Umstrukturierungsmaßnahmen besprochen worden waren. Die Ziele waren festgelegt, alle wussten, was getan werden sollte, aber umgesetzt wurde nicht. Der Geschäftsführer und seine Mitarbeiter waren sich zwar einig gewesen, was die Sachziele betraf, hatten aber genau jene unterschwelligen, irrationalen Ziele vernachlässigt. Sie waren einem weitverbreiteten Irrglauben verfallen – dem Mythos des einen gemeinsamen Ziels.

Der Geschäftsführer hatte zwar klare Ziele mit seinen Mitarbeitern festgelegt. Umsatz- und Verkaufszahlen, Zeitpläne, der gesamte Alltagsfokus. Dabei waren alle Mitarbeiter auch guter Dinge und überzeugt. Sie waren einer Meinung, was das **Sachziel** anging. Jedoch besteht jedes Ziel aus vier Zielkomponenten, und das Sachziel ist nur ein kleiner Teil davon.

Ein weiteres, eher rationales Ziel ist das **Prozessziel**. So wissen wir zwar, wo wir hin müssen. Aber der Weg dorthin, also wie wir das Ziel erreichen, steht noch lange nicht fest. Wenn Sie morgen in Berlin sein wollen, dann ist das ein Sachziel. Deswegen sind Sie noch lange nicht einig, welches Verkehrsmittel Sie nutzen und welche Strecke Sie fahren werden. Selbst wenn Einigkeit beim Sachziel herrscht, kann es also bereits beim Prozessziel zu den ersten Unstimmigkeiten kommen. Man scheitert an der Umsetzung.

So viel zur rationalen Ebene aus Sach- und Prozessziel. Dummerweise ist die rationale Ebene aber genau diejenige, die unser Handeln am wenigsten beeinflusst. Wie sieht es aber mit den anderen beiden Zielkomponenten aus, die bis zu 70 Prozent unserer Handlungsmotivation ausmachen, im Alltag jedoch kaum berücksichtigt werden?

Auf der irrationalen Ebene spielt einerseits das **Identitätsziel** eine wichtige Rolle: *Wer bin ich? Wie werde ich wahrgenommen?* Als was will ich wahrgenommen werden? Diese Fragen stellt sich unser Ich permanent unbewusst. Niemand wird dauerhaft und freiwillig etwas tun, was seinem Ich zuwider ist. Wenn Sie jemandem das Gefühl geben, dass das, was er tut, sein Ich erstrahlen lässt, ist seine Bereitschaft zu handeln deutlich größer, als wenn Sie nur über die Sache argumentieren. In den USA hat man jahrzehntelang in Schulen versucht, Schüler vom Rauchen abzuhalten. Es gab die üblichen Aufklärungskampagnen wegen gesundheitlicher Schäden etc. Die Erfolge waren eher mäßig. Als man jedoch in einer Kampagne begann, gezielt, aber subtil dem Rauchen das Image von schlechter gebildeten und gesellschaftlich niedrigeren Schichten zu geben, sank die Anzahl der Schüler, die mit dem Rauchen anfingen, dramatisch. Das war nicht weiter verwunderlich, denn die Hauptursache, mit dem Rauchen anzufangen, konnte kaum der gute Geschmack sein, wie es uns die Werbung glauben machen will, sondern dass man cool sein und dazugehören wollte. Wenn das Ego dazu führt, dass man mit dem Rauchen anfängt, wieso nicht genau da ansetzen, um das zu verhindern? Die Werbeindustrie spielt die Klaviatur des Egos perfekt. Die Produkte unterscheiden sich kaum. Das ist den Werbern egal, denn sie vermitteln, dass das jeweilige Produkt einen schlauer wirken lässt, erfolgreich macht oder einem Frauen bzw. Männer reihenweise in die Arme fallen lässt. Anders ausgedrückt: Ihre sachlichen Argumente können löchrig sein, sobald sie aber das Identitätsziel richtig ansprechen, haben sie schon gewonnen.

Nicht minder wichtig ist das **Beziehungsziel,** also die zwischenmenschlichen Beziehungen. Ist man Teil des Teams und wird man akzeptiert? Hat man Freunde, ist man beliebt und wird respektiert? Vielleicht ist man jedoch eher der Einzelkämpfer, der sich in einer Teamstruktur unwohl fühlt. Befindet man sich in der hierarchischen Position, in der man sich am wohlsten fühlt? Das muss nicht unbedingt ganz oben sein, denn höher ist nicht unbedingt besser. Ein erfahrener Ingenieur wurde vor einigen Jahren in seinem Unternehmen als Dank für seine Verdienste befördert. Nun hatte er die Führungsverantwortung für zwölf Mitarbeiter. Nach einem halben Jahr kündigte er und ging zu einem anderen Unternehmen. Er wollte einfach kein Chef sein, auch wenn das sachlich als erstrebenswert gilt. Beziehungen geben uns im Alltag Halt und Stabilität. Nur hat jeder andere Bedürfnisse.

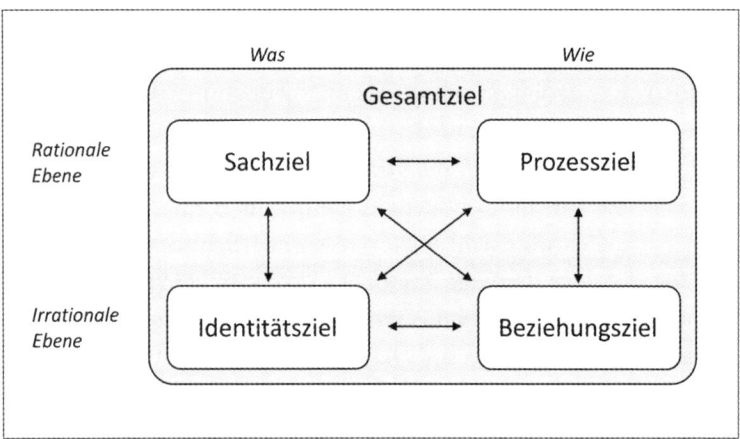

Wenn über Ziele diskutiert wird, dann wie gesagt meist über das Sachziel, manchmal auch das Prozessziel. Die Ziele auf der wichtigeren, irrationalen Ebene bleiben meist unbeachtet. Wir alle haben die vorwurfsvollen Ermahnungen unserer Eltern im Ohr: »*Kind, sei doch vernünftig!*« – Wieso sollen Kinder vernünftig sein, wenn Erwachsene es selbst nicht sind? Nun sind wir aber mit dem Mythos der Vernunft aufgewachsen. Es ist unüblich, im Beruf oder beim Geschäft über persönliche Befindlichkeiten zu diskutieren. Bestenfalls wird im Alltag Kritik an der Sache geübt, die ihre Wurzeln aber oft in menschlichen Befindlichkeiten hat. Schlimmstenfalls nicken alle die sachlichen Ziele ab, setzen diese dann aber nicht um. So kann man kaum von jemandem erwarten, dass er voller Engagement gegen sein eigenes Identitätsziel arbeitet. Wir können auch nicht erwarten, dass ein Mitarbeiter aufsteht und sagt: »*Das finde ich nicht gut, das deckt sich nicht mit meinem Identitätsziel!*« oder besser noch »*Jetzt lassen wir mal alle Vernunft beiseite und kümmern uns um unsere irrationalen Bedürfnisse.*« Sie sehen, das funktioniert nicht, weil wir alle glauben, wir müssten vernünftig sein.

Übrigens ist es sehr einfach, über die Unvernunft der anderen zu reden. Dabei vergessen wir nur zu leicht, dass wir selbst nicht anders sind. Das kennt man in jeder guten Beziehung. Man selbst hat alle vernünftigen Argumente auf seiner Seite. Nur der Partner oder die Partnerin ist aus unserer Sicht (das ist völlig unabhängig vom Geschlecht) total irrational, emotional und verstockt. In Unternehmen beklagen sich Führungskräfte, Vorstände und Geschäftsführer über die Unvernunft der Mitarbeiter und sind aufgrund ihres oft übersteigerten Egos meist viel unvernünftiger. Politiker werfen sich in Talkshows gegenseitig vor, unsachlich zu sein. Der Westen wirft Putin vor, die Realität aus den Augen verloren zu haben, egozentrisch zu sein und überzureagieren. Das Gleiche sagt Putin im russischen Fernsehen über westliche Politiker. Kurzum, Unvernunft ist allgegenwärtig, nur sind es immer die anderen.

Motive, die unser Handeln antreiben

Wenn wir einmal die Irrationalität unserer Mitmenschen (und unsere eigene) erkannt und akzeptiert haben, wird es uns viel leichter fallen, sie dazu zu bringen, das zu tun, was wir wollen. Dafür müssen wir nur hinter die Fassade schauen, was die wirkliche Motivation des menschlichen Handelns und Nicht-Handelns ist. Denn im Grunde werden wir angetrieben durch unser Ego, unsere Bequemlichkeit, unsere Gier und unsere Angst:

Motiv = Ego + Bequemlichkeit + Gier + Angst

Alles, was wir tun, alles, was wir erreichen und wonach wir uns sehnen, wird durch diese Formel ausgedrückt. Es ist quasi die Formel, die die Welt antreibt. Selbstverständlich ist es nicht gesellschaftlich konform, menschliches Handeln auf solch scheinbar niedrige Beweggründe zu reduzieren, und nicht wenige runzeln in meinen Vorträgen erst mal skeptisch die Stirn, wenn ich diese Formel nenne. Ich werde auch öfter gefragt, ob ich nicht ein ziemlich pessimistisches Menschenbild hätte, wenn ich menschliches Handeln durch so primitive Treiber definiere. Nein! Ganz im Gegenteil! Ich bin ein absoluter Optimist und habe ein sehr positives Menschenbild. Denn ich glaube eben nicht, dass wir nüchtern-kalte Denkmaschinen sind. Ich glaube an das, was jeden von uns so wundervoll und einzigartig macht. Ich glaube an das Menschliche in uns. Aber nehmen wir uns doch die paar Minuten und schauen uns die einzelnen Bausteine mal genauer an, es lohnt sich:

Ego

»*Du bist der wichtigste Mensch der Welt für mich.*« Welch ein schöner Satz! Wie gut fühlen wir uns, wenn wir solch einen Satz hören, und wie sehr sehnen wir uns danach, dass jemand so etwas zu uns sagt. Wenn dieser Satz so schön ist, warum hören und sagen wir ihn so selten? Vielleicht ist genau jetzt der richtige Zeitpunkt, dass Sie einfach mal diesen Satz dem für Sie wichtigsten Menschen auf der Welt sagen, sei es Ihr Partner/Ihre Partnerin, Vater, Mutter, Kind, bester

Freund oder beste Freundin. Legen Sie das Buch zur Seite und machen Sie es am besten jetzt sofort!

Ein alter Schulfreund von mir ist Schauspieler. Als wir uns vor einigen Monaten in einem Münchner Café trafen, fragte ich ihn, wieso er Schauspieler geworden sei. Ich erwartete Antworten wie die Liebe zur Kunst, die Sehnsucht, Menschen etwas mitzugeben. *»Das ist alles Quatsch«*, war seine Antwort. *»Ich bin aus dem gleichen Grund Schauspieler geworden wie alle anderen auch, die auf der Bühne stehen. Wir wollen geliebt werden. Wir wollen auf der Bühne stehen, und dass das Publikum uns liebt.«* Wir alle wollen geliebt werden und rennen dieser Sehnsucht hinterher. Das Unternehmen Gallup weist in seinen Studien regelmäßig nach, dass Mitarbeiter, die Wertschätzung erfahren, deren Ego also Streicheleinheiten erfährt, nicht nur eine stärkere Verbundenheit mit dem Arbeitgeber zeigen, sondern auch weniger krank sind, weniger Fehler machen und produktiver sind.

All diese Beispiele zeigen, wie wichtig das Ego ist. Ein gesundes Ich ist nicht nur lebenswichtig, sondern auch wunderschön. Selbst Nächstenliebe entspringt einem gesunden Egoismus, denn Altruisten fühlen sich wohl, wenn sie anderen Menschen helfen, und schlecht, wenn sie es nicht tun. Wenn Sie das Ego Ihrer Mitmenschen stärken, dann erreichen Sie mehr als über jegliches Argument.

Bequemlichkeit

Mit Bequemlichkeit ist nicht Faulheit gemeint! Selbst der fleißigste Workaholic hat eine Neigung zur Bequemlichkeit. So verschanzt er sich vielleicht hinter Arbeit, um sich nicht mit seiner Familie auseinandersetzen zu müssen. Grundsätzlich ist unser Gehirn von Natur aus bequem. Um wertvolle Ressourcen zu sparen, werden komplexe Denkprozesse ausgeschaltet und Abkürzungen genommen. So werden Preisvergleichsportale aufgesucht, um Geld zu sparen, aber letztlich dann doch nach drei Seiten die Suche aufgegeben und das gekauft, was am günstigsten erscheint, und nicht das, was am günstigsten ist. Während wir unsere Mitmenschen mit Argumenten fluten, hat deren Hirn vielleicht schon längst abgeschaltet und eine Entscheidung getroffen, nur dummerweise aus unserer Sicht die Falsche. Man hat viel geredet und nichts erreicht. Wenn wir die Bequemlichkeit der anderen aber erkennen, können wir nicht nur sparsamer und zielorientierter argumentieren. Wir können sogar bewusst Abkürzungen forcieren, die das Gehirn unserer Mitmenschen nehmen soll, damit sie uns in die Arme laufen.

Gier

Auch Gier ist negativ besetzt. Wir denken an Gier-Banker und gierige Politiker und haben noch die Ermahnungen unserer Eltern im Kopf: *»Iss nicht so gierig!«* Im Grunde unseres Herzens sind wir jedoch alle gierig, manchmal mehr, manchmal weniger. Gier ist dieses Gefühl, etwas haben zu wollen. Gier treibt uns dazu, Lotto zu spielen, ein neues Auto zu kaufen oder bei einem Schnäppchen zuzuschlagen, bei dem wir drei Hosen zum Preis von zwei bekommen, obwohl wir nur eine brauchen. Unser gesamtes wirtschaftliches System würde ohne Gier zusammenbrechen. Selbst Menschen, die auf vieles verzichten, haben immer etwas, das sie gerne haben wollen, etwas, nach dem sie ein klein wenig gieren. Das müssen nicht unbedingt materielle Dinge sein. Ein Bekannter von mir lebt aus zwei Koffern und reist seit 15 Jahren durch die Welt, auf zu täglich neuen Abenteuern, ob Brasilien, USA, China, Südkorea. Er lebt von Gelegenheitsjobs. Einmal im Jahr, wenn er einen Zwischenstopp in Deutschland macht, treffen wir uns und plaudern über unsere Erlebnisse. Wenn dann die übliche biergetrübte philosophische Phase beginnt, schaut er mich stets mitleidig an und schüttelt bedauernd den Kopf. *»Ich brauche das alles nicht, was Du hast. All diese materiellen Dinge bedeuten mir nichts. Ich bin nicht gierig«*, versucht er mich dann jedes Mal zu überzeugen. *»Ich will Abenteuer, den Nervenkitzel. Ich brauche Freiheit.*

Ich möchte immer wieder neue Frauen kennenlernen. Aber jede Beziehung, die länger als drei Monate dauert, raubt mir meine Freiheit.« – Auch er will also etwas, nur eben nichts Materielles. Jeder ist ein wenig gierig, mancher nach materiellen Dingen, ein anderer nach immateriellen. Im Grunde läuft es auf das Gleiche hinaus. Meist wollen wir aber von beidem etwas. Wenn Sie erkennen, was es genau ist, was die eigentliche Gier der Person ausmacht, mit der Sie es zu tun haben, und dies gezielt ansprechen, dann haben Sie schon so gut wie gewonnen. Wenn Sie meinen Bekannten begeistern wollen, dann kommen Sie ihm nicht mit der Aussicht auf Geld oder Autos. Nein, bieten Sie ihm neue Abenteuer.

Angst

Die Angst in uns kennt viele Ausdrucksformen und bedeutet nicht, dass man sich mit Schweiß auf der Stirn und zitternden Händen unter der Decke verkriecht oder neurotisch veranlagt ist. Behutsamkeit, Zweifel, Vorsicht, das alles sind Formen der Angst. Sie haben bestimmt auch mal ein Angebot nicht angenommen, weil Sie skeptisch waren, oder haben sich aus Unsicherheit Rat von Freunden eingeholt. Die Sehnsucht nach Sicherheit und Orientierung ist ebenso Ausdruck von Angst. Davon leben ganze Industriezweige, Ratgeberzeitschriften und Verbrauchersendungen. Selbst Scharlatane wie Wahrsager und vermeintliche Börsengurus bieten nichts weiter als scheinbare Sicherheit. Es gibt viele Situationen, in denen wir Sicherheit den anderen drei Motiven vorziehen. Die Kunst liegt nur darin, zu erkennen, wann dies der Fall ist, wie man die Angst nimmt und das Gefühl von Sicherheit und Orientierung vermittelt.

In jeder unserer Handlungen spielen alle vier Teile der Gleichung – Ego, Bequemlichkeit, Gier und Angst – hinein. In normaler Entfaltung fallen sie nicht weiter auf. Wir wirken vernünftig und rational. Im Hintergrund lotsen uns jedoch diese vier recht unvernünftigen Helferlein unbemerkt, aber eifrig durch den Alltag.

Je nach menschlichem Typ und Situation spielt mal das eine und mal das andere Motiv eine stärkere Rolle. Wenn Sie andere Menschen zum Handeln bewegen wollen, gilt es zu verstehen, welche Motive jeweils gerade dominant sind. Entsprechend können Sie diese dann ansprechen. Oder Sie verstärken die weniger dominanten unvernünftigen Helferlein, sodass sie die Oberhand gewinnen, und kümmern sich dann um diese.

Schauen wir uns mal dieses Zusammenspiel der vier Motive anhand von einigen Beispielen aus der Realität an. Lesen Sie sich die Beispiele durch und überlegen Sie, welche Motive bei der Handlung dominant waren.

Beispiel 1 – Laptop-Kauf

Rationales Argument: »Ich habe mir einen neuen Laptop gekauft. Es war ein unglaublich günstiges Schnäppchen.«

Christina wollte sich einen neuen Laptop kaufen und hatte sich vorgenommen, im Internet Preise zu recherchieren. Auf dem Weg von der Arbeit nach Hause sah sie zufällig ein Angebot bei einem PC-Händler, bei dem sie noch nie zuvor eingekauft hatte. Der Laptop sei ein gutes Schnäppchen, hieß es, da er um 20 Prozent reduziert sei. Sie schlug sofort zu.

Beispiel 2 – Kritik von der Chefin

Rationales Argument: »Ich muss mich mehr reinhängen, meine Firma braucht mich.«

Thomas hatte noch in guter Erinnerung, als seine Chefin ihn vor drei Monaten vor dem gesamten Team als einen der besten Projektleiter gelobt hatte, der in der Lage sei, selbst aussichtslose Projekte zum Erfolg zu führen. Umso größer war der Schock, als die Chefin ihn heute zur Seite nahm und ihm mitteilte, dass sie inzwischen an seinem Engagement zweifle, da er sich gerade bei dem wichtigsten Projekt in den letzten zwei Wochen einige ziemlich grobe Schnitzer erlaubt habe. Er wusste, dass er sich nun noch mehr reinhängen musste, auch wenn das weitere Überstunden bedeutete.

Beispiel 3 – Die neue Geschäftsidee

Rationales Argument: »Ich verwende ein neues Geschäftskonzept mit sehr guten Ertragsmöglichkeiten.«

Susanne hatte es satt, immer nur durchschnittlich zu verdienen. Deswegen kam ihr diese Geschäftschance gerade recht. Sofort Geld verdienen, hieß es. Ein Multi-Level-Marketingkonzept, ohne dass man selbst Kunden akquirieren muss, lautete es weiter. Das Geld sprudelt sofort! Im Prinzip klang alles recht einfach. Sie investierte erst mal 3000 Euro, eigentlich ein Schnäppchen, bei den versprochenen Gewinnen. Morgen konnte es losgehen!

Beispiel 4 – Geheimniskrämerei

Rationales Argument: »Die anderen haben überhaupt nicht die notwendige Erfahrung, um die Aufgaben zu erledigen.«

Herr Zeilmann war seit Jahren allein für ein Projekt verantwortlich. Nun hatte die Geschäftsleitung beschlossen, dass es Zeit war, dass Herr Zeilmann sein Insiderwissen mit anderen Kollegen im Unternehmen teilte. Immerhin stand Herr Zeilmann drei Jahre vor der Rente, und man wusste ja nie, ober er nicht vielleicht früher ausfallen würde. Herr Zeilmann dachte jedoch nicht daran, sein Hoheitswissen mit anderen zu teilen. Er flüchtete sich von Ausrede zu Ausrede. Trotz wüster Beschimpfungen der Geschäftsleitung und dem Druck seiner Kollegen behielt er alles unter Verschluss. Schließlich gaben alle auf und Herr Zeilmann konnte weiter als Herrscher in seinem kleinen Reich agieren.

Und, haben Sie die treibenden Motive erkannt? Im ersten Fall war es Gier. Christina wollte den Laptop sofort haben, und das zu einem günstigen Preis. Aber auch Bequemlichkeit spielte eine Rolle, denn sonst hätte sie noch im Internet diverse Produkte und Preise verglichen und vielleicht Freunde um Rat gefragt. Sie glaubte dem Versprechen, dass der Laptop günstig sei, weil es ihre Gier und ihre Bequemlichkeit so wollten.

Bei Thomas hingegen waren Ego und Angst die dominanten Motive. Er war stolz darauf, einer der besten Projektleiter zu sein. Nun hatte er Angst, seinen guten Ruf und das Ansehen seiner Chefin zu verlieren. Sein Ego war gefährdet.

Auch bei Susanne spielten Gier und Bequemlichkeit die treibenden Rollen. Die beste Kombination für betrügerische Konzepte ist das Versprechen auf hohen Gewinn bei wenig Arbeit. So unwahrscheinlich das klingt, in dem Moment will man es einfach glauben. Ein wenig spielte wohl auch das Ego mit hinein. Wer möchte sich seinen Freunden nicht als erfolgreicher Macher präsentieren? Angst spielte keine Rolle. Vielleicht hatte sie anfangs einige unterschwellige Zweifel, aber Gier und Bequemlichkeit waren stärker.

Bei Herrn Zeilmann dominierte die Angst, gepaart mit Bequemlichkeit. Er fürchtete, überflüssig zu werden. Solange er jedoch das Hoheitswissen hatte, konnte ihm nichts passieren. Außerdem war er es nicht gewohnt, Informationen zu teilen. Er war zu bequem, alles seinen Kollegen mitzuteilen und zu erklären. Das Ego spielte vielleicht zu Beginn noch eine Rolle, aber sein Ruf war nach einiger Zeit ohnehin lädiert und er ließ es geschehen. Da hatte das Ego nichts mehr zu melden, denn Angst und Bequemlichkeit dominierten.

Selbst wenn Sie nicht auf Anhieb die jeweils dominanten Motive erkannt haben – Übung macht den Meister. Beobachten Sie sich selbst und andere und versuchen Sie immer herauszufinden, welche der vier Helferlein gerade das Handeln bestimmen. Nach nur wenigen Tagen werden Sie dies ganz selbstverständlich tun. Sie werden nicht nur viel über sich selbst und Ihre Mitmenschen lernen, sondern auch instinktiv erkennen, wo Sie ansetzen müssen, um Menschen dazu zu bringen, das zu tun, was Sie wollen.

Der Perspektivwechsel des Kameramanns

Menschenkenntnis bedeutet, sich in seine Mitmenschen blitzschnell hineinversetzen zu können. Zu viele Menschen leben nach dem Motto, *was ich gut finde, finden andere auch gut.* Selbst große Unternehmen erliegen diesem Glauben. Betriebsblindheit und Produktverliebtheit sind trotz Marketingabteilungen und Marktforschung bis heute weit verbreitet. Unzählige Flops in jedem Jahr, die nicht aus Sicht der Kunden entwickelt wurden, sind die Ursache. Nur so lässt es sich erklären, dass Windows 8 floppte. Man hat einfach nicht auf das Nutzungsverhalten der Kunden geachtet, sondern auf seine eigenen Designvorgaben. Schön, aber unpraktisch ist nur selten ein gutes Verkaufsargument.

Um das zu erreichen, was wir wollen, müssen wir verstehen, was unser Gegenüber will!

Das bedeutet, wir müssen die Perspektiven wechseln können. Stellen Sie sich vor, Sie sind ein Kameramann bei einer großen Hollywood-Produktion. Sie sitzen in diesem absolut coolen Stuhl, der auf einem Teleskoparm durch die Gegend schwebt, so wie Sie es wollen. Sie können jede Perspektive einnehmen, indem Sie sich einfach reinschwenken. Wenn Sie nun jemanden überzeugen oder für sich gewinnen wollen, schweben Sie mit ihrem Teleskoparm in die Position der anderen Person. Sehen Sie die Welt aus deren Sicht. Tauchen Sie in die Person ein, durchbrechen Sie die Oberfläche der Rationalität und entdecken Sie eine ganz neue Welt. Sehen Sie, was aus der Sicht des anderen wichtig und unwichtig ist. Stellen Sie sich vor, was Sie aus dessen Sicht machen würden. Was sind seine Sehnsüchte, Ziele und Ängste? Sehen Sie diese Person nicht nur durch dessen Augen, sondern werden Sie diese Person. Hört sich fantastisch an? Ist es nicht. Es ist recht einfach und macht einen Riesenspaß. Versuchen Sie es. Je mehr Sie diesen Perspektivwechsel üben, umso besser werden Sie darin. Was treibt Ihre Kollegen an? Was stört sie besonders und wodurch definieren sie sich? Worin finden sie Selbstbestätigung und wonach sehnen sie sich? Vergessen Sie nur nicht, wieder in Ihre eigene Perspektive zurückzukehren. Manche haben sich schon so in eine andere Person hineinversetzt, dass sie ihre eigenen Ziele ganz vernachlässigt haben und nur noch an das Wohl der anderen Person gedacht haben. Das ist nicht Sinn der Sache!

Ein Kameramann macht aber noch mehr. Er zoomt in Szenen hinein und wieder heraus. Bilder oder Filme bekommen eine ganz andere Wirkung, wenn man den richtigen Ausschnitt wählt. Diese Zoomtechnik ist sehr wichtig, um Perspektiven zu verändern und Dinge in der richtigen Relation zu sehen. Viele Dinge finden überhaupt erst unsere Beachtung, weil wir sie außerhalb ihrer eigentlichen Proportionen sehen. Jeder Hai-Angriff schafft es bei uns in die Tagespresse. Ist ja auch eine ziemlich gruselige Sache, wenn man da so vor sich hinschwimmt und plötzlich von einem gefräßigen Monster in die Tiefe gerissen wird. Im Schnitt gibt es 15 Todesfälle durch Hai-Angriffe im Jahr. Hingegen werden durchschnittlich 100 Menschen durch Flusspferde getötet. Darüber liest man nur nichts in der Presse. Naja, selbst schuld, denkt man sich vielleicht, warum nähert man sich auch einem Flusspferd? Gilt das gleiche Argument nicht auch für Haie? Klar, aber Haie bewegen sich in einem Umfeld, wo wir Menschen recht hilflos sind. Außerdem wollen Haie uns fressen. Flusspferde nicht, die sind erstens niedlich und zweitens töten sie uns nur so aus Versehen. Nicht niedlich sehen hingegen Kokosnüsse aus. Trotzdem findet keiner der rund 150 Toten im Jahr, die durch

Kokosnüsse erschlagen werden, mediale Aufmerksamkeit. Denn weder Flusspferde noch Kokosnüsse sind aggressiv und böse, die töten uns nicht mit Absicht. Im Gegensatz zu Haien wollen die uns nämlich nicht fressen.

Dieser kleine Gedankengang zeigt, wie unterschiedlich wir Dinge beurteilen. Wenn wir über 150 Tote im Jahr reden, dann ist die Betroffenheit groß. Hört man, dass es nur Kokosnüsse waren, dann entspannt man sich. Hören wir aber von einem Hai-Angriff, sehen wir gleich ein blutrotes Massaker. Es ist alles eine Frage der Perspektive. Unterm Strich ist das Ergebnis jedoch für die betroffene Person das Gleiche. Tot ist tot.

Betrachten Sie also die Welt nicht aus Ihrem Blickwinkel. Gönnen Sie sich den Luxus und den Spaß, den Blick anderer einzunehmen. Denn wenn Sie andere Menschen überzeugen wollen, sollten Sie stets bedenken:

Der wichtigste Mensch der Welt sitzt Ihnen gegenüber!

Geduld und Timing

Ebenso wichtig ist das richtige Gefühl für das beste Timing. Das heißt die Methoden, die wir im Verlauf des Buchs behandeln werden, in der richtigen Reihenfolge und im geeigneten Moment einzusetzen.

Wer mit dem Kopf durch die Wand will, wird selten Erfolg haben. Es gibt Situationen, in denen Menschen empfänglicher sind – wenn Sie zum Beispiel deren Ego ansprechen. Wer frisch in den Tag startet, ist weniger empfänglich für das Motiv Bequemlichkeit. Warten Sie dann ein paar Stunden, und schon sieht die Welt anders aus. Wenn Ihr Chef gerade mit heimlicher Schadenfreude gelesen hat, dass das größte Konkurrenzunternehmen in Schieflage geraten ist, werden Sie mit Techniken, die auf seine Existenzangst abzielen, nicht sehr erfolgreich sein. Warten Sie dann einfach bis zum Nachmittag, wenn er die Aufforderung zur Steuernachzahlung vom Finanzamt bekommen hat.

Das richtige Timing bedeutet, ein Gespür für die Stimmungen seiner Mitmenschen zu haben und vor allem Geduld zu entwickeln. Manchmal lohnt es sich, ein Anliegen zu verschieben, auch wenn es noch so schwerfällt. Man sollte dann nicht den Fehler machen, nur weil man etwas erledigt haben will, gegen alle Umstände vorzupreschen. Wenn es wirklich so eilig ist, dann sollte man vielleicht eine andere Methode anwenden, die in dieser Situation besser passt. Besser ist es jedoch, man wartet einfach auf einen passenderen Moment. Er ergibt sich meist schneller, als man denkt. Das Leben bietet uns ein Wechselbad der Gefühle und Motive fast im Stundentakt. Man muss nur abwarten, um dann zuzugreifen. Geduld ist das Mittel der Erfolgreichen.

3. Blitztechniken als Trainingsfeld

Nachdem Sie die drei wichtigsten Fähigkeiten beherzigt haben, starten wir nun gleich in die Praxis, und zwar mit ein paar Methoden, die Sie sofort im Alltag anwenden können, und die in vielen Situationen zu einem sehr schnellen Erfolg führen. Diese Blitztechniken sind zugleich Grundlage für alle weiteren Techniken in komplexeren Situationen, die wir später eingehender behandeln werden.

Das A und O: Gewinnen Sie Menschen in fünf Sekunden

Wichtiger als jede Überzeugungstechnik ist es, Menschen blitzschnell emotional für sich zu gewinnen. Wem würden Sie eher helfen? Wem würden Sie eher einen Gefallen tun? Einem Wildfremden oder jemandem, den Sie sehr gut kennen und mit dem Sie etwas verbindet? Natürlich jemandem, den Sie gut kennen, der Ihnen vertraut ist. Wer andere Menschen erreichen will, muss als Erstes die unterbewusste Mauer einreißen, die zwischen Fremden herrscht, und eine ganz spezielle Verbindung schaffen, die Menschen dazu bewegt, Dinge für einen zu tun. Dafür können Sie sich Jahre gönnen, aber es geht auch deutlich schneller.

Kennen Sie das? Manche Menschen sind einem auf Anhieb sympathisch. Man hat die Person noch niemals getroffen, man schaut sich aber an, redet ein paar Sätze und es kommt einem vor, als ob man sich schon ewig kennt. Ein Geschäftspartner von mir ist so ein Typ. Er gibt einem die Hand, lächelt einen an und man muss ihn lieben. Man kann einfach nicht anders. Wer uns sympathisch ist, dem hören wir eher zu, dem tun wir eher einen Gefallen, wir hinterfragen Argumente weniger und sind eher bereit, Gesagtes hinzunehmen. Mein Geschäftspartner ist sich seiner Wirkung durchaus bewusst und brachte es einmal folgendermaßen auf den Punkt: *»Die Verkaufsargumente sind zweitrangig. Am wichtigsten ist, dass die Leute mich gern haben, sie sollen mich lieben, dann kaufen sie schon von alleine.«* Da ich ihn oft genug in Aktion gesehen habe, muss ich zugeben, dass er Recht hat. Während der Wettbewerb sich verbissen um Argumente bemüht, bringt er zwar solide Kernfakten, aber im Grunde verkauft er dadurch, dass es ihm gelingt, binnen weniger Sekunden eine menschliche Beziehung zu knüpfen.

Die natürlichste Art, Sympathie herzustellen

Jeder – und damit meine ich wirklich jeder – kann lernen, Sympathie auf Knopfdruck herzustellen. Die meisten sind nur zu bequem. Nutzen Sie diese Chance, denn Sie sparen sich viel Arbeit und erhöhen die Wahrscheinlichkeit erheblich, dass Menschen das tun, was Sie wollen.

Sympathie beginnt stets mit einem **Blickkontakt** und einem Lächeln. Klar, das haben Sie schon oft gehört, und es sollte auch selbstverständlich sein. Die meisten wissen das, aber die wenigsten setzen es in die Tat um. Eifrig werden theoretische Argumentationstechniken trainiert und dann scheitert man an dem Selbstverständlichsten. Es ist bereits der richtige Blick in die Augen, der Herzen öffnet. Der falsche Blickkontakt hingegen, und sei er noch so gut gemeint, baut Mauern und lässt Sie schnell unsicher, nervös oder gar feindselig wirken.

Dabei ist der richtige Augenkontakt recht einfach, wenn man drei Regeln beachtet.

1. Schauen Sie Ihrem Gegenüber zwischen 40 und 60 Prozent der Zeit eines Gesprächs in die Augen. Weniger als 40 Prozent wirkt

distanziert oder schüchtern. Mehr als 60 Prozent empfinden Mitmenschen als Anstarren.

2. Den Blick länger als zehn Sekunden zu halten, wirkt unangenehm und aufdringlich.

3. Permanenter Blickkontakt von weniger als zwei Sekunden, immer wegschauen und die Augen hin und her wandern zu lassen, wirkt hingegen unsicher und nervös.

Das war es auch schon. Wenn Sie diese Regeln einhalten, dann entfalten Sie die Wirksamkeit des Blickkontakts optimal. Nun meine Frage an Sie. Wie wirkt Ihr Blick? Die wenigsten machen sich darüber Gedanken. Fragen Sie doch mal Menschen, die Ihnen sehr nahe sind.

Testen Sie einmal spaßeshalber die Macht des Blickkontakts. Ich tue das manchmal, wenn ich mich etwas amüsieren will: Halten Sie die obige Regel am Anfang des Gesprächs ein. Dann, nach einer Weile beenden Sie abrupt jeglichen Blickkontakt und schauen Sie immer leicht an der Person vorbei. Sie werden merken, wie Ihr Gegenüber allmählich irritierter wirkt und immer bewusster Ihren Blickkontakt sucht. Ein plötzlicher Abbruch eines Blickkontakts irritiert erheblich. Deswegen können Sie diesen bewusst reduzierten Blickkontakt sehr gut dazu nutzen, um Missfallen zum Ausdruck zu bringen oder die andere Person zu verunsichern.

Nicht nur der richtige Blickkontakt ist entscheidend, sondern auch das richtige Lächeln. Natürlich gibt es notorische Dauerlächler, die überall mit einem breiten Grinsen auftauchen, was im Übrigen schon wieder leicht dämlich bis impertinent wirkt. Darum geht es nicht. Es geht darum, souverän und ehrlich zu wirken. Das fällt uns in unangenehmen Situationen oder wenn wir nervös werden, besonders schwer. Dabei ist das Lächeln ebenso wie der Blickkontakt ein Urinstinkt. Gerade bei Babys und Kleinkindern kann man beobachten, wie positiv sie auf ein Lächeln reagieren und geradezu süchtig danach sind. Wenn im Flugzeug ein Baby neben einem sitzt, dann sollte man niemals – und ich betone, niemals – den Fehler machen, es anzulächeln. Sie werden den ganzen Flug keine Ruhe mehr haben. Wir Erwachsenen sind da nicht anders. Wer uns anlächelt, mag uns und meint es gut mit uns. Wir wollen mehr von dieser Person. Deswegen muss ein Lächeln die Eröffnung bei jedem Gespräch sein.

Auch in komplizierten Besprechungen oder Verhandlungen können Sie schwierige Situationen durch ein Lächeln oder etwas angebrachten Humor schlagartig entschärfen. Das wirkt Wunder. Ein Lächeln hat übrigens noch einen weiteren Effekt. Wer gewinnend lächelt, wirkt selbstbewusst, und man kann spielend leicht dahinter seine eigentliche Unsicherheit verbergen.

Übrigens funktioniert die Magie des Lächelns selbst dann, wenn uns keine natürliche Person, sondern nur ein Foto anlächelt. Onlineshops und Newsletter-Anmeldeseiten haben erheblich höhere Klickraten, wenn das Foto einer lächelnden Person abgebildet ist.

Ebenso wichtig und wirkungsvoll wie der richtige Blickkontakt ist der richtige **Handschlag**. Auch hier gibt es einen kleinen Kniff, das Gefühl der Vertrautheit deutlich zu erhöhen und Sympathie zu verstärken. Der Händedruck sollte fest sein, selbstbewusst und souverän wirken, aber auch nicht so fest, dass man dem anderen fast die Hand bricht. Ganz wichtig ist es auch hier, seinem Gesprächspartner in die Augen zu blicken und nicht schon während des Handschlags jemand anderen anzuschauen oder auf die Kaffeetasse zu schielen, was leider oft genug vorkommt.

Im Rahmen einer Studie wollten wir herausfinden, wie lange ein Handschlag dauern sollte, damit er als besonders angenehm empfunden wird. Dazu führte ich mit einigen Studenten ein Experiment durch. Sie werden im Laufe des Buches sehen, dass ich meine armen Studenten für so allerlei Versuche »missbrauche«. Wir haben rund 200 Erstsemesterstudenten, die sich noch nicht kannten, gebeten, einander mit Handschlag zu begrüßen. 100 der Studenten hatten zuvor unterschiedliche Anweisungen erhalten, wie lange der Handschlag dauern sollte. Es gab kurze (weniger als eine Sekunde), mittlere (ein bis zwei Sekunden), lange (zwei bis vier Sekunden) und sehr lange (mehr als vier Sekunden). Im Anschluss baten wir die Studenten, die keine Anweisung zur Länge des Handschlags erhalten hatten, die ihnen vorgestellten Studenten nach Charaktereigenschaften wie Sympathie, Vertrauenswürdigkeit, Ehrlichkeit und Zuverlässigkeit zu bewerten. Es zeigte sich ein ganz eindeutiges Bild. Am schlechtesten schnitt die Gruppe mit dem kürzesten (weniger als eine Sekunde) und dem längsten Handschlag (mehr als vier Sekunden) ab. Am besten wurden hingegen diejenigen mit dem langen Handschlag von zwei bis vier Sekunden bewertet, und das unabhängig von sonstigen Einflüssen wie Aussehen, Kleidung et cetera.

Ein Handschlag dauert üblicherweise weniger als eine Sekunde. Um deutlich positiver zu wirken, halten Sie also die Hand Ihres Gegenübers ein bis zwei Sekunden länger, als es üblich ist, und schauen Sie dem anderen dabei mit einem freundlichen Lächeln in die Augen. Es mag sich banal anhören, aber wenden Sie diese Technik bewusst an. Denken Sie immer daran, Sympathie ist nicht einfach nur Freundlichkeit. Sympathisch ist, wer uns vertraut wirkt und Sicherheit vermittelt. Und wer Sicherheit vermittelt, spricht bereits eines der vier Motive unseres Handelns – Ego, Bequemlichkeit, Gier und Angst – an, nämlich die Angst. Unsicherheit hingegen wirkt unsympathisch, und das kann bereits bei einem Handschlag beginnen.

Ähnlichkeit schafft Sympathie

Je ähnlicher uns jemand wirkt, desto sympathischer finden wir ihn oder sie. Das beginnt bereits bei Äußerlichkeiten und beim Verhalten. Deswegen wird oft empfohlen, um schnell eine vertraute Beziehung herzustellen, die andere Person zu spiegeln, also die Gesten und Körpersprache des anderen zu kopieren. Beugt sich die andere Person nach vorne, so tut man es bewusst auch. Kratzt sie sich am Kinn, so macht man es ihr nach. Das soll die Sympathie steigern – so zumindest die Idee. Tatsächlich gibt es hier auch messbare Effekte. Dennoch kann ich von dieser Methode nur abraten. Im Gegensatz zu den bisher behandelten Methoden ist nämlich diese Spiegeltechnik alles andere als natürlich. Es ist ziemlich mühselig, ständig die Gesten seines Gegenübers zu kopieren. Man wirkt völlig unkonzentriert und wird von den wichtigen Dingen in der Gesprächsführung abgelenkt. Außerdem kann es passieren, dass dieses Nachahmen ihrem Gesprächspartner auffällt, und er fühlt sich nachgeäfft. Darüber hinaus ist die Technik ziemlich bekannt, und wenn jemand merkt, dass sie versuchen, ihn so plump zu manipulieren, ist das nie gut. Wenn man manipulieren will, dann mit ein wenig mehr Raffinesse, bitte.

Die Spiegeltechnik eignet sich allenfalls als Indikator, wie Sie auf jemanden wirken. Wenn Sie jemand instinktiv spiegelt, dann hatten Sie offenbar Erfolg, und es besteht eine gewisse Vertrautheit. Zu mehr eignet sich die Spiegeltechnik meiner Erfahrung nach nicht.

Gemeinsamkeit lässt sich viel effektiver über gemeinsame Interessen herstellen. Diese lassen sich mit ein wenig Beobachtungsgabe fast immer finden. Ein Blick auf Schreibtische kann schon viel Auskunft geben. Stehen dort Kinderfotos, Wappen des Lieblingsfußballvereins, vielleicht ein Foto in den Bergen, dann haben Sie schon Ansätze. Auch Kleidung kann viel Aufschluss geben. Ein Batik-Halstuch, eine elegante Armbanduhr, Ethnoschmuck aus Afrika, das alles können kleine Anknüpfungspunkte sein. Sie müssen nicht unbedingt genau das gleiche Hobby oder die gleichen Orte der Welt besucht haben. Wenn Sie zum Beispiel nicht Fan des gleichen Vereins sind, so können Sie sich dennoch über Fußball unterhalten. Selbst wenn Sie gar keine Ahnung von Afrika haben, können Sie zumindest interessiert nachfragen. »*Ist der Schmuck aus Afrika? Das ist ja spannend. Sind Sie öfter da?*« Bereits das Interesse schafft Sympathie, denn am liebsten reden Menschen über das, was sie begeistert. Und denken Sie immer daran, am liebsten reden Menschen über sich selbst. Fangen Sie gleich an und fragen Sie mal Ihre Kollegen zu ihren Hobbys. Das, was Sie jetzt säen, werden Sie schon nächste Woche ernten, wenn Sie vielleicht genau diesen Kollegen in einer Besprechung auf Ihre Seite ziehen wollen oder um einen Gefallen bitten.

Der noch schnellere Weg, Sympathie zu erzeugen

Wie schaffen Sie es auf Anhieb, dass Sie jemand unsympathisch findet? Indem Sie der Person sagen, dass *Sie* sie unsympathisch finden. Versuchen Sie es einmal, wenn Sie bei einer Party sind und Ihnen langweilig ist. Fangen Sie mit jemandem ein Gespräch an und sagen Sie, dass er oder sie Ihnen unsympathisch ist, das wirkt garantiert. Die Party wird für Sie schnell zu Ende sein. Was in die eine Richtung funktioniert, funktioniert auch in die andere. Denn Sympathie und Antipathie beruhen immer auf Gegenseitigkeit.

Wir haben eine ganz einfache Studie hierzu durchgeführt. Wir baten zwei Gruppen mit je fünf Studenten, sich jeweils fünf Minuten in einem Vier-Augen-Gespräch mit 40 anderen Studenten, die sie vorher nicht kannten, zu unterhalten. Die eine Gruppe sollte zum Abschied sagen: »*Ich finde Dich echt sympathisch.*« Die andere sollte sich ganz normal verabschieden. Im Anschluss ließen wir die 40 Personen bewerten, wie sympathisch sie die Personen jeweils fanden. Diejenigen, die am Ende des Gesprächs den Satz sagten, wurden von über 90 Prozent der Befragten als angenehm, freundlich und sympathisch beurteilt. Bei der anderen Gruppe waren es hingegen nur knapp 60 Prozent.

Diesen Effekt kann man ganz gezielt in der Praxis einsetzen. Versuchen Sie es einfach mal und sagen Sie einer Person, dass Sie sie sympathisch finden. Egal, ob Sie diese Person das erste Mal treffen oder schon lange kennen. Es funktioniert immer. Nur bei seinem Lebenspartner geht die Aussage, dass er oder sie einem sympathisch ist, mit hoher Sicherheit nach hinten los. Da ist mehr als nur Sympathie gefordert.

Wem das aber zu direkt ist, der kann auch den Weg der mittelbaren Sympathie wählen. Sagen Sie einfach, dass Ihnen die Art, wie jemand etwas tut, sympathisch ist. Aussagen wie »*Ihr Humor ist mir sympathisch*«, »*Ihre Arbeitsweise ist mir sympathisch*« oder »*Sie haben eine sehr sympathische Telefonstimme*« wirken genauso gut. Wenden Sie es gleich mal an, Sie werden erstaunt sein.

Geben Sie Dingen einen Sinn

Was ist der Sinn des Lebens? Das ist eine der meistgestellten Fragen der Menschheit. Unser Leben erscheint uns wertvoller, wenn es einen Sinn ergibt. Und wenn uns ein Schicksalsschlag widerfährt, versuchen wir auch, darin einen Sinn zu finden, das gibt uns Trost. Es liegt in unserer menschlichen Natur, nach dem *Warum* zu fragen. Deswegen kann man Menschen auch leichter dazu bringen, etwas zu tun, wenn man einen Grund mitliefert, auch wenn er noch so trivial ist. Selbst wenn der Grund einer Aufforderung offensichtlich ist, lässt sich die Wahrscheinlichkeit, dass sie auch wirklich erledigt wird, nochmals deutlich steigern, wenn man den Grund dafür hervorhebt. »*Räum bitte den Tisch auf!*« ist nicht so wirksam wie »*Räum bitte den Tisch auf, damit er danach schön sauber und ordentlich ist!*«

Ein Grund oder ein Sinn steigert unsere Bereitschaft zu handeln. Dies haben wir in einem Versuch genauer untersucht. Hier versandten wir an 200 Personen per E-Mail eine Einladung zu einer Online-Umfrage. Die Hälfte erhielt folgende Einladung:

»Wir laden Sie hiermit zu einer Umfrage ein. Das Thema ist Ihre Erfahrung in der Verhandlungsführung. Wir würden uns freuen, wenn Sie an dieser Befragung teilnehmen würden.«

Die anderen 100 Personen erhielten folgenden Einladungstext:

»Wir laden Sie hiermit zu einer Umfrage ein. Das Thema ist Ihre Erfahrung in der Verhandlungsführung. Damit wollen wir Methoden der Verhandlungsführung ermitteln. Wir würden uns freuen, wenn Sie an dieser Befragung teilnehmen würden.«

Die Einladungen unterschieden sich also nur im vierten Satz, mit dem wir der zweiten Gruppe eine Begründung für die Umfrage gaben. *Damit wollen wir Methoden der Verhandlungsführung ermitteln* ist weder eine epische und tiefgründige Erklärung noch sehr aufschlussreich. Aber es wirkte! Während in der ersten Version sieben Prozent der Angeschriebenen an der Umfrage teilnahmen, füllten von den Leuten, die eine Begründung erhielten, 18 Prozent den Fragebogen vollständig aus! Es kommt also gar nicht auf die Qualität der Begründung an, sondern nur darauf, dass es sie gibt.

Menschen haben auch mehr Verständnis für Probleme, wenn sie einen Sinn oder Grund dahinter sehen. Als Bahnfahrer werden Sie diese Durchsagen kennen: *»Leider hat dieser Zug Verspätung. Grund ist eine Störung im Betriebsablauf.«* Eine Verspätung ist ja an sich eine Störung im Betriebsablauf. Inhaltlich sagt das also nichts anderes aus, als dass der Zug Verspätung hat, weil er Verspätung hat. Wie würde es sich aber anfühlen, wenn die Durchsage nur lautete: *»Leider hat dieser Zug eine Verspätung von 30 Minuten.«* Sie würden sofort nach dem Warum fragen.

Am besten ist es natürlich, einen Sinn zu vermitteln, der eines oder mehrere unserer Motive des Handelns – Ego, Gier, Bequemlichkeit, Angst – positiv anspricht. Wenn Ihr Kind nicht für die Schule lernen will und Angst vor der Klassenarbeit hat, ist die Sinngebung *»Wenn du nicht regelmäßig lernst, bekommst du schlechte Noten, und dann kriegst du richtig Ärger«* vielleicht wirksam, jedoch nicht sehr einfühlsam. Drohungen stiften nur bedingt Sinn. Besser wäre die folgende Begründung: *»Wenn du regelmäßig lernst, bekommst du keine schlechten, sondern richtig gute Noten und musst dir auch vor den Klassenarbeiten keine Sorgen mehr machen.«* Das ist positive Sinnstiftung. Denn Sie zeigen damit einen Ausweg, der die Angst nimmt.

Nur weil also der Grund für ein Handeln offensichtlich ist, muss er deswegen noch lange nicht gesehen werden. Dabei braucht es keine großen Erklärungen. Schon ein einfacher Satz verdoppelt bereits die Wahrscheinlichkeit, dass Menschen das tun, was Sie wollen, umso besser ist es, wenn er einen positiven Sinn vermittelt.

Bringen Sie wildfremde Menschen dazu, Ihnen einen Gefallen zu tun

Jetzt geht es in die Praxis. Denn uns geht es ja nicht um theoretisches Wissen, sondern wir wollen wirklich etwas bewegen. Dafür müssen wir aus unserer Komfortzone ausbrechen. Am besten können Sie Ihre Fähigkeiten trainieren, indem Sie fremde Menschen um einen Gefallen bitten (und natürlich auch dazu bringen, dass sie ihn tun). Das wenige Rüstzeug, was Sie dafür benötigen, haben wir bereits. Es bedarf keiner großen Vorbereitung und die Situation ist recht einfach. Deswegen brauchen Sie nicht mehr, als mit Sympathie und Auftreten zu punkten und damit, Ihrer Bitte einen Sinn zu geben.

Zusätzlich spielt Ihnen ein weiterer Effekt in die Hände. Von klein auf haben wir gelernt, dass es unhöflich ist, jemandem nicht zu helfen. Hilfsbereitschaft ist ein hohes Gut einer jeden Zivilgesellschaft. Unsere Mitmenschen zeigen eine deutlich höhere Bereitschaft, etwas für jemanden zu tun, wenn man die Bitte einleitet mit: *»Könnten*

Sie mir bitte helfen?« Dies ist weitaus effektiver, als um einen Gefallen zu bitten. Denn Gefallen verbinden wir mental mit einem Aufwand. Helfen hingegen ist menschliche Pflicht. Probieren Sie es mal bei Freunden, Bekannten oder Kollegen aus, wie diese darauf reagieren, wenn Sie um einen Gefallen und wenn Sie um Hilfe bitten. Natürlich sollten wir diese Hilfsbereitschaft nicht ausnutzen, weswegen die nachfolgenden Übungen auch so gestaltet sind, dass niemand unfair belastet wird.

Hier nochmals kurz die Schritte zur Übersicht:

1. Stellen Sie sofort Sympathie her durch ein nettes Lächeln und den optimalen Blickkontakt.
2. (Wenn Sie wollen, nutzen Sie auch die Technik zur Beschleunigung der Sympathie und beginnen Sie zum Beispiel Ihr Gespräch mit »*Sie wirken so sympathisch, deswegen dachte ich, ich könnte Sie um Hilfe bitten …*«)
3. Bitten Sie um Hilfe und nicht um einen Gefallen.
4. Bringen Sie Ihr Anliegen vor.
5. Geben Sie Ihrem Anliegen einen Sinn.

Die nachfolgenden Übungen sind einfacher, als Sie wirken, weil sie überraschen. Würden Sie Menschen in der Fußgängerzone um ein paar Euro anbetteln, wäre das nicht sehr überraschend und die Menschen haben bereits Abwehrmechanismen parat. Bei den nachfolgenden Übungen ist es eher unwahrscheinlich, dass Abwehrmechanismen vorhanden sind.

Übung 1: Informationen erfragen

Beginnen wir mit der einfachsten Übung, da Sie sich hier an Menschen wenden, die es gewohnt sind, einen Service zu erbringen, also anderen Menschen einen Gefallen zu tun. Gehen Sie an die Rezeption eines Hotels Ihrer Wahl, aber in dem Sie nicht wohnen! Sagen Sie offen und ehrlich, dass Sie kein Gast sind. Bitten Sie nun um Hilfe, ob man Ihnen im Internet die aktuellen Fußballergebnisse Ihres Lieblingsvereins oder die Lottozahlen oder irgendeinen Börsenkurs raussuchen könne. Wichtig ist die Begründung: Weil Sie solch ein großer Fan sind, weil Sie glauben gewonnen zu haben, weil Sie Aktien haben. Lassen Sie sich einfach etwas einfallen. Es handelt sich ja nur um eine harmlose Übung.

Übung 2: Nutzen Sie das Handy wildfremder Personen

Bitten Sie eine Person in der Fußgängerzone darum, deren Handy für ein Telefonat nutzen zu dürfen. Das ist schon etwas schwieriger und kostet etwas mehr Überwindung. Aber glauben Sie mir, ich spreche aus Erfahrung, die Wahrscheinlichkeit, dass die Menschen Ihnen weiterhelfen, ist nicht geringer als bei der ersten Übung! Es braucht nur wieder Sympathie, Hilfsbereitschaft und eine Begründung. Ein kleiner Tipp: So bekommen Sie auch spielend leicht die Telefonnummer einer hübschen Dame oder eines attraktiven Herren. Einfach bitten, ob man deren oder dessen Handy nutzen kann, weil man sein eigenes Handy verlegt hat. Rufen Sie dann sich selbst an. Sobald es in der eigenen Jackentasche klingelt, freudestrahlend ausrufen: »*So, jetzt habe ich es wiedergefunden. Vielen Dank. Ich werde Sie dann mal bei Gelegenheit anrufen. Ihre Nummer habe ich ja.*«

Übung 3: Lassen Sie sich Ihre Tasche tragen

Bitten Sie eine Person, Ihnen zu helfen, die vollen Einkaufstaschen zum Auto oder zur Haltestelle zu tragen. Sie sollten nun genügend Übung haben, um zu wissen, wie es geht.

Ich selbst mache diese Übungen auch heute noch ganz gerne. Es macht Spaß und es ist immer wieder schön zu sehen, wie gut die eigenen Fähigkeiten funktionieren. Sie glauben gar nicht, wie viele nette Menschen Sie so kennenlernen.

Werden Sie zum Telefon-Guru

Am Telefon fehlen uns natürlich einige Möglichkeiten eine persönliche Ebene herzustellen. Gerade weil wir unser Gegenüber nicht sehen können, besteht eine psychologische Barriere. Viele, die sonst sehr gut im empathischen Umgang mit Menschen sind, wirken plötzlich kühl und distanziert. Dabei ist es heute mindestens genauso wichtig, am Telefon zu überzeugen und blitzschnell eine persönliche Beziehung herzustellen. Sie können das schon und lösen mühelos Probleme am Telefon? Dann sollten Sie dennoch weiterlesen. Sie werden sehen, es gibt noch viel zu verbessern. Ich selbst wiederhole die nachfolgenden Punkte für mich regelmäßig, nur so kann man dauerhaft gut sein.

Naturgemäß kommt am Telefon Ihrer Stimme eine besondere Bedeutung zu:

➤ Wählen Sie einen sympathischen, optimistischen und zugleich selbstbewussten Ton. Denken Sie am besten kurz vor einem schwierigen Anruf an etwas Angenehmes oder Lustiges. Das färbt Ihre Stimme positiv!
➤ Sprechen Sie laut, klar und deutlich.
➤ Passen Sie Ihr Sprechtempo etwas dem Ihres Gesprächspartners an. Wenn die andere Person langsam spricht, reduzieren Sie Ihr Sprechtempo. Redet Ihr Gesprächspartner schnell, dann sprechen auch Sie etwas schneller.

Darüber hinaus gibt es noch einige weitere Regeln, die Sie beachten sollten:

➤ Konzentrieren Sie sich vollständig auf das Gespräch. Hintergrundgeräusche nach Möglichkeit vermeiden, zum Beispiel Radio ausschalten und einen ruhigen Raum wählen. Legen Sie alles Notwendige, wie Unterlagen, Stift und Papier, bereit.

➤ Bitte nebenbei keine E-Mails schreiben oder im Internet surfen. Niemand kann Multitasking. Sie teilen nur Ihre Aufmerksamkeit auf mehrere Tätigkeiten auf.

➤ Wenn Sie eine bestimmte Person sprechen wollen, dann suchen Sie dessen Bild in der Suchmaschine Ihres Vertrauens. Ein Bild im Kopf macht es uns leichter, eine persönliche Ebene zu schaffen. Wenn Sie kein Foto finden oder noch gar nicht wissen, mit wem Sie sprechen werden, dann stellen Sie sich einfach vor, wie die Person aussehen könnte, die sich meldet.

➤ Melden Sie sich deutlich mit Ihrem Namen. Je komplizierter Ihr Name ist, umso klarer sollten Sie ihn aussprechen (ich spreche aus Erfahrung).

Diese Vorbereitungen dauern meist nur wenige Sekunden, können aber entscheidend sein. Nun geht es aber los. Das folgende **Beispiel** zeigt, wie sich Sympathie und Nähe auch am Telefon herstellen lassen.

Herr Kaufmann hat seine Versandhandelsrechnung zu spät bezahlt und die Zahlung hat sich mit der Mahnung überschnitten. Er will nun die Mahngebühren nicht zusätzlich bezahlen.

Kundenberaterin: »*Else Schneider von Glückskauf am Apparat, was kann ich für Sie tun?*«

Hr. Kaufmann: »*Einen wunderschönen guten Tag, Frau Schneider.*« [Namenswiederholung] »*Mein Name ist Kaufmann.*« (wartet)

Fr. Schneider: »*Guten Tag Herr Kaufmann, was kann ich für Sie tun?*«

Hr. Kaufmann: »*Ich habe da ein Problem. Ich hoffe, dass Sie mir weiterhelfen können.*« [um Hilfe bitten]

Fr. Schneider: »*Bestimmt. Geben Sie mir mal Ihre Kundennummer.*«

Hr. Kaufmann: »*Gerne, Sie lautet: 235433456789. Sie müssen bestimmt hunderttausend Ziffern pro Tag eingeben.*« [Verständnis für Situation]

Fr. Schneider: »*Das kommt schon fast hin.*« (lacht). »*So, das System sucht Sie gerade.*«

Hr. Kaufmann: »*Oh, das kenne ich, wenn mich Kunden anrufen, genau dann braucht das System auch immer doppelt so lange.*« [Verständnis für Situation]

Fr. Schneider: »*Ja, das ist wie verhext.*«

Hr. Kaufmann: »*Ist aber nicht schlimm, ich plaudere solange mit Ihnen, Sie haben so eine sympathische Art.*« [direkte Sympathiebekundung]

Fr. Schneider: »*Danke, das ist aber nett. So, jetzt haben wir es. Was ist denn Ihr Problem?*«

Hr. Kaufmann: »*Ich habe eine Mahnung bekommen, dabei hatte ich genau an dem Tag den Betrag überwiesen. Ich weiß, das war meine Schuld. Aber können Sie mir vielleicht die Mahngebühr gutschreiben?*« [Einfache Lösung]

Fr. Schneider: »*Ich würde das gerne machen, aber das lässt unser System nicht zu.*«

Hr. Kaufmann: »*Das verstehe ich, aber meine Frau ist da ein wenig verärgert mit mir, weil ich etwas geschludert habe.*« [Sinn geben] »*Könnten Sie mir vielleicht ausnahmsweise einen Gutschein stattdessen zuschicken? Dann haben Sie mir weitergeholfen und ich würde bei Ihnen wieder bestellen.*« [Zweite einfache Lösung + Vorteil für Gesprächspartnerin]

Fr. Schneider: »*Das kann ich gerne machen.*«

Sie sehen, wie schnell sich am Telefon eine persönliche Ebene schaffen lässt. Hier noch ein paar weitere Tipps zu den angewandten Techniken:

Namensnennung

Gleich am Anfang des Gesprächs wurde der Name der Mitarbeiterin ganz natürlich wiederholt. Wir alle lieben es, persönlich angesprochen zu werden und unseren Namen zu hören. Gerade in einem Telefongespräch kann man das ganz bewusst einsetzen, um den mangelnden Blickkontakt zu kompensieren. Wenn Sie also den Namen des Gesprächspartners nicht richtig verstehen, fragen Sie ruhig noch mal nach.

Wenn Sie einmal die Macht der Namensnennung testen wollen, dann verabschieden Sie sich beim nächsten Supermarktbesuch oder am Postschalter, indem Sie den Namen des Mitarbeiters beziehungsweise der Mitarbeiterin nennen. Dafür tragen die ja ihre Namensschilder. Sie werden positiv überraschte Blicke ernten. Wenn Sie beim nächsten Besuch gleich wieder mit dem Namen grüßen, werden Sie schon wie ein alter Bekannter oder eine alte Bekannte behandelt. Sie können natürlich auch die Gelegenheit nutzen und sich selbst mit Namen vorstellen. Trauen Sie sich, es lohnt sich. So kommen unsere Kinder immer zu Unmengen dieser lästigen Sammelkarten, die man in Supermärkten normalerweise erst ab einem Einkauf von zehn Euro erhält. Ohne mindestens drei Dutzend Karten gehen wir nicht aus dem Laden, egal wie wenig wir eingekauft haben.

Die Sache funktioniert aber auch umgekehrt. Wenn eine Person Ihren Namen kennt, fühlt sie sich Ihnen auch tiefer verbunden. Aus diesem Grund sollten Sie nach der Erwähnung Ihres Namens immer eine kleine Pause einlegen. Wie das Herr Kaufmann gemacht hat. In den meisten Fällen wiederholt dann Ihr Gesprächspartner Ihren Namen und baut somit unbewusst eine persönliche Beziehung zu Ihnen auf.

Übertreiben Sie aber die Namenswiederholung nicht. Kennen Sie solche Telefonanrufe, wo man Ihnen etwas verkaufen will und der Gesprächspartner wiederholt Ihren Namen gefühlt in jedem Satz? Wahrscheinlich kommt er gerade aus einer Verkaufsschulung und will es besonders gut machen, wirkt aber nur aufdringlich. Auch hier gilt, wie bei allem, was Sie tun, es sollte natürlich sein. Ein- oder zweimal den Namen zu nennen wirkt sympathisch, deutlich mehr hingegen gekünstelt und unangenehm.

Um Hilfe bitten

Seien Sie hier ruhig einfallsreich in der Formulierung. Sie können sich auch gerne mal etwas dusselig anstellen oder gar verzweifelt. Hier einige weitere Varianten:

»Sie können mir doch bestimmt weiterhelfen.«

»Ich bin gerade richtig ratlos.«

»Ich weiß einfach nicht weiter.«

»Ich bin echt ein wenig verzweifelt.«

Sympathie herstellen

Um Sympathie herzustellen gibt es ebenfalls unzählige Möglichkeiten. Gerade am Telefon kann man in verschiedensten Varianten entweder auf Ähnlichkeit bauen oder einfach kleine Komplimente verteilen. Hier eine kleine Auswahl von Sätzen, die sehr gut funktionieren:

»So ein Zufall, Sie heißen genau wie meine beste Freundin.«

»Schneider, wie der berühmte Philosoph?«

»Sie haben eine so nette Stimme, da warte ich gerne noch ein wenig.«

»Wenn nur jeder so kompetent wäre.«

»Das ist schön, mit jemanden zu sprechen, der so freundlich ist.«

»Ich rufe aus München an. Haben Sie auch so schönes Wetter? Na, dann schicke ich einfach ein wenig Sonne.«

Experimentieren Sie ruhig ein wenig und denken sich auch neue Sätze aus, die zu Ihrem Typ passen. Mit der Zeit baut man so ein Repertoire an gut funktionierenden Sätzen auf. Mir macht es immer Spaß, mal was Neues auszutesten, und ich freue mich jedes Mal wie ein kleines Kind, wenn es dann funktioniert.

Beschweren Sie sich, aber richtig!

Bis jetzt hatten wir recht angenehme Situationen gehabt. Die Beschwerde hingegen fällt uns meist schon schwerer. Dabei kann man eigentlich nichts verlieren, denn in diesem Fall ist die Situation bereits schlecht. So wurde man vielleicht schlecht behandelt, erhielt nicht die Leistung oder das Produkt, das man erwartet hatte oder ein Kollege hielt eine Vereinbarung nicht ein. Anstatt sich zu beschweren, ärgert man sich nur still, ist frustriert und winkt dann irgendwann ab. Ist ja eigentlich gar nicht so schlimm. Doch, es war so schlimm, sonst hätte man sich nicht geärgert. Immerhin hat man etwas nicht erhalten, was einem rechtlich oder zumindest moralisch zusteht. Obwohl die Beschwerde die einzige Möglichkeit ist, zu seinem Recht zu kommen, bleiben die meisten still. Die Mehrheit der Menschen scheut Konflikte und strebt Harmonie an, selbst wenn es zum eigenen Nachteil ist. Vielleicht gehören Sie aber zu denjenigen, die sich gerne und schnell beschweren. Man lässt seinem Frust freien Lauf und macht richtig Druck. Das ist aber auch nicht die beste Methode, etwas zu erreichen. Manchmal klappt es, manchmal nicht, und meist ist eigentlich noch mehr rauszuholen. Man ist nur so emotional gestresst, dass man es gar nicht merkt.

Dabei müssen Beschwerden nicht ärgerlich sein. Sie können sogar Spaß machen, wenn man es richtig angeht. Ich beschwere mich sehr gerne, es ist sozusagen ein Hobby von mir, denn nachher habe ich meine Situation verbessert und die Person, bei der ich mich beschwert habe, fühlt sich auch besser, denn schließlich hat sie jemandem geholfen. Und wenn Sie gerne flirten, dann garantiere ich Ihnen, das sind die besten Gelegenheiten!

Vor einigen Jahren, als meine Familie und ich einen schwierigen Umzug aus dem Ausland hinter uns gebracht hatten, mit all den damit verbundenen Problemen, wie neue Schule, neue Stadt und mehrere Monate eine Baustelle als Heim, buchten wir spontan zur Belohnung einen Urlaub nach Fuerteventura. Das Hotel wirkte wundervoll und der Katalog versprach einen Traumurlaub. Werbung ist Werbung und Realität oft etwas ganz anderes. Das Hotel lag an einer Hauptverkehrsstraße, die Schranktüren fielen aus den Scharnieren und das Hotel hatte seine letzte Renovierung wohl gesehen, als der Farbfernseher erfunden worden war. Der Frust wich schnell Vorfreude, denn ich wusste, dass ich nun meinen Spaß haben würde. Auf ging es zur Beschwerde.

Am obligatorischen Begrüßungsabend der Reiseleitung hatten sich bereits vierzig weitere, ebenso frustrierte Urlaubsgäste um die arme Reiseleiterin versammelt. Die freundliche, aber zunehmend gestresste Dame forderte alle Gäste auf, sich anzustellen, um ein Problem nach dem anderen abzuarbeiten. Ich positionierte mich so, dass ich in etwa die 16. Person, also nach rund einem Drittel an der Reihe war. Fast eine halbe Stunde wurde die arme Frau angeschrien, hörte sich die immer gleichen Vorwürfe und Forderungen der Gäste nach exorbitanten Kostenrückerstattungen an, die natürlich von ihr alle freundlich, aber bestimmt abgelehnt wurden. Stets gab es als Entschädigung einen Reisegutschein über 50 Euro, da konnten die Gäste noch so wütend herumschreien.

Als ich an der Reihe war, senkte ich bewusst meine Stimme, beugte mich vertraulich zu ihr hinüber und erklärte freundlich und ruhig: »*Sparen wir uns doch einfach die Beschwerde, Sie haben ja schon alles gehört, Frau Kühn. Sie können sich schon denken, was wir auf dem Herzen haben.*« Plötzlich lächelte sie dankbar. »*Da haben Sie allerdings Recht.*« – »*Ich weiß, wie das ist, ich arbeite auch mit Kunden zusammen und muss mir da manchmal die unrealistischsten Forderungen anhören*«, fuhr ich fort. Jetzt wurde sie richtig freundlich. »*Na, dann kennen Sie das ja wirklich.*« Nun war eine Basis geschaffen und ich konnte mein Anliegen ruhig und bestimmt vorbringen. »*Darum möchte ich Sie auch nicht weiter behelligen. Sie können das Hotel ja kaum selbst renovieren. Aber meine Familie hat eine ziemlich anstrengen-*

de Zeit hinter sich und Ihre Reisegesellschaft ist uns wärmstens empfohlen worden. Machen wir es doch so: Helfen Sie uns doch einfach, ein besseres Hotel zu organisieren, am besten mit fünf Sternen.« Die Antwort war spontan und unmissverständlich: *»Ja, ich werde es versuchen.«* – *»Wenn nicht, würde uns auch ein anderes Vier-Sterne-Hotel direkt am Strand weiterhelfen«*, schob ich eine zweite Option nach. Nun musste ihre Zusage nur noch verbindlich gemacht werden. Deswegen gab ich ihr meine Handynummer, erfragte ihre und bat sie darum, dass sie mich bis 15 Uhr anrufen solle. Ich teilte ihr noch mit, dass, falls sie mich nicht erreichen konnte, ich sie auf alle Fälle um 16 Uhr noch mal anrufen würde. Natürlich bedankte ich mich noch mal mit einem freundlichen Lächeln und meine ganze Familie schüttelte brav ihre Hand und bedankte sich ebenfalls.

Keine Stunde später kam der Anruf. Sie hatte zwei Hotels für uns zur Verfügung. Ein Fünf-Sterne-Hotel drei Kilometer im Landesinneren und ein Vier-Sterne-Hotel direkt am Strand, was wir dann sofort annahmen. Der Urlaub war gerettet, und natürlich bekam der Reiseveranstalter noch eine E-Mail von mir, in der ich die nette Frau Kühn ausdrücklich und namentlich lobte. Alle waren glücklich, und das in kürzester Zeit, ohne Drohen oder wüstes Schimpfen.

Dieses Beispiel zeigt, wie verschiedene Techniken der Menschenbeeinflussung wundervoll ineinandergreifen können. Jede einzelne Technik mag schon für sich wirksam sein, aber in ihrer Kombination entfalten sie erst ihre volle Kraft. Schauen wir uns diese jetzt genauer an und welche der vier Motive dadurch angesprochen werden.

Timing – Der Moment des geringsten Widerstands

Man sollte bei Beschwerden versuchen den Moment abzupassen, an dem die Widerstandskraft am geringsten ist, damit das Motiv der Bequemlichkeit angesprochen wird. Widerstände aufrechtzuerhalten kostet Kraft. Und physische wie psychische Kräfte erreichen einen ersten kleineren Einbruch nach dem ersten Drittel einer zu erbringenden Leistung, wenn wir die Leistung abschätzen können. Beim Marathonlauf kommt die erste leichte Ermüdung ab dem zwölften Kilometer. Wenn Sie von 8 Uhr bis 17 Uhr arbeiten müssen, dann machen Sie die erste Pause so gegen 10.30 bis 11 Uhr. Deswegen habe ich mich nach dem ersten Drittel angestellt. Das zweite Absinken der Kräfte erfolgt dann nach einem weiteren Drittel. Also nach zwei Dritteln der Gesamtleistung. Dies kennt man aus dem Sport, die berühmte 70. Minute beim Fußball, der 35. Kilometer beim Marathonlauf, beim Boxkampf die neunte Runde. Sie haben also zwei Chancen, um Ihre Beschwerde optimal zu platzieren und den Moment der Schwäche für sich zu nutzen.

Natürlich ist es nicht immer möglich diesen Moment abzupassen, weil man oft keinen Überblick darüber hat, was vorher war und was noch ansteht. Aber mit ein wenig Kreativität ergeben sich doch einige Möglichkeiten. Wollen Sie sich zum Beispiel über ein Lieferproblem beschweren und wissen, dass der Sachbearbeiter einen normalen Arbeitstag hat – dann wäre der richtige Zeitpunkt gegen 11 Uhr oder gegen 15 Uhr, und selbst wenn Sie nicht die Arbeitszeiten oder den anstehenden Arbeitsaufwand kennen, dann sollten Sie zumindest abwarten, bis vor Ihnen eine »anstrengende« Person dran war. Wollen Sie sich zum Beispiel an einem Flugschalter beschweren, an dem keine Schlange ist, und Sie haben ein wenig Zeit, dann warten Sie, bis jemand da war, der richtig Probleme machte, Sie werden dann Ihr Anliegen leichter durchbekommen.

Dieser Effekt lässt sich nicht nur bei Beschwerden nutzen. Wenn Sie eine längere Einkaufstour mit Ihrem Partner geplant haben, dann sorgen Sie dafür, dass Sie die wirklich interessanten Läden nach dem ersten oder dem zweiten Drittel besuchen. Es gibt deutlich weniger Widerstände von Ihrem Partner, wenn Sie dann richtig Geld ausgeben.

Verunsicherung – Wer überrascht, bestimmt das Spiel

Es liegt in unserer menschlichen Natur, dass wir Dinge gerne antizipieren wollen. Das schafft Sicherheit. Eine überraschende Situation trägt also immer zur Verunsicherung bei, unser Gehirn muss sich neu orientieren, eine Situation neu bewerten und dann Schlussfolgerungen ziehen. Überraschungen sind psychologisch gesehen also kleine Stressmomente mit kurzer Orientierungslosigkeit. Kleine Praxisprobe: Wenn Sie mit jemandem nett zusammensitzen und plaudern, dann werden Sie schlagartig ernst und sagen Sie: »*Das finde ich jetzt aber überhaupt nicht gut.*« Der Effekt ist Irritation. Sie sorgen durch Überraschung für Verunsicherung. Nun können Sie der armen Person die nächsten Stunden ruinieren, indem Sie sagen: »*Ach, nicht so wichtig, ein andermal.*« Oder Sie schieben etwas Nettes nach, wie: »*Ich finde gar nicht gut, dass wir nur noch so wenig Zeit haben. Dabei ist das Gespräch so nett.*«

Das Mittel der Verunsicherung spielt bewusst mit unserer Sehnsucht nach Sicherheit, also dem Motiv der Angst. Bühnenmagier nutzen diesen Effekt ebenfalls. Personen aus dem Publikum werden auf die Bühne geholt. Für die meisten ist es eine völlig überraschende und ungewohnte Situation, plötzlich vor Hunderten von Menschen im Scheinwerferlicht zu stehen. Man sucht Halt bei einer selbstsicheren Person, die sich mit einer solchen Situation auskennt, in diesem Fall dem Zauberer, folgt brav dessen Anleitungen und tut Dinge, die man sonst gar nicht machen würde.

Das Prinzip ist einfach: Bewusst verunsichern und sich selbst unterschwellig als Sicherheitsgaranten anbieten. Nach dieser Methode arbeiten Betrüger ebenso wie Herzensbrecher, Sektengurus und Show-Hypnotiseure. Was ist der älteste Trick bei romantischen Kinofilmen? Die Heldin stolpert – Schreck! Der Held fängt sie sicher in seinem Arm auf – das Publikum schmilzt dahin. OK, das ist etwas arg kitschig, zeigt aber das Prinzip.

Ähnlich erging es der Reiseleiterin. Sie hatte erwartet, dass ich sie ebenfalls wütend anfahren würde, und hatte sich entsprechend darauf eingerichtet. Dadurch, dass ich genau das Gegenteil tat, nämlich ruhig und freundlich war und mich sogar auf ihre Seite schlug, indem ich Verständnis zeigte, war sie irritiert. Ihr Handlungsmuster ergibt hier keinen Sinn und ein neues hatte sie so schnell nicht parat. Kein Problem, ich bot ihr eine Lösung an. Sie brauchte ja nur zu tun, worum ich sie gebeten hatte.

Einfache Lösungen – Bieten Sie den bequemen Weg

Gehen Sie nicht davon aus, dass die Person, bei der Sie sich beschweren, unter Druck plötzlich kreative Lösungen erarbeiten kann. Dazu sind nur die wenigsten in der Lage. Nehmen Sie deswegen unbedingt der Person diese Arbeit ab und bieten Sie eine, besser zwei konkrete Lösungsmöglichkeiten an. Als Erstes bieten Sie die größere Lösung an. Falls die Person nicht darauf eingehen kann, vielleicht weil sie gar nicht die Möglichkeiten hat, haben Sie immer noch die zweite Option in der Tasche. Natürlich können Sie auch eine sehr große Forderung stellen, um dann die zweite weniger groß und damit realistischer erscheinen zu lassen. Diese **Rahmungstechnik** schauen wir später im Verlauf des Buchs noch genauer an. Auf jeden Fall sollte mindestens eine Möglichkeit durchführbar, also realistisch sein. Das Unmögliche zu verlangen bringt niemanden weiter. Mir tun immer die armen Bahnmitarbeiter leid, wenn ein Zug Verspätung hat und Kunden sich lauthals darüber auslassen: *»Da müssen Sie doch was machen.«* Was soll der Schaffner machen? Den Zug anschieben? Den Zugfahrer zwingen, ordentlich auf die Tube zu drücken, oder den Bahnvorstand persönlich anrufen und befehlen, Priorität 1 für den Zug zu geben? Mit unrealistischen Forderungen erreicht man gar nichts.

Handlungsdruck – Setzen Sie Ihre Erwartungen klar durch

Leichter Druck steigert unsere Bereitschaft zu handeln erheblich. *»Kaufen Sie jetzt!«*, *»Bestellen Sie bis zum 25. April«* Sie kennen diese Sprüche aus der Werbung. Zeit ist ein sehr effektives Druckmittel, um Menschen zum Handeln zu bewegen. Jedoch leider nicht immer. *»Ich werde Sie morgen auf alle Fälle bis 14 Uhr anrufen«*, sagte der Kunde, und wir warteten zu Weihnachten immer noch darauf. Kunden rufen nicht pünktlich an, und unsere Geschäftspartner und Kollegen sehen gesetzte Termine eher als eine wohlmeinende Empfehlung. Also »drohen« Sie mit einem Rückruf. Wenn Sie einem Kunden ein Angebot geschickt haben, bitten Sie um Antwort bis Donnerstag und erklären Sie, dass Sie sich ansonsten noch mal am Montag melden würden. So vermittelt man den Kunden nett und nebenbei, dass man sich nicht abwimmeln lässt. Das Gleiche funktioniert bei einer Beschwerde. Die nette Reiseleiterin wusste, dass ich bis 15 Uhr ihren Anruf erwartete. Ferner wusste sie, dass ich mich auf alle Fälle um 16 Uhr melden würde. Das war ein deutlich höherer Handlungsdruck. Deswegen erfolgt der Anruf zwar auch nicht immer prompt. Ihr Anliegen hat aber an Dringlichkeit gewonnen, und die Wahrscheinlichkeit, dass intern etwas angestoßen wurde, ist deutlich größer und damit auch, dass Ihre Beschwerde letztlich zu einem positiven Resultat führt. Druck lässt sich auch subtiler aufbauen. Die Faustregel bei jeder Beschwerde, insbesondere bei telefonischen Beschwerden ist, dass man sich Namen und Telefonnummer der Person geben lässt, mit der man spricht. Sinn der Sache ist einerseits, dass durch den Namen eine persönlichere Ebene entsteht. Außerdem sorgt schon alleine das unterbewusste Gefühl, dass man wieder anrufen könnte, oder noch schlimmer, in einem Beschwerdeschreiben den Namen der Person negativ nennen könnte, für einen subtilen zusätzlichen Handlungsdruck.

Eine erfolgreiche Beschwerde besteht also aus:

➤ **Timing**: Zum ersten oder letzten Drittel oder wenn jemand gerade eine schwierige Beschwerde bearbeitet hat, ist die Neigung größer, Ihren Lösungsvorschlägen zuzustimmen.

➤ **Verunsicherung**: Am besten, indem man durch ein ungewöhnliches Verhalten überrascht. Entweder man ist sehr ruhig oder zeigt Verständnis. Auch ein absurder Scherz kann schon das notwendige Maß an Orientierungslosigkeit auslösen.

➤ **Einfache Lösungen**: Ein bis zwei realistische Lösungen proaktiv anbieten, das nimmt Denkarbeit ab und erhöht die Wahrscheinlichkeit, dass Sie die von Ihnen erwartete Lösung bekommen.

➤ **Handlungsdruck**: Durch Termin und Erfragen von Rückrufnummer und Namen des Ansprechpartners.

4. Büroalltag: Bändigen Sie störrische Chefs, renitente Kollegen und undankbare Kunden

Nun beschäftigen wir uns mal nicht mit fremden Menschen. Schauen wir uns an, mit welchen Techniken wir unsere lieben Kollegen, Chefs und Kunden dazu bringen können, Dinge zu tun. Das sind Menschen, die wir kennen, die uns kennen und mit denen wir öfter zu tun haben. Entsprechend schwieriger kann es sein. Muss es aber nicht. Denken Sie daran, egal ob der Auszubildende oder die Chefin, wir alle sind angetrieben durch unsere vier Motive, und eines davon treibt es im Büro manchmal besonders bunt.

Das Büro ist ein Zirkus der Neurosen und das Ego ist der große Zirkusdirektor. Selbstverständlich spielen auch die anderen drei Motive eine erhebliche Rolle, aber wenn wir das Ego berücksichtigen und ansprechen, haben wir schon eine Menge gewonnen. Das Ego kommt nicht nur in der klassischen Form daher. Auch das schüchterne Mauerblümchen hat ein Ego, es ist nur nicht so offensichtlich. Ferner bezieht sich das Ego nicht nur auf die Person selbst. Es kann auch die Menschen mit einbeziehen, die uns am Herzen liegen. Kinder, Eltern, Haustiere. Einen attraktiven Partner zu haben, zum Beispiel, betrifft dieses erweiterte Ego, das gerade bei Menschen, die sich selbst weniger in den Vordergrund stellen, eine weitaus größere Rolle spielen kann als das eigentliche Ich. Sagen Sie mal zu jemandem, dass dessen Kinder dumm seien. Dann ist er oder sie beleidigt, selbst wenn er weiß, dass es stimmt. Wieso regt er sich aber so auf? Schließlich sind ja die Kinder dumm und nicht die Person selbst. Kinder gehören zum erweiterten Ego, und das ist meist sogar noch wichtiger.

Man muss also darauf achten, welches Ego man ansprechen sollte. Wenn Sie einen Teamleiter ansprechen, kann es sein Ego sein, das dominiert, oder dessen erweitertes Ego, also das seiner Mitarbeiter. Welches Ego ausgeprägter ist, lässt sich relativ leicht feststellen, wenn man auf Formulierung und Verhalten achtet. Stellt sich eine Person selbst eher in den Vordergrund (persönliches Ego) oder nimmt sich eine Person bewusst zurück und betont Leistungen und Errungenschaften anderer (erweitertes Ego), und vor allem, wie ehrlich wirkt das? Sagt ein Chef zum Beispiel Sätze wie: »*Ich habe mein Team dazu gebracht ...* «, »*Ich habe meinem Team gesagt ...* «, dann geht es eigentlich um dessen persönliches Ego. Aussagen wie: »*Mein Team hat es geschafft, ...* «, »*Mein Team kam auf die Idee, ...* « sind hingegen Anzeichen für das erweiterte Ego.

Wie gut man das Ego seiner Mitmenschen nutzen kann, zeigt das Beispiel von Julie, Vertriebsmanagerin in Großbritannien bei Esselte Leitz. Das Unternehmen ist bekannt für seine Ordner, Locher und Heftgeräte. Natürlich ist das Portfolio noch weitaus größer. Aber im Grunde haben diese Produkte eher den Ruf, langweilig zu sein. Sie sind halt alltägliche Gebrauchsgegenstände. Esselte Leitz hatte jedoch vor einigen Jahren erkannt, dass Büroangestellte, da sie den größten Teil ihrer Zeit am Arbeitsplatz verbringen, sich auch dort heimisch fühlen wollen. Deswegen dekorieren Mitarbeiter ihre Schreibtische mit Pflanzen, Fotos und allerlei Schnickschnack. Wieso kann Büromaterial nicht dazu beitragen? Entsprechend wurden äußerst attraktive Produktlinien designt. Es wurde mit Farben und Designs gespielt und für jeden Geschmack war etwas dabei. Aus Gebrauchsgegenständen machte man so Designobjekte, die zwar etwas mehr kosteten, aber dennoch erschwinglich waren. Julie hatte als Vertriebsmanagerin schnell erkannt, wie stark diese Produkte an das Ego appellieren. Schließlich machten sie den eigenen Arbeitsplatz schöner und werteten ihn auf. Diesen Effekt machte sie sich zunutze. Wenn sie in ein Unternehmen kommt, schenkt sie einer ausgewählten Mitarbeiterin das gesamte Produktportfolio einer Designserie der Wahl. Werbegeschenke bekommen viele, aber durch das daran geknüpfte Versprechen, dass die Geschenke als Gegenleistung im Büro bleiben sollen, schafft sie etwas, was sie »Desk Envy«, also »Schreibtisch-Neid« nennt. Die Auswirkung ist enorm, denn die Kollegen der beschenkten Mitarbeiterin sehen die Produkte und finden sie schön. Sie sind neidisch auf diese ungewöhnlichen Designprodukte und wollen sie auch haben. Die Bestellquote schnellt in jedem Unternehmen binnen weniger Wochen nach oben. Julie geht aber noch einen Schritt weiter. Sie verschenkt immer Artikel in den Farben, die am schlechtesten verkauft werden. Da sie dennoch attraktiv wirken und Begehrlichkeiten wecken, werden sie trotzdem gekauft, zumal man das Gleiche haben will wie die Kollegin. Durch diese Methode sorgt sie für eine ausgeglichene Auslastung und führt jede Farbe, jede Designserie gesteuert zum Erfolg.

Eine ähnliche Methode lässt sich bei den obligatorischen Werbegeschenken zu Weihnachten anwenden. Wie viel nutzloser Kram wird an Kunden und Lieferanten jedes Jahr verschenkt! Schlechte Weine, Blöcke, Kugelschreiber, im Grunde alles nutzlos und ohne große Wirkung. Natürlich ist es nett, so etwas zu bekommen, aber diese Geschenke sind nicht nachhaltig. Der Wein ist bald getrunken, eigentlich weiß man gar nicht mehr, von wem der ist, und das Gebrauchsmaterial ist schnell weg. Wer muss aber am meisten unter Überstunden leiden und wem gegenüber möchte man am ehesten als erfolgreich und gefragt wirken? Es ist die Familie, das erweiterte Ego! Schenken Sie etwas, was der Beschenkte der Familie mitbringen kann! *»Schau mal Schatz, was ich Tolles bekommen habe!«* Kinderspielzeuge oder ein hochwertiges Käsebrett mit Messerset für vier Personen sind bereits für unter 30 Euro zu haben. Diese Geschenke werden nach Hause mitgenommen, und bei jedem Besuch, bei jeder Verwendung denkt man an Ihr Unternehmen. Schauen wir uns aber jetzt an, wie Sie das Ego der anderen für sich selbst nutzen können.

Gewinnen Sie mit der Heldenmethode

Für ein Projekt in Russland musste ich ständig ins Münchener Landgericht und dort Dokumente beglaubigen und testieren lassen. Wer schon einmal durch eine solche Mühle gegangen ist, weiß, wie schwierig das ist. Ein Beamter saß dort mit dicker Brille und einem Vergrößerungsokular, wie man es bei Juwelieren in schlechten Krimis kennt. Rund zwanzig Leute warteten bereits eine gefühlte Ewigkeit. Sie kamen alle mit unterschiedlichen Sorgen. Zeugnisse aus ihrem Heimatland mussten anerkannt werden oder Papiere für den Familiennachzug. Bei den meisten ging es um die familiäre Existenz, Bleiberecht, Geld. Entsprechend groß war die Spannung. Ich konnte nicht sagen, wer gereizter war, die Wartenden oder der Beamte. Nicht hilfreich war, dass es ein offenes Büro war, also jeder sehen konnte, was er tat, und er sich Kommentare anhören musste über seinen bequemen Job und seine langsame Arbeitsweise. Man echauffierte sich, dass er sich nur aufspiele, wenn er jedes Dokument mit der Lupe prüfte, und die Menschen fühlten sich zu Unrecht als Betrüger und Dokumentenfälscher behandelt. Kurzum, es war keine angenehme Atmosphäre. Nun war ich an der Reihe. Ich konnte ihm nicht verübeln, dass er mich alles andere als freundlich begrüßte, sondern urbayerisch vor sich hingrantelte. Ich schilderte ihm mein Anliegen und sagte dann: »*Sie haben aber auch einen sehr verantwortungsvollen Job.*« Irritiert schaute er von seiner überdimensionierten Lupe auf. Hatte ich es ernst gemeint oder machte ich mich über ihn lustig? Ich legte aber nach. »*Sie müssen täglich Hunderte von Dokumenten auf Echtheit prüfen, und das aus so vielen Ländern. Dazu gehört eine ganze Menge Wissen. Ich weiß gar nicht, wie viele Fälschungen sonst hier nicht auffallen würden.*« Plötzlich war er wie verändert. Er lächelte und binnen 30 Sekunden waren meine Dokumente geprüft. Normalerweise dauerte es dann noch rund eine Stunde, bis man das Testatsiegel erhält, aber er machte wortlos den magischen Vermerk auf meine Akte: »EILT«. Binnen zehn Minuten verließ ich das Amt als stolzer Besitzer amtlich testierter Dokumente. Als ich eine Woche später wieder mit Unterlagen kam, erkannte er mich sofort. Er winkte mich an der Warteschlange vorbei. Wir plauderten ein paar Minuten, ich bewunderte brav seine Arbeit und schon hielt ich das nächste gewünschte Testat in den Händen.

Denken Sie an all die Personen, die täglich einen undankbaren Job machen und die sich freuen, wenn man ihre Arbeit und Leistung nicht beschimpft, sondern anerkennt. Buchhalter, die den Kollegen immer bei Reisekosten hinterherrennen müssen, Steuerprüfer, Knöllchenschreiber, Mitarbeiter in der Hausverwaltung und viele mehr. Das sind alles stille Helden des Alltags, die übersehen werden und sich insgeheim nach Anerkennung sehnen. Wenn man ihnen das Gefühl gibt, dass ihre Arbeit wichtig ist, dann gewinnt man Freunde fürs Leben und spart viel Zeit und Mühe.

Wenn Sie also möchten, dass andere etwas für Sie tun, dann sollten Sie an deren Stolz appellieren. *»Du bist doch so ein Excel-König. Könntest du mir vielleicht bei der Erstellung der Tabelle helfen?«* Diese Vorgehensweise ist viel effektiver, als zu sagen: *»Hast du mal bitte Zeit, mir bei der Excel-Tabelle zu helfen?«* Bei der letzteren Variante wollen Sie Zeit und Ressourcen beanspruchen. *Sie* wollen etwas. Bei der ersten Variante bieten Sie dem anderen etwas, nämlich die Gelegenheit zu zeigen, wie toll er ist, und anderen zu imponieren. Ich nenne dies die Heldenmethode, denn Sie erklären jemanden zu einem Helden, wenn er oder sie etwas tut. Und wollen wir nicht alle ein wenig Held sein?

Meine Ehefrau wendet diese Taktik regelmäßig bei mir an. Wenn sie möchte, dass ich etwas tue, stärkt sie erst mein Ego. *»Du bist doch so ein begabter Handwerker, könntest du bitte mal den Schrank … «, »Du kannst doch so wundervoll Schreiben formulieren, könntest du bitte die Geburtstagseinladungen ...«,* oder noch raffinierter, sie holt die Aussagen Dritter hinzu: *»Natascha ist auch der Meinung, dass du so gut mit Kindern umgehen kannst, könntest du nicht für unseren Frauenabend … «.*

Obwohl ich genau weiß, was sie da tut, gehe ich jedes Mal darauf ein. Unser Ego sehnt sich so sehr nach Bestätigung, dass wir uns sogar sehenden Auges manipulieren lassen. Es fühlt sich trotzdem wundervoll an.

Gerade der Einfluss Dritter, in unserem Fall besagte Natascha, darf nicht unterschätzt werden. Man kann es auch direkt machen und in Gegenwart anderer die Heldenmethode anwenden. *»Wenn einer in unserem Team unschlagbar bei Excel ist, dann ist das definitiv Klaus. Das meint ihr doch auch, nicht wahr?«*

Übrigens funktioniert die Heldenmethode auch, wenn die Kernaussage gar nicht stimmt. Ich bin ein grauenvoller Handwerker. Ich wünschte mir wirklich, es wäre anders. Wenn meine Frau jedoch meine Handwerkskünste lobt, dann klingt das wundervoll in meinen Ohren. Vielleicht besteht doch ein Funken Hoffnung, dass sich meine handwerklichen Fähigkeiten, die möglicherweise irgendwo versteckt in mir schlummern, eines Tages entfalten. Entsprechend gehe ich mit doppelt so viel Elan an die Sache ran. Die Katastrophe, die zum Schluss meist dabei herauskommt, hat meine Frau sich dann selbst eingebrockt.

Natürlich darf man diese Methode ebenfalls nicht überstrapazieren. Sie macht nur dann Sinn, wenn man Fähigkeiten anspricht, die jemand wirklich hat oder glaubt beziehungsweise sich wünscht zu haben. Keinen Sinn macht es hingegen, wenn die betroffene Person genau weiß, dass die ihr zugesprochene Fähigkeit gar nicht existiert. Wenn Sie die zierlichste Person im Büro ansprechen, weil alle anderen gerade beschäftigt sind, und bitten: *»Du bist doch so kräftig gebaut, könntest du bitte die 20 Pakete Kopierpapier in den Keller bringen?«*, dann wirkt das, als ob Sie sich lustig machen würden. Mit ein wenig kreativer Ehrlichkeit können Sie die Heldenmethode aber dennoch anwenden: *»Ich weiß, das ist normalerweise nicht deine Sache, aber die anderen sind alle so eingebunden, und weil du so zuverläs-*

sig bist, wollte ich dich fragen, ob … « Die Eigenschaft Zuverlässigkeit ist sowas wie eine Allzweckwaffe, außer natürlich es handelt sich um die Unzuverlässigkeit in Person. Man sollte immer bei der Wahrheit bleiben, um ans Ziel zu kommen.

Auch per E-Mail lässt sich die Heldenmethode hervorragend anwenden:

»Da ich weiß, dass Sie auf Pünktlichkeit und Zuverlässigkeit Wert legen, sende ich Ihnen die Unterlagen früher zu als besprochen. Ich bitte Sie um kurze Rückmeldung bis zum 25.01., 16 Uhr, damit ich Ihre Änderungswünsche entsprechend für Sie einarbeiten kann.«

Der erste Satz ist entscheidend. Dadurch wurde das Ego des Ansprechpartners geprägt. Der Verfasser hat ihm die positiven Eigenschaften Pünktlichkeit und Zuverlässigkeit zugesprochen. Nun wird der Empfänger bemüht sein, dieses Ego zu bestätigen. Weiß der Empfänger aber, dass er für seine notorische Unpünktlichkeit bekannt ist, sollte man das Ego in eine andere Richtung stärken:

»Da ich weiß, dass Sie auf zügige Informationen im Team Wert legen, sende ich Ihnen die Unterlagen früher zu als besprochen. Da ich auf Ihre Rückmeldung angewiesen bin, bitte ich Sie, mir Ihre Änderungswünsche bis 25.01.2014, 16 Uhr mitzuteilen, damit ich diese entsprechend für Sie einarbeiten kann.«

Zügige Informationen im Team und das Sätzchen *auf Ihre Rückmeldung angewiesen* sprechen das Ego des Teamplayers an. Dies sind kleine Nuancen mit großer Wirkung. Wir haben mal einen Splittest gemacht. Das heißt, wir haben 50 Kunden, die ein Angebot anfragten, eine Standard-E-Mail geschickt. Weiteren 50 Kunden haben wir die identische E-Mail geschickt, mit lediglich einer kleinen Änderung: Wir haben im ersten Satz nur hinzugefügt, dass wir wissen, dass der Kunde auf Pünktlichkeit und Zuverlässigkeit Wert legt. Während in der ersten Gruppe nur 24 Kunden innerhalb der Frist eine Antwort schickten, waren es bei der optimierten E-Mail 39 Kunden!

Ist Ihnen bei den vorherigen beiden E-Mails noch etwas aufgefallen? Im letzten Satz der beiden E-Mails haben wir die kleinen magischen Worte *für Sie* eingefügt. Wir haben der Handlung einen Sinn gegeben, die nicht darin lag, etwas für uns zu tun, sondern Rückmeldungen zu geben, damit wir etwas *für Sie* tun können. Es sind eben die kleinen Nuancen, die dafür sorgen, dass man Erfolg hat!

Das Ego zu stärken ist wundervoll, denn was ist schöner, als dafür zu sorgen, dass sich jemand besser fühlt? Man muss aber vorsichtig sein, die Sache kann nämlich auch ziemlich nach hinten losgehen. Der erste und häufigste Fehler ist, dass man unabsichtlich das Ego einer Person in eine Richtung stärkt, die einem gar nicht weiterhilft. Was glauben Sie, wie groß die Wahrscheinlichkeit ist, dass jemand eine E-Mail beantwortet, die mit dem folgenden Satz anfängt: *»Ich weiß, Sie sind viel beschäftigt und werden kaum Zeit haben diese E-Mail zu beantworten.«* Der Verfasser dieser E-Mail wollte höflich und rücksichtsvoll erscheinen. Er stärkte jedoch das Ego der viel beschäftigen Person und sie wird natürlich nicht antworten. Was als freundliche Floskel gemeint ist, bewirkt genau das Gegenteil. Wenn Sie mir also eine E-Mail schreiben wollen, dann betonen Sie nicht, wie beschäftigt ich sei.

Ein weiteres Problem kann sein, dass man die Geister, die man rief, nicht mehr beherrschen kann. So erklärte ich einem Kollegen einmal, dass er im Marketing viel besser sei als ich. Ich lobte bei jeder Gelegenheit sein Talent für Marketing und Werbung. Natürlich übernahm er bereitwillig jede Aufgabe in diesem Bereich. Schließlich war er ja dort der Held. Wehe aber, wenn ich seine Entwürfe kritisierte, dann bekam ich gleich Retour: *»Beim Marketing kenne ich mich schließlich besser aus.«*

Wenn man ein Ego bewusst aufbaut, dann sollte man sich immer der Konsequenzen bewusst sein und diese tragen können. Wenn Sie einem Kunden sagen, dass er ja ein ziemlich schlauer Fuchs sei, was Preise angehe, so wird er sich bemüßigt sehen, Sie permanent herunterzuhandeln. Es wäre besser, dem Kunden zu sagen, dass er ja ein ziemlich gutes Verständnis für Preis-Leistung hätte. Wenn er sich dann zu sehr auf den Preis fixiert, dann können Sie immer noch den Leistungsaspekt betonen. Die Sache mit meinem ehemaligen Kollegen löste ich dann so, dass ich öfter einwarf, dass Leute, die sich mit Werbung und Marketing gut auskennen jene sind, die Kunden und Produzentensicht erfragen und berücksichtigen und daraus einen optimalen Kompromiss stricken. Dann begann er mir zuzuhören. Überlegen Sie also genau, welches Ego Sie wirklich stärken wollen!

Weitere Anwendungsbeispiele

➤ Sie wollen, dass eine Kollegin bei einem Thema besonders gut zuhört: »*Frau Lange, das ist jetzt etwas, was Sie als Expertin für Qualität besonders interessieren wird.*«

➤ Sie brauchen Hilfe und es soll nicht unbedingt jeder mitbekommen, dass Sie sich bei einem Kollegen Unterstützung holen. Schlagen Sie zwei Fliegen mit einer Klappe: »*Dies ist eine schwierige Aufgabe, wo ich jemanden brauche, dem ich absolut vertrauen kann. Jemand, der wirklich kompetent und zugleich verschwiegen ist, und da habe ich an Sie gedacht.*«

➤ Jemand soll für Sie eine lästige Internetrecherche machen: »*Du bist doch so ein Genie darin, das Unauffindbare im Internet zu finden. Könntest du …*«

➤ Sie wollen, dass jemand Ihre Argumente unterstützt: »*Herr Meier, der sich ja mit Zahlen hier am besten auskennt, sieht das bestimmt auch so. Oder, Herr Meier?*« Wenn Sie nicht völlig daneben liegen, wird der gelobte Herr Meier eifrig zustimmen.

Steigern Sie die Wahrscheinlichkeit, dass etwas erledigt wird

Man schickt einem Kollegen eine E-Mail oder legt ein Dokument zur Durchsicht auf den Schreibtisch des Chefs, und nichts tut sich. Man hakt nach, und weiterhin passiert rein gar nichts. Jetzt könnte man hier natürlich die Heldenmethode anwenden, aber in der Hektik des Alltags müssen Dinge einfach mal schnell gehen und man kann nicht jedes Mal gezielt das Ego seiner Kollegen aufbauen. Auch in solchen Situationen lässt sich die Wahrscheinlichkeit, dass etwas umgehend erledigt wird, erheblich steigern. Man braucht nur mit kleinen Tricks einer Bitte oder Anweisung eine möglichst persönliche Note mitzugeben.

Der Sozialforscher Randy Garner hat dies in seinem sogenannten Haftnotizenexperiment eindrucksvoll gezeigt. Er schickte Fragebögen an drei Zielgruppen per Post raus. Die erste erhielt den Fragebogen mit einem Anschreiben und der Bitte um Rücksendung. Die zweite Gruppe erhielt exakt das gleiche Material, jedoch klebte er jeweils einen dieser gelben Klebezettel, die sogenannten Post-its, auf das Anschreiben, ohne weiteren Vermerk. Auch bei der dritten Gruppe verwendete er Klebezettel, schrieb jedoch darauf zusätzlich per Hand die Bitte, den Fragebogen auszufüllen und zurückzusenden. Das Ergebnis war beeindruckend: Während in der Gruppe ohne Klebezettel nur 34 Prozent den Fragebogen zurückschickten, waren es in der Gruppe mit den leeren Klebezetteln 43 Prozent. Bei denjenigen mit der handschriftlichen Bitte lag die Rücksendequote bei 75 Prozent!

Der gleiche Effekt wirkt übrigens beim Trinkgeld in Restaurants. Das gegebene Trinkgeld erhöht sich drastisch, wenn die Kellnerin oder der Kellner die Rechnung handschriftlich mit einem Dankeschön, einem Smiley und ihrer Unterschrift versieht. Grundsätzlich gilt also:

Je persönlicher eine Bitte oder eine Aufgabe vorgetragen wird, umso wahrscheinlicher ist es, dass diese auch erfüllt wird.

Wenn Sie also Schreiben oder Dokumente haben, die dringend abgearbeitet werden müssen, versehen Sie diese mit einem Klebezettel und einer handschriftlichen Notiz. Natürlich ist auch die Wortwahl entscheidend. Episch lange Texte in Mikroschrift auf einem ein Quadratzentimeter großen Klebezettel sind ebenso wenig wirksam wie die klare, aber lieb- und inhaltslose Ansage »*Machen!*«.

Die folgenden kleineren Formulierungen funktionieren hingegen sehr gut:

Eilt, Dringend:
Alles, was Zeitdruck hat, springt in unserer mentalen Agenda nach oben. Besser funktioniert dies noch, wenn man es mit einem Termin versieht, denn was messbar ist, kann der menschliche Verstand besser umsetzen.

Vorsicht, Achtung:
Erlernte Signalwörter, unsere inneren Sirenen springen an

Bitte/Danke:
Oft vergessene Klassiker, die jedoch die Bereitschaft zu handeln enorm steigern. Eigentlich müsste das gar nicht erwähnt werden, aber sind das nicht genau die Worte, die uns selbst im Alltag am meisten fehlen? Genauso geht es andern!

Liebe Grüße, lieb von Dir:
Wir alle wollen liebgehabt werden. Das Wort *lieb* löst stets einen gewissen Zauber in uns aus und verleitet zum Handeln.

Diese Liste lässt sich weiter ergänzen. Überlegen Sie sich selbst Signalwörter je nach Situation und Arbeitsumfeld. Experimentieren Sie ruhig ein wenig. Grundsätzlich gilt aber: Man sollte nicht jedes Dokument mit einem Post-it bekleben. Was man zu häufig anwendet, führt zur Gewöhnung und der Effekt nutzt sich ab. Die Kunst besteht darin, immer aus der Masse der Informationsflut herauszustechen, auch aus der eigenen.

Erhöhen Sie die Wirksamkeit Ihrer E-Mails

Die Post-It-Methode funktioniert ebenso gut bei der E-Mail-Kommunikation. E-Mails sind zu einer der wichtigsten Mitteilungsformen geworden, sie sind schnell geschrieben, kostengünstig und werden in Echtzeit zugestellt. In einer Studie unter 200 Büromitarbeitern, was schlimmer sei, ein einwöchiger Ausfall der E-Mails oder des Telefons, gaben 81 Prozent an, dass ein E-Mail-Ausfall das größere Problem darstelle. Umso erstaunlicher ist es, dass die meisten E-Mails aus psychologischer Sicht mangelhaft formuliert sind. Und ich rede nicht von Rechtschreib- und Grammatikfehlern. Da sind wir ja gezwungenermaßen recht tolerant geworden. Nein, es geht um E-Mails, die psychologisch am Empfänger vorbei formuliert wurden. Wer den Empfänger psychologisch aber nicht erreicht, wird ihn auch nicht dazu bringen etwas zu tun. Mit der Post-It-Methode lassen sich auch E-Mails bereits erheblich optimieren. Um mit der E-Mail-Flut klarzukommen, hat unser Gehirn nämlich gelernt, im Bruchteil einer Sekunde zwischen Wichtigem und Unwichtigem zu unterscheiden. Wo schnell geurteilt wird, passieren aber öfter Fehler. Kleine mentale Haftzettel in E-Mails können dem Gehirn des Empfängers blitzschnell signalisieren *»Hallo! Wichtig! UNBEDINGT LESEN UND ERLEDIGEN«*.

Auf die Betreffzeile kommt es an

Die erste Haftnotiz einer E-Mail ist die Betreffzeile. Je konkreter und persönlicher diese ist, umso wahrscheinlicher ist eine entsprechende Reaktion darauf. Der häufigste Fehler beim Betreff ist, dass er meist aus Sicht des Verfassers formuliert wird, nicht aus der Sicht des Empfängers. Oft ist der Betreff nichts anderes als eine kurze Inhaltsangabe, zum Beispiel: *»Aktuelle Umsatzkennzahlen«* oder *»erster Entwurf des Angebots«* und ebenfalls beliebt: *»zur Info«.* Oder die E-Mail wurde so oft hin und her geschickt, dass der Betreff nur aus *»We:Re:Re:Re:«* besteht und die eigentliche Betreffzeile nicht mehr zu finden ist. Mal ehrlich, wie soll sich der Leser da durchfinden?

Statt inhaltsorientierter Betreffs präferiere ich deswegen handlungsorientierte Betreffs. Diese wirken nicht nur wie Haftzettel, sondern nehmen dem Empfänger außerdem das Denken ab. Wenn der Betreff nur den Inhalt angibt, muss man ja erst mal einordnen, ob etwas gemacht werden muss, und wenn ja, dann was und wie. Jeder Denkschritt, und wenn er noch so klein ist, ist eine Hürde, und mit jeder Hürde sinkt die Wahrscheinlichkeit, dass auch wirklich gehandelt wird. Handlungsorientierte Betreffs lassen sich recht einfach formulieren, wie die folgenden Beispiele zeigen:

Situation	(Üblicher) inhalts-bezogener Betreff	(Optimierter) Handlungsorientierter Betreff
Sie wollen, dass ein Angebot Korrektur gelesen wird	Angebot zum Korrekturlesen	Bitte bis heute Abend Korrektur lesen
Es werden Informationen zum Projektstand benötigt	Wie ist der aktuelle Projektstand?	Dringend: Bitte aktuellen Projektstand zusenden
Es kommt zu einer Lieferverzögerung, die dem Kunden mitgeteilt werden soll	Info wegen Lieferverzögerung an Kunden schicken	Achtung! Bitte sofort Kunden informieren
Sie senden Informationen zur Kenntnisnahme zu	Hier die Unterlagen für Dich zur Info	Bitte unbedingt lesen!

Handlungsorientierte Betreffs dringen in unser Gehirn vor und wir wissen sofort, was zu tun ist. Genau wie bei den klassischen Haftnotizen aus Papier sollte man solche Betreffs zielgerichtet und nicht inflationär verwenden. Wenn Sie an mehreren Projekten arbeiten, ist es hilfreich, den Projekt- oder Kundennamen immer in der Betreffzeile mit zu erwähnen. Das macht es dem Empfänger leichter und Ihnen auch, wenn Sie nach E-Mails zu einem speziellen Projekt in der Inbox suchen.

Mit dem Betreff haben Sie die Aufmerksamkeit erregt. Ihre E-Mail wird gelesen. Wird aber deswegen alles wirklich wahrgenommen, geschweige denn umgesetzt?

Das ist Ihnen bestimmt auch schon mal passiert. Eine Kollegin spricht Sie auf eine E-Mail an, die sie Ihnen geschickt hat und in der sie geschrieben hatte, dass Sie etwas erledigen sollten. Dummerweise können Sie sich nur beim besten Willen nicht an diese Bitte erinnern. Sie wissen noch vage, dass da eine E-Mail war, aber die Bitte haben Sie komplett übersehen. Das ist leider ein ziemlich normales Phänomen. Selbst wenn wir E-Mails öffnen und lesen, gehen wichtige Informationen verloren. Hinterher wird dann die E-Mail als Beweis herausgesucht. »*Schau mal, habe ich Dir geschickt. Musst Du nur richtig lesen.*« Stimmt von der Sache her, hilft in der Praxis aber nicht weiter. Es geht nicht darum, dass etwas *geschrieben*, sondern dass etwas *gelesen* wird.

E-Mails sind nicht einfach Briefe in elektronischer Form. Wir lesen Sie ganz anders als Briefe oder gedruckte Dokumente. Wir überfliegen sie eher, anstatt sie durchzulesen. Meist machen wir währenddessen noch etwas anderes, telefonieren, quatschen mit dem Kollegen und schenken dem Text nur geteilte Aufmerksamkeit. Erschwerend kommt hinzu, dass E-Mails zunehmend auf Tablet-Computern und Handys gelesen werden, bei kleiner Schrift wird hin und her gescrollt, der ganze Text lässt sich kaum noch erfassen. Diesem

Leseverhalten müssen wir beim Verfassen einer E-Mail gerecht werden. Mit den nachfolgenden Schritten lässt sich eine E-Mail ohne großen Aufwand psychologisch optimieren, bei gleichzeitig erheblicher Wirkung. Und selbst wenn es mal ein paar Sekunden länger dauern sollte – das ist es Wert.

Umfang – weniger ist mehr

Nichts ist schlimmer als ewig lange E-Mails. Wie wahrscheinlich ist es, dass jemand solche Textwüsten Zeile für Zeile liest? Weniger ist mehr! Klar dauert das etwas länger. Schon Goethe hatte einen langen Brief an Schiller mit dem Satz beendet: *»Entschuldige die Länge des Briefes, ich hatte keine Zeit, mich kurz zu fassen.«* Was damals galt, ist bis heute aktuell. Anstatt also wild herunterzuschreiben, was einem im Kopf herumschwirrt, nehmen Sie sich lieber die Zeit und fassen sich kurz. Sie erreichen mehr. Eine E-Mail, die länger als eine halbe DIN-A4-Seite ist, ist schon zu lang. Jeder Text, der länger als eine halbe Seite ist, lässt sich thematisch unterteilen. Wenn Sie sich also nicht auf die halbe Seite begrenzen können, dann macht es Sinn, lieber gleich zwei E-Mails daraus zu machen. Verkünsteln Sie sich auch nicht in seltsamen Schachtelsätzen. Klingt zwar sprachlich gut, versteht man aber nur mit Mühe. Bedenken Sie immer die Bequemlichkeit der Menschen. Was einfach ist, wird schneller gemacht. Was kompliziert erscheint, wird auf die lange Bank geschoben.

Übersichtlichkeit – schaffen Sie Struktur

Selbst kürzere E-Mails sind nicht immer übersichtlich. Kleine Kniffe schaffen auch hier schnell Abhilfe:

Setzen Sie alle vier bis fünf Zeilen einen Absatz. Das schafft unserem Gehirn eine kleine Atempause und steigert die Verarbeitung der erhaltenen Informationen. Wie wirksam diese Absätze sind, haben wir in einem Feldversuch getestet. Ein Student, der in den Versuch eingeweiht war, schickte drei Stunden vor Seminarbeginn eine von uns gemeinsam verfasste E-Mail an die rund 50 Seminarteilnehmer. Der Betreff lautete: »*Vor Beginn des Seminars lesen*«. Inhaltlich ging es um diverse organisatorische Aspekte rund um die Seminarveranstaltung. Die E-Mails wurden bewusst von einem Studenten geschickt und nicht von einer Lehrkraft, da E-Mails von Lehrkräften mit übertriebener Genauigkeit gelesen werden. Jedenfalls bilden wir Lehrkräfte uns das ein und wir wollten jede Verfälschung des Versuchs ausschließen. Die Hälfte der Studenten bekam eine E-Mail mit 23 Zeilen, ohne Absätze. Die andere Hälfte erhielt exakt die gleiche E-Mail, jedoch waren alle vier bis fünf Zeilen Absätze eingefügt worden. Am Anfang des Seminars erhielten die Teilnehmer dann einen Fragebogen zum Inhalt der E-Mail. Diesen Versuch wiederholten wir bei vier unterschiedlichen Seminargruppen, also mit insgesamt rund 200 Studenten.

Die Ergebnisse waren eindeutig. In der Gruppe, die den E-Mail-Text ohne Absätze erhielt, wurden durchschnittlich rund 58 Prozent der Fragen zum E-Mail-Inhalt richtig beantwortet. In der Gruppe jedoch, die die mit Absätzen formatierte E-Mail erhielt, wurden 83 Prozent der Fragen richtig beantwortet. Die Absätze führten dazu, dass rund das 1,5-Fache an Informationen aufgenommen und verarbeitet wurde.

Verwenden Sie also unbedingt Absätze, um den Text leichter lesbar zu machen. Selbst wenn es nur eine Einladung zum Firmensommerfest ist. Nutzen Sie darüber hinaus ganz gezielt all die anderen Möglichkeiten, um eine E-Mail zu strukturieren, wie Aufzählungen und Aufzählungszeichen, Fettschrift und unterstrichene Schriften. Natürlich sollte man kein Kindermalbuch aus einer E-Mail machen. Sparsam, aber gezielt strukturiert ist die Losung.

Haftnotizen in der E-Mail

Nachdem die Betreffzeile das erste Post-it ist, sollten Sie in der E-Mail im Text weitere kleine psychologische Haftnotizen verteilen, die die Umsetzungswahrscheinlichkeit deutlich steigern. Psychologische Haftnotizen erfüllen die gleiche Funktion wie die gelben Zettel aus Papier, nur dass sie in den Text geschickt eingewoben sind und einen unbewussten Handlungsdrang beim Empfänger auslösen.

Grundsätzlich sollte jede E-Mail, mit der man jemanden zu einer Handlung bringen will, aus folgenden Informationen bestehen:

1. Was bringt es dem Empfänger?
2. Was wollen Sie genau?
3. Abschließender Handlungsverstärker

Der Fehler im Alltag liegt darin, dass wir meist nur die zweite Frage beantworten, weil es ja das Sachziel ist. Schauen wir mal, wie es wirkt, wenn alle drei Punkte angesprochen werden.

Was bringt es dem Empfänger?

Es gilt zwar gesellschaftlich als unfein, sein eigenes Interesse in den Vordergrund zu stellen, aber das Unterbewusstsein pfeift auf gesellschaftliche Konventionen. Die Frage, die es sich immer stellt, ist: was bringt es mir, wenn ich tue, was in der E-Mail steht? Wenn Sie diese Frage am Anfang einer E-Mail positiv beantworten, haben Sie das Unterbewusstsein des Lesers bereits auf Ihrer Seite.

Natürlich dreht sich dabei wieder alles um einen oder mehrere unserer üblichen vier Verdächtigen – Ego, Bequemlichkeit, Gier, Angst. Spricht man diese am Anfang gezielt an, entfalten sie schlagartig ihre Wirkung. Wie wir das Ego ansprechen, haben wir ja bereits bei der

Heldenmethode gesehen. Die nachfolgende Liste zeigt darüber hinaus beispielhafte Formulierungen für alle vier Kernmotive.

Ego	»Da Sie sich mit Excel so gut auskennen, wollte ich Sie um Hilfe bitten bezüglich …«
	»Ich bräuchte mal Ihr Fachwissen hinsichtlich …«
	»Ich habe dem Chef gesagt, dass Sie mit dem Blick Ihrer Erfahrung da noch mal drüberschauen sollten.«
Angst	»… damit das Projekt nicht scheitert.«
	»… um Verluste zu vermeiden.«
	»Damit wir nicht unnötig Geld ausgeben, …«
	»Der Kunde könnte uns abspringen. Deswegen …«
Gier	»… um Kosten zu sparen.«
	»Ich habe einige Ideen für eine sofortige Umsatzsteigerung.«
	»Ich hätte da eine Möglichkeit, mit der Du mehr Überstundenvergütung bekommen könntest.«
Bequemlichkeit	»Hier eine einfache Lösung, die uns viel Arbeit spart …«
	»… damit wir das leidige Problem endlich los sind.«
	»Wir können uns viel Zeit sparen, indem …«

Übrigens wird in den Formulierungen bewusst die Wir-Form verwendet und nicht die direkte Anrede. Obwohl wir zwar menschlich auf unseren Vorteil aus sind, mögen wir es nicht, wenn das konkret angesprochen wird. Insbesondere bei schriftlichen Formulierungen fühlen sich viele Menschen unwohl, weil ihr Opportunismus nicht nur angesprochen, sondern zudem noch schriftlich dokumentiert wurde. Während Sie also im persönlichen, inoffiziellen Gespräch, meist problemlos den Eigennutz der anderen Person ansprechen können, sollten Sie diesen in der Schriftform immer auf die Wir-Form übertragen.

Was wollen Sie genau?

Nun kann man zur Sache kommen und sagen, was genau das Anliegen ist. Die Betonung liegt hierbei auf *genau*, und zwar so, dass man nicht nur selbst, sondern auch der Empfänger der E-Mail es versteht. Genau daran hapert es im Alltag oft. Klassiker sind Sätze wie: *»Kannst Du mir bitte noch mal die Notizen von vor einigen Wochen zuschicken? Du weißt schon. Danke!«* Nein, weiß ich nicht! Welche Notizen? Zu welchem Thema? Wann genau? Fragen über Fragen. Der Absender weiß exakt, was er meint, der Empfänger ist komplett verwirrt. Bestenfalls entfaltet sich ein Hin und Her an E-Mails, um zu klären, was wirklich gefragt ist. Schlimmstenfalls macht der Empfänger es sich bequem und legt die E-Mail erst mal auf Wiedervorlage, wo sie dann unbeachtet vergammelt. Wie viele E-Mails haben Sie bekommen, die Sie mehrmals durchlesen mussten, um annähernd zu verstehen, worum es ging? Vielleicht geht es den Empfängern Ihrer E-Mails nicht anders?

Der Schlüssel zum Erfolg sind klare, möglichst simpel und übersichtlich gehaltene Ansagen. Wenn es sich um ein komplexeres Anliegen handelt, dann nutzen Sie unbedingt Aufzählungen für die einzelnen Handlungsschritte. Je einfacher die Kost für unser bequemes und überflutetes Hirn daherkommt, umso besser wird sie verdaut.

Abschließender Handlungsverstärker

Jetzt weiß der Empfänger zwar, was Sie wollen, gleichzeitig stellt sich aber die natürliche Trägheit ein. Umzusetzen bedeutet ja Arbeit, und das ist wieder so etwas, was das Unterbewusstsein nicht sonderlich mag. Also muss das faule Ding einen kleinen Schubser bekommen, damit der Empfänger auch in die Gänge kommt. Deswegen besteht diese dritte Stufe wiederum aus drei psychologischen Kniffen, die für den notwendigen Schubs sorgen:

Handlungsanreiz bestätigen: Hier muss nur noch mal der Handlungsanreiz vom Beginn der E-Mail mit wenigen Worten wiederholt werden.

Handlungsaufforderung: Jede E-Mail sollte dann mit einer konkreten Handlungsaufforderung enden. Wir hatten das Prinzip der einfachen Lösungen bereits bei der Beschwerde kennengelernt. Natürlich steht zwar alles bereits im Mittelteil. Wir Menschen brauchen jedoch eine klare Handlungsaufforderung. Jede mentale Anstrengung oder Entscheidung ist eine unterbewusste Barriere, die die Wahrscheinlichkeit erheblich senkt, dass etwas gemacht wird.

Leichter Handlungsdruck: Verstärken Sie die Wirkung der Aufforderung durch einen kleinen, aber effektiven Handlungsdruck. Das kann zum Beispiel eine Frist sein. Je konkreter eine Frist, umso wirksamer, also statt »*bis heute zum Feierabend*« besser schreiben: »*bis heute 17.30 Uhr*«. Auch die zusätzliche Beschreibung eines Verlusts, also eines möglichen Schmerzes, kann einen wirksamen Handlungsdruck darstellen (»*… sonst entstehen uns Mehrkosten*« oder »*sonst können wir das heute nicht mehr versenden und der Kunde wird verärgert sein*«).

In der Praxis lassen sich alle drei »Schubser« meist elegant in einem Satz einflechten:

»*Damit ich Deine Expertise noch einbinden kann, bitte ich Dich, mir das Dokument bis heute um 16 Uhr zuzusenden, sodass wir den Auftrag nicht verlieren.«*

Wichtig dabei ist eine klare Formulierung. Dabei kann man direkt sein, ohne unhöflich zu wirken. Nehmen wir folgendes Beispiel:

»Dein Talent, Korrektur zu lesen, ist mir sehr wichtig. Es wäre nett, wenn Du Dich bis morgen Vormittag darum kümmern würdest.«

Das ist zwar nett formuliert. Nur ist das Wort *kümmern* nicht sehr ausdrucksstark. Da steckt keine konkrete Handlungsanweisung drin. Und was bedeutet morgen Vormittag? Heißt das 8 Uhr oder 11 Uhr? Vielleicht ist Ihnen nicht so wichtig, wann es genau kommt, aber wenn man vage bleibt, wird nichts Konkretes dabei herauskommen. Schnell ist der Vormittag zu Ende, dann wird es eben eine Stunde nach Vormittag. Dann ist da ja noch die Mittagspause, und dann wird schnell 14 Uhr daraus und so weiter.

Eine handlungsoptimierte Formulierung würde lauten:

*»Dein Talent, Korrektur zu lesen, ist mir sehr wichtig. Bitte sende mir deswegen bis **morgen um 10 Uhr** die korrigierten Unterlagen zu.«*

Mit klaren Ansagen kommt man zum Erfolg. Unterstreichen Sie ruhig Zeitangaben und wichtige Handlungstreiber oder nutzen Sie Fettschrift, um diese hervorzuheben.

Das folgende reale Beispiel zeigt, wie man mit wenigen Schritten durch Anwendung sämtlicher Möglichkeiten der Optimierung eine zur Erfolglosigkeit verdammte E-Mail so umformuliert, dass die Erfolgschancen drastisch steigen:

Betreff: *Unterlagen zur Korrektur*

Hallo Gerd,

anbei schicke ich Dir die Unterlagen zur Korrektur zu. Ich würde Dich bitten, Dir die Zeit zu nehmen und diese genau durchzulesen. Wenn Du Anmerkungen hast, dann schreibe sie direkt in das Dokument rein. Verwende dafür aber bitte die Korrekturfunktion in Word, damit ich die Änderungen nachvollziehen kann. Außerdem würde ich Dich bitten, bei Kapitel 3 noch Deinen Text zur Projektbeschreibung mit einzufügen. Da habe ich nicht so viel gemacht. Schau Dir auch die Zahlen am Schluss an. Sprich bitte noch mit Marianne wegen der Zeitangaben, die kennt die freien Kapazitäten, und passe die Zeitangaben wenn möglich an.

Könntest Du mir das korrigierte Dokument bitte so schnell wie möglich zurücksenden?

Besten Dank

Kein Wunder, dass diese E-Mail keine Wirkung hatte und mit hoher Sicherheit ein Großteil nicht erledigt wurde. Hier nun die nach psychologischen Gesichtspunkten optimierte E-Mail:

Betreff: *Bitte Angebot bis heute Abend korrigieren*

Lieber Gerd,

da Du die meiste Erfahrung mit solchen Projekten hast, bitte ich Dich um Deine Expertise für das aktuelle Angebot. Ich habe es Dir angehängt.

Könntest Du bitte:

➤ *Das Dokument noch mal eingehend durchlesen.*

➤ *Bei Änderungen die Korrekturfunktion in Word verwenden, damit ich Deine Anmerkungen gleich erkenne.*

➤ *Kapitel 3: Ergänze hier noch aus Deiner Erfahrung die Projektbeschreibung.*

> ➤ *Letztes Kapitel: Bitte schau auch mal über die Zahlen und sag mir, was Du darüber denkst.*

> ➤ *Zeitangaben: Frag noch Marianne wegen der freien Kapazitäten und ergänze diese.*

*Bitte sende mir die Unterlagen bis **heute um 16 Uhr** zu, damit wir das Angebot noch rechtzeitig rausschicken können.*

Ich danke Dir recht herzlich für Deine Unterstützung. Deine Erfahrung ist sehr wichtig, damit wir das Projekt gewinnen.

Liebe Grüße

Diese E-Mail hat einen komplexen Sachverhalt einfach dargestellt und alle wichtigen psychologischen Post-its waren wirksam eingefügt. Schauen Sie mal, ob Sie die entdecken. Versuchen Sie diese Optimierungen gleich mal bei der nächsten E-Mail, die Sie schreiben. Eine gute Übung ist auch, die E-Mails anderer aus psychologischem Blickwinkel zu analysieren. Sie werden viele Fehler entdecken, aber auch so manche kleine Juwelen, von denen man noch lernen kann.

Ein Lächeln wirkt Wunder

E-Mails müssen natürlich nicht immer formell klingen. Ein klein wenig Humor kann beizeiten viel bewegen. Ein Lächeln bringt immer Sonne in unsere Herzen ;-) Und damit kommen wir zu dem meines Erachtens mächtigsten Zeichen der Welt. Was hat dieses kleine Smiley oben im letzten Absatz bei Ihnen bewirkt? Sie werden kaum darüber nachgedacht haben. Haben Sie sich schlechter gefühlt? Wohl kaum. Sie waren vielleicht etwas irritiert, weil man solche Zeichen in einem Buch nicht liest, aber mit hoher Wahrscheinlichkeit haben Sie sich besser gefühlt.

Smileys sind sehr wirksam und zugleich weitestgehend akzeptiert. Natürlich sollte man kein hochoffizielles Schreiben mit Smileys versehen, aber geben Sie ruhig Ihren E-Mails bewusst eine sympathische Note. Sie lächeln ja auch am Telefon, wenn es angebracht ist. Setzen Sie mal bewusst ein Smiley in einer eher trockenen E-Mail-Kommunikation ein. Sie werden einen unglaublichen Stimmungsumschwung erleben. Der gesamte E-Mail-Verkehr wird schlagartig lockerer, und das färbt selbst auf anschließende Telefonate mit dem Empfänger ab, der plötzlich viel freundlicher, fast freundschaftlich wirkt. Ein Lächeln wird meist mit einem Lächeln belohnt – ob in der realen oder der virtuellen Welt.

Vorsicht, Bürospammer!

Manche meinen es einfach zu gut. Sie verschicken jeden Link, den sie sehen und der andere interessieren könnte, sofort per E-Mail. Dann haben sie noch eine Idee, die ebenfalls spannend für die Person sein könnte, und ab geht die nächste E-Mail. Jetzt noch die Erinnerung an den Termin verschicken und diverse E-Mails zum Stand der verschiedenen Projekte. Binnen kürzester Zeit hat der arme Empfänger ein Dutzend E-Mails von ein und demselben Adressaten. Schnell abgeschickt ist zwar schnell vom Tisch, aber deswegen wird es noch lange nicht gelesen, geschweige denn erledigt. Da die meisten E-Mails mäßig relevante Informationen enthalten, werden E-Mails dieses Absenders bald mental als Spam gewertet und ungelesen auf Wiedervorlage gelegt. Natürlich werden dann auch wirklich wichtige E-Mails nicht sofort gelesen. Werden Sie also nicht zum Bürospamer. Man sollte stets darauf achten, das eigene Kommunikationsbedürfnis zu zügeln und *alle* interessanten Informationen gesammelt in *einer* E-Mail zu verschicken, anstatt jede einzeln. Ebenso muss nicht unbedingt jeder auf Kopie gesetzt werden. Ein wenig Sparsamkeit erhöht die Wirkung der wirklich wichtigen E-Mails und lässt anderen mehr Zeit, Dinge wirklich abzuarbeiten, anstatt sich im E-Mail-Dschungel zu verlieren. Weniger ist eben mehr.

Bestimmen Sie Ihre persönlichen Regeln

Regeln im Alltag ordnen nicht nur das Zusammenleben. Sie bieten auch Halt und Sicherheit. Klar kommuniziert machen sie deutlich, was erwartet wird. Neben den gängigen, allgemeinen Umgangsregeln gibt es ganz persönliche Regeln. Jeder hat solche Werte und Regeln, sei es beruflich oder privat, die ihm am Herzen liegen. Nur weil sie uns wichtig sind, heißt das aber noch lange nicht, dass andere das wissen. So erwarte ich zum Beispiel neben absoluter Pünktlichkeit, dass zwischenmenschliche Probleme sofort offen angesprochen werden. Ich empfinde es als Todsünde, wenn Konflikte unter den Teppich gekehrt werden, nur um die Stimmung nicht zu trüben. Denn wenn ich jemandem in die Augen schaue, möchte ich, dass es keine unsichtbaren Barrieren gibt. Deswegen gilt, dass Probleme binnen 24 Stunden persönlich angesprochen werden müssen. Natürlich müssen meine Wertvorstellungen nicht ideal sein. Es gibt andere, die der Meinung sind, dass zwischenmenschliche Konflikte nicht auf die Tagesordnung gehören, schließlich sei dies ja keine Therapiestunde. Jeder hat eben seine eigenen Wertvorstellungen, aber so sind nun mal meine Erwartungen an meine Mitmenschen. Jetzt kann ich das natürlich einmal sagen und danach hoffen, dass sich alle immer daran halten. Realistisch ist das nicht. Deswegen sollten persönliche Regeln bei jeder passenden Gelegenheit kommuniziert werden, nur so können Erwartungen gesetzt werden. Denn meine Regeln bieten meinen Mitmenschen eine klare Orientierung im Umgang mit mir und es wäre unfair, wenn ich ihnen diese Möglichkeit verwehren würde, indem ich diese Regeln nicht klar verdeutliche. Wenn Sie also klar mitteilen, was Sie erwarten und worauf Sie Wert legen, dann tun Sie Ihren Mitmenschen einen Gefallen und machen sich zusätzlich das Leben leichter.

Noch wahrscheinlicher ist die Einhaltung von Regeln natürlich, wenn man seinen Mitmenschen erklärt, worin für sie dabei der Vorteil liegt. *»Ich erwarte Pünktlichkeit, weil ich ebenfalls pünktlich bin,*

Sie möchten ja auch nicht, dass Sie Ihre wertvolle Zeit mit Warten vergeuden.« Ähnlich ist das mit Offenheit. »*Ich möchte, dass zwischenmenschliche Probleme sofort geklärt werden, genauso wie Sie möchten, dass ich es sofort anspreche, wenn ich denke, dass zwischen uns etwas falsch läuft. So wissen Sie jedes Mal, wenn wir uns begegnen, dass mein Lächeln ernst gemeint ist.*«

Sie können selbst dann einen Vorteil für andere anführen, wenn kein unmittelbarer Vorteil besteht. Die Buchhalterin eines Unternehmens möchte zum Beispiel, dass die Reisekostenabrechnungen schnellstmöglich eingereicht werden. *Schnellstmöglich* ist natürlich ziemlich schwammig und gehört meines Erachtens zu den Begriffen, die wir gänzlich aus unserem Wortschatz streichen sollten. Sie könnte aber auch sagen: »*Ich erwarte, dass die Reisekostenabrechnungen spätestens nach sieben Tagen bei mir auf dem Schreibtisch liegen.*« Nun haben die Kollegen keinen direkten Vorteil davon, deswegen muss sie die Vorzüge für die anderen abstrakter begründen: »*Genauso, wie Sie möchten, dass andere Kollegen Ihnen die Unterlagen pünktlich geben, damit Sie Ihre Arbeit machen können.*« Schon hat man die Perspektive gedreht und einen Vorteil herausgearbeitet.

Solche Regeln haben aber noch eine weitere äußerst positive Wirkung. Ihre Kollegen greifen Ihre Regeln auf und beginnen, Ihnen die Arbeit abzunehmen und in Ihrem Namen für die Einhaltung der Regeln zu sorgen. Vor einigen Jahren trat ich meine neue Stelle bei einem Beratungsunternehmen an. Schnell machten mir meine neuen Kollegen klar: »*Der Chef ist ganz in Ordnung. Wenn Du aber eine Präsentation oder einen Text vorlegst, dann achte darauf, dass keine Formatierungsfehler darin sind. Die Zeilenabstände müssen immer gleich sein und die Bilder exakt ausgerichtet werden. Sonst brauchst Du über den Inhalt gar nicht mit ihm zu reden.*« Dies wurde mir nicht nur einmal gesagt, sondern jeder Kollege gab mir diesen Hinweis. Mein Chef musste also gar nicht auf die Einhaltung der Regeln achten. Natürlich tat er auch sein Übriges, um seinem Ruf gerecht zu werden.

Selbst wenn er keine Formatierungsfehler fand, dann konnte man sicher sein, dass er plötzlich eckige statt runde Aufzählungszeichen forderte, nur um seinen Standpunkt klarzumachen. Nun sollte man es nicht übertreiben und auf Regeln derart pochen, dass man zu einer Karikatur seiner selbst wird, aber Sie sollten diesen Effekt der Verselbstständigung von Regeln unbedingt nutzen. So war in einem anderen Unternehmen die Sekretärin bekannt dafür, dass sie sehr umgänglich war, aber wer eine Kaffeetasse in der Küche nicht in den Geschirrspüler räumte, hatte es sich sofort bei ihr verscherzt. Jeder ermahnte den anderen, die Regeln der Sekretärin einzuhalten, und die Küche war immer absolut sauber.

Natürlich wäre es naiv zu glauben, dass klar kommunizierte Regeln immer und von allen eingehalten werden. Die Wahrscheinlichkeit liegt bei diesen aber deutlich höher. Überlegen Sie also, worauf Sie persönlich Wert legen. Ein guter Indikator sind Situationen, die Sie am meisten ärgern. Überlegen Sie, was Sie genau geärgert hat, leiten Sie daraus klar messbare Regeln für Ihre Mitmenschen ab und kommunizieren Sie diese deutlich. Wenn ich in meinen Workshops auf dieses Thema zu sprechen komme, äußern manche Bedenken. Man würde sich ja unbeliebt machen bei Kollegen. Das Gegenteil ist der Fall. Stromlinienförmige, angepasste Menschen sind zwar angenehm, aber langweilig und nichtssagend. Wen wir wirklich lieben und respektieren, sind Menschen mit Ecken und Kanten. Es ist also gar nicht schlimm, seine persönlichen Ecken und Kanten ein wenig herauszustellen. Und wenn Sie immer noch Zweifel haben sollten, dann bedenken Sie bitte stets: Klare Regeln im Umgang mit Ihnen sind eine Frage der Fairness. Nur wer weiß, was erwartet wird, kann diese Erwartungen erfüllen. Geben Sie Ihren Mitmenschen diese Chance.

Nutzen Sie die wichtigste Währung der Welt

Was ist die Währung, die unsere Welt bewegt? Die einen meinen, es seien Euro, Dollar oder vielleicht sogar virtuelle Internetwährungen. Andere schwören auf Gold, Platin oder Öl. Das sind zwar alles wichtige Instrumente, die dafür sorgen, dass unsere Wirtschaft funktioniert. Aber die wichtigste Währung besteht darin, anderen Menschen einen Gefallen zu tun. Ich kenne Unternehmer, deren Erfolg hauptsächlich auf gegenseitigen Gefallen aufbaut. Sie sparen sich sämtliche Werbekosten. Gefallen sind als Währung deswegen besonders interessant, weil man sie rein theoretisch beliebig oft herstellen und multiplizieren kann. Natürlich wäre eine Währung, die sich beliebig herstellen ließe, nicht sehr wertvoll. Außer natürlich, wenn die meisten zu faul oder ignorant sind, sie herzustellen, und wenn zusätzlich die Währung mit der Zeit schnell wieder an Wert verliert, und genau das tun Gefallen.

Der Verhaltenswissenschaftler David Strohmetz hatte die Wirksamkeit kleiner Gefallen in einer eindrucksvollen Studie untersucht. Er bat Kellner darum, im Restaurant bei der Bezahlung den Gästen eine kleine Süßigkeit als Dankeschön zu geben. Das Trinkgeld lag um 3,3 Prozent höher als bei einer Kontrollgruppe, die keine Süßigkeiten verschenkte. Wer gibt, bekommt zurück. Psychologen nennen dies das Prinzip der Reziprozität, also der Gegenseitigkeit. In einem zweiten Experiment wurde das Geschenk vergrößert. Es gab nun zwei Süßigkeiten. Der Mehrwert lag im Cent-Bereich, das Trinkgeld stieg aber um 14,1 Prozent gegenüber der Kontrollgruppe, die gar keine Geschenke gab. Dies zeigt einen weiteren spannenden Effekt. Menschen neigen dazu, mehr zurückzugeben, als sie tatsächlich erhalten haben. David Strohmetz führte aber noch einen dritten Versuch durch. Hierbei sollten die Kellner erst eine Süßigkeit geben, dann sich umdrehen, um wegzugehen, zögern und dann noch eine weitere Süßigkeit auf den Tisch legen. Rechnerisch also das Gleiche wie im zweiten Versuch, jedoch wurde das

Wie verändert. Es wurde ein kleiner Überraschungseffekt eingefügt. Das Trinkgeld stieg um 23 Prozent gegenüber der Kontrollgruppe! Gefallen können also sehr wirksam sein, wenn man sie richtig einsetzt.

Ein Nachteil ist jedoch der bereits erwähnte schnelle Wertverfall. Undank ist der Welten Lohn, heißt es. Das ist so nicht richtig. Wir neigen nur dazu, Gefallen zu vergessen. Deswegen sollte man dafür sorgen, dass ein Gefallen nicht zu sehr in der Vergangenheit liegt, wenn er sich bezahlt machen soll. Auch sollte kein offensichtlicher Zusammenhang mit der von Ihnen erhofften Leistung bestehen. *»Papa, Du hast ein schickes Hemd an. Kriege ich jetzt eine Schokolade?«*, versuchte mein damals fünfjähriger Sohn mich zu ködern. Das war niedlich, aber doch etwas zu plump. Kein Kollege wird Ihnen jedoch einen Gefallen tun, weil Sie ihm oder ihr vor einer Woche mal einen Kaffee gebracht haben. Der Kollegin einen Kaffee zu bringen, um dann eine halbe Stunde später um Hilfe bei einem Schreiben zu bitten, funktioniert hingegen schon eher. Je kleiner der Gefallen, umso schneller sollte man ihn einlösen. Je größer beziehungsweise bedeutender er war, umso größer kann der zeitliche Abstand sein. Auch muss man aufpassen, dass man sich nicht ausnutzen lässt. Jemand, der stets für andere da ist, mag vielleicht beliebt sein, jedoch wird seine Hilfsbereitschaft als selbstverständlich empfunden. Gefallen müssen etwas Besonderes bleiben.

Folgende Regeln steigern die Wahrscheinlichkeit, dass Sie mit dem Prinzip der Gegenseitigkeit erfolgreich sind:

➤ Der Gefallen sollte überraschend und persönlich sein.
➤ Man sollte nicht zu viel Zeit verstreichen lassen, bis man den Gefallen wieder einlöst.
➤ Betreiben Sie nicht zu viel Aufwand. Es sind die Kleinigkeiten, die zählen. Sie bekommen ohnehin meist mehr zurück, als Sie geben!

> Es sollte kein offensichtlicher Zusammenhang zwischen dem Gefallen und dem, was Sie wollen, bestehen.

Wie elegant sich solch kleine Gefallen im Alltag einflechten lassen und dass dies auch immaterielle Dinge sein können, zeigen die folgenden Beispiele.

Weitere Anwendungsbeispiele

> Bringen Sie vor einer Besprechung einem Kollegen, den Sie später überzeugen wollen, ein kleines Bonbon (*»die essen Sie doch so gerne«*) oder einen Saft mit. Plump? Nein, nicht wenn man es beiläufig und mit einem charmanten Lächeln macht.

> Starten Sie Ihre E-Mail mit einem Gefallen. Dabei ist es völlig egal, ob man Sie darum gebeten hat und wie viel Zeit Sie tatsächlich investiert haben: *»Ich habe mir mal die Mühe gemacht und für Sie einige Sachen im Internet nachgeschaut …«*

> Auch kleine, unverfängliche Komplimente werden als Gefallen empfunden. *»Die Krawatte steht Ihnen gut. Ist die von einem Designer?«*

> Oder entlasten Sie andere, ohne sich selbst wirklich mehr Arbeit aufzuhalsen. *»Mach doch heute früher Feierabend. Ich kann ja die Anrufe annehmen.«*

Werden Sie lästige Aufgaben wieder los

Es gibt lästige Tätigkeiten, die einfach zum Job dazugehören und erledigt werden müssen. Dann gib es wiederum nervige Aufgaben, an die man irgendwie geraten ist – vielleicht aus falsch verstandenem Pflichtbewusstsein, oder weil sich einfach niemand anders gefunden hat –, auf die man aber gerne verzichten kann. Da solche Aufgaben meist bei allen anderen Kollegen gleichermaßen unbeliebt sind, ist es ziemlich schwierig solche Aufgaben abzugeben. Egal wie pflichtbewusst Sie sind, denken Sie immer daran, wer lästige Aufgaben übernimmt, ist doppelt gestraft. Denn Sie vergeuden nicht gerade wenig Zeit mit Dingen, die Ihnen keinen Spaß machen oder sogar ziemlich nerven. Andererseits werden Sie von Ihren anderen Tätigkeiten abgehalten und können Ihrem eigentlichen Job nicht richtig nachgehen, was schließlich zulasten von Leistung und Qualität geht. Schlimmstenfalls bekommen Sie als Dank noch einen Rüffel vom Chef, weil Sie Ihre eigentlichen Aufgaben nicht sorgfältig erledigen, für die Sie bezahlt werden. Gut gemeint und doppelt bestraft ist kein guter Deal. Überprüfen Sie mal bei sich selbst, wie viel Zeit Sie mit solchen lästigen Aufgaben verschwenden, die eigentlich andere machen könnten, und wie wenig Sie davon profitieren. Ein regelmäßiger Wochenrückblick lässt Sie staunen, wie viel unproduktiven Ballast Sie mit sich herumtragen, der eigentlich gar nicht in Ihren Aufgabenbereich gehört. Meistens geraten wir an solche Verpflichtungen, weil jemand die Heldenmethode ziemlich geschickt bei uns angewendet hat. Und will man diese Aufgabe wieder loswerden, wird wieder mit der Heldenmethode argumentiert. *»Sie können uns doch nicht hängen lassen.«*, *»Das Team baut auf Sie.«* Natürlich wollen wir unsere Kollegen nicht hängen lassen. Also stecken wir doppelt viel Energie in genau diese lästigen Tätigkeiten, die wir eigentlich gar nicht mögen, um dort besonders gut dazustehen. Schlimmstenfalls machen wir die Sache mit viel Einsatz auch noch so hervorragend, dass wir zur Strafe nun in Zukunft den Kram immer machen dürfen. Lästige Aufgaben zu übernehmen, kann also nur schiefgehen. Entsprechend sollte man sie so schnell wie möglich wieder loswerden.

Die beste Gegenstrategie bei lästigen Aufgaben ist es, unterirdische Leistung zu erbringen! Ja, Sie haben richtig gelesen! Wie gesagt, wenn Sie die Sache gut machen, bekommen Sie die Sache immer wieder aufgehalst. Wer hatte in der Schule meist Tafelputzdienst? Natürlich derjenige, der es am besten und nicht der, der es am schlechtesten gemacht hatte. Nur schlechte Leistungen sorgen dafür, dass man lästige Aufgaben blitzschnell und ein für alle Mal wieder loswird!

Wie stellt man das aber an, ohne dass man seinen Ruf ruiniert und gar als Saboteur dasteht? Seien Sie offen! Sagen Sie ganz gerade heraus, dass Sie wahrscheinlich nicht geeignet für diese Aufgabe sind, aber sich dennoch bemühen werden, dem Team zuliebe, auch wenn Sie glauben, dass das jemand anders viel besser kann. Meist reicht diese ehrliche Warnung schon aus, dass Sie die Arbeit gar nicht erst übernehmen müssen. Wenn Sie mal wieder eine solche Aufgabe aufgetragen bekommen, also nicht stumm nicken, sondern ganz offen sagen, dass Sie nicht dafür geeignet sind. Wenn Ihr Chef Sie aber trotz aller Warnungen nötigt, die Aufgabe zu übernehmen, dann hat er sich das Problem selbst eingebrockt. Sie sollten jetzt gerade so viel geben, dass Sie das Team nicht hängen lassen, aber deutlich die Erwartungen unterbieten. Ganz geschickt kann man hier wieder die Heldenmethode anwenden. Holen Sie einen Kollegen dazu, sagen Sie ihm, wie sehr Sie dessen Fähigkeit schätzen, und bitten um Hilfe. Wenn alles erledigt ist, dann loben Sie den Kollegen vor allen Mitarbeitern und betonen, dass Sie das nie hätten erledigen können und mit fliegenden Fahnen untergegangen wären. Wenn nicht Ihr Kollege gewesen wäre, der viel mehr Ahnung hat und ohnehin ein brillanter Kopf ist. Was meinen Sie, wer nächstes Mal ran darf?

Warnung! Wann Sie lästige Aufgaben unbedingt übernehmen sollten

Mit der obigen Methode kommt man ganz gut durch den Berufsalltag. Es gibt jedoch einige wichtige Gründe, wegen denen Sie in bestimmten Fällen unangenehme Aufgaben unbedingt übernehmen sollten. So zum Beispiel, wenn Ihr Job oder der Ihrer Kollegen davon abhängt oder es Ihrem Ruf schaden würde, wenn Sie sich herausschummeln. Es wäre schon ziemlich dämlich, sich die Chance nehmen zu lassen, als Unternehmensretter dazustehen. Außerdem ist es nicht Sinn der Sache, dass Sie alle unangenehmen Aufgaben auf andere Schultern verteilen und selbst keinen Finger krumm machen, denn ein Team braucht immer alle. Sie sollten nur behutsam bei der Auswahl sein. Nehmen Sie nur Aufgaben an, die Sie möglichst wenig von Ihrer eigenen Tätigkeit abhalten und bei denen Sie richtig gut punkten können. Bei lästigen Aufgaben gilt die Devise: Minimaler Einsatz, maximaler Gewinn.

So werden selbst große Aufgaben für Sie erledigt

Manchmal möchten wir, dass unsere Mitmenschen große Aufgaben für uns erledigen, was mit einigem Aufwand verbunden ist. In solch einem Fall ist es nicht sinnvoll, gleich mit der Tür ins Haus zu fallen. Langsam einschleichen kann da weitaus geschickter sein. Denn aus einem kleinen *Ja* lässt sich schneller mehr machen, wenn man es richtig angeht, tut es dem anderen nicht mal weh.

In einer russlandweiten Studie sollten wir für einen der größten internationalen Landmaschinenhersteller eine Untersuchung zu den Produkten des Unternehmens, in diesem Fall riesige Erntemaschinen, durchführen. Befragt werden sollten die Maschinenführer selbst, und das persönlich! In Russland mit seinen Weiten bedeutete das, dass zwischen den Teilnehmern oft mehrere Stunden Fahrt lagen. Das Projekt wäre weder zeitlich noch finanziell durchführbar gewesen, wenn unsere Mitarbeiter zu jedem Befragten gereist wären. Also mussten die Kandidaten selbst überzeugt werden, alle zu einem gewissen Zeitpunkt an einen Ort zu kommen. Trotz Reisekostenübernahme und einer guten finanziellen Entschädigung war das Ergebnis miserabel. Von 89 angerufenen Kandidaten erklärten sich gerade mal drei bereit, also etwas weniger als drei Prozent. Also musste die Taktik geändert werden. Die nächsten Kandidaten, die wir anriefen, baten wir darum, in einer Woche an einer telefonischen Befragung teilzunehmen. Wir hatten eine Zusagequote von rund 70 Prozent. Das war aber nur der Einstieg, wir wollten ja eigentlich keine telefonische Befragung durchführen, sondern die Leute einladen. Einige Tage später riefen wir also erneut an und erklärten, dass es eine Planänderung gebe und die Personen nun einige Stunden zu unserem Büro reisen müssten. Natürlich sprangen recht viele ab, aber dennoch sagten rund 25 Prozent zu und erschienen auch! Durch diese Methode haben also etwas mehr als 17 Prozent zugesagt, gegenüber zuvor drei Prozent!

Wir hatten erfolgreich die sogenannte **Fuß-in-der-Tür-Methode** angewandt, sie eignet sich hervorragend dazu, Menschen für größere, unangenehme Aufgaben zu gewinnen. Die Technik funktioniert natürlich nicht nur in Russland, sondern weltweit. Man denke nur an die lieblichen Worte der Ehefrau »*Schatz, lass uns nur mal kurz nach Schuhen schauen … *«

KÖNNTEN SIE MIR BITTE DIE PAKETE RUNTERTRAGEN ?

Man muss nur darauf achten, dass man es richtig macht! Es geht nämlich nicht darum, dass man den kleinen Finger gereicht bekommt und dann die ganze Hand nimmt! Machen Sie es bitte nicht so wie die junge Dame am Telefon, die mich neulich anrief: »*... die Umfrage dauert maximal fünf Minuten*«, versprach sie freundlich. Als alter Profi hätte ich es besser wissen müssen. Aber die Stimme war einfach zu sympathisch und so glaubte ich ihrem Versprechen. Eine halbe Stunde und ein kaltes Abendessen später war das Gespräch endlich zu Ende. So etwas hinterlässt einen faden Nachgeschmack. Nun war das der jungen Dame am Telefon reichlich egal. Sie würde ja nie wieder mit mir sprechen, aber wenn man mit Menschen länger zu tun hat, sollte man vermeiden, dass sich jemand hinterher übers Ohr gehauen fühlt. Anfang der Neunziger stand vor meiner Studentenbude eines Abends ein guter Freund von mir mit einem Koffer. Er hatte Krach mit seiner Freundin gehabt, musste mal ein paar Tage Abstand gewinnen und raus aus der gemeinsamen Wohnung. Als ich drei Tage später von der Vorlesung nach Hause kam, befand sich bereits sein gesamter Hausrat in meiner Wohnung. Kurze Zeit später hatte er den Haushalt übernommen. Nach weiteren vier Monaten legte ich ihm morgens wortlos genervt die Zeitung mit angestrichenen Wohnungsanzeigen auf den Tisch. Der Unterschied zur erfolgreichen Fuß-in-der-Tür-Technik lag darin, dass solche Personen Ihnen gar keine Möglichkeit lassen, abzulehnen. Sie stimmen einmal zu. Bei der Vergrößerung des Gefallens oder der Aufgabe werden Sie jedoch gar nicht mehr gefragt, sondern einfach unfair überrollt.

Natürlich wissen Sie selbst, wenn Sie die Fuß-in-der Tür-Technik anwenden, von Anfang an, dass Sie eigentlich mehr haben wollen, Sie sagen es nur nicht. Wenn Sie den Einsatz dann aber erhöhen, lassen Sie dem anderen stets die Chance abzulehnen. Sie können zwar die Neigung nutzen, dass nach einem kleinen *Ja* ein großes *Ja* leichter zu bekommen ist. Lassen Sie der anderen Person aber stets das Gefühl und die Möglichkeit, frei zu entscheiden. Das macht den Erfolg der Fuß-in-der-Tür-Technik aus.

Weitere Anwendungsbeispiele

> ➤ Sie benötigen Hilfe bei einer Excel-Tabelle. Bitten Sie Ihre Kollegin um fünf Minuten Zeit. Nachdem sie Ihnen die ersten Sachen erklärt hat, drücken Sie Ihre Bewunderung aus (Heldenmethode) und fragen dann, ob Sie nicht morgen noch mal eine Stunde Zeit hätte, um Ihnen noch weitere Tipps und Kniffe beizubringen.

> ➤ Sie brauchen einen Kollegen, der Ihnen hilft, vier schwere Kartons in den Keller zu bringen. Sie wissen aber, dass sich jeder drücken wird. Fragen Sie also einen Kollegen, ob er Ihnen zehn Minuten hilft, die Inhalte der Kartons zu zählen. Nachdem das erledigt ist, fragen Sie ihn, ob er die Kartons nur kurz runtertragen könne.

> ➤ Sie wollen Ihren Partner dazu bewegen, ein neues Schlafzimmer zu kaufen. Beginnen Sie mit dem Bett (das überzeugt am ehesten) … den Rest kennen Sie ja bereits.

> ➤ Diese Technik eignet sich auch dazu, den inneren Schweinehund zu überwinden. Machen Sie am Samstag nicht die Steuererklärung, sondern nehmen Sie sich nur vor, die Quittungen des ersten Quartals abzuheften. Wenn das erledigt ist, steigern Sie den Einsatz mit der nächsten Aufgabe.

Richtig loben …

Lob und Anerkennung sind mit die wichtigsten Treiber unseres Handelns, weil sie unserem Ego schmeicheln. Das gilt im Privaten wie im Beruf. Wer ehrlich Lob und Anerkennung gibt, der steigert drastisch die Bereitschaft seiner Mitmenschen, das zu tun, was man von ihnen erwartet. Wer lobt, profitiert also stets selbst davon. Deswegen plädiere ich für das *bewusste Loben*. Lob ist nämlich mehr als ein Dankeschön, es vermittelt Wertschätzung und Anerkennung für das, was man tut, wer man ist oder was man geleistet hat. Da wir Wertschätzung benötigen wie die Luft zum Atmen, geben Sie denen, die

Sie loben, das, was sie tief im Herzen am sehnsüchtigsten wünschen. Ehrliche Anerkennung entfaltet ein gewisses Suchtpotenzial. Es ist erstaunlich zu beobachten, wie Menschen Dinge tun und über ihre Grenzen gehen, nur um dieses Quäntchen Anerkennung zu bekommen. Die Heldenmethode hat das ja bereits gezeigt. Ich habe oft Mitarbeiter gesehen, die Überstunden um Überstunden geschoben und ihre Familie vernachlässigt haben, nur um von ihrem Vorgesetzten zu hören, dass sie eine tragende Säule des Unternehmens seien. Dabei frage ich mich immer, welches Lob wichtiger ist. Wenn der Chef zu Feierabend sagt, Sie haben einen guten Job gemacht, oder wenn am Ende unserer Tage unsere Kinder sagen: Mama, Papa, du warst immer für uns da, wenn wir dich gebraucht haben.

Richtiges Lob erfüllt aber noch eine weitere Aufgabe. Bereits in der Heldenmethode haben wir ja gesehen, wie man das Ego seiner Mitmenschen formen kann. Man erklärt eine Eigenschaft als Stärke und schafft dadurch ein neues Ego, das die Person nun ausfüllen möchte. Man kann aber noch mehr tun, man kann seinen Mitmenschen helfen, widerstandsfähiger zu werden. Dadurch baut man bei ihnen eine Fähigkeit auf, in schwierigen Situationen beständiger zu sein und selbstständig zu Lösungen zu gelangen.

Dies hat die Psychologin Prof. Carol S. Dweck von der Harvard Universität in ihrer Arbeit eindrucksvoll gezeigt. Sie wies im Jahr 2006[*] nach, dass Menschen, die von ihrer Intelligenz und ihrem Talent überzeugt waren, weniger erfolgreich waren, als jene, die nicht glaubten, dass sie überdurchschnittlich intelligent seien, sich aber ihrer Fähigkeit bewusst waren, Neues zu lernen und Probleme zu lösen. Während die erste Gruppe an ihre vom Schicksal geschenkten Fähigkeiten glaubte, glaubte die zweite Gruppe an ihre Fähigkeiten, das Schicksal zu verändern. Im Alltag merkte man keinen großen Unterschied zwischen den beiden Gruppen, dies änderte sich aber schlagartig in kritischen Situationen, zum Beispiel, als etwas

---

[*] Mindset: The New Psychology of Success.

schief ging. Die erste Gruppe neigte in solchen Situationen dazu, die Schuld entweder bei anderen zu suchen oder begann an den eigenen Fähigkeiten zu zweifeln. Vielleicht war man ja doch nicht so schlau, wie man immer dachte. Die Mitglieder der zweite Gruppe hingegen liefen in schwierigen Situationen zu Hochform auf. Denn diese waren sich ihrer Stärke bewusst, Probleme zu lösen. Eine Krise bot die Chance, endlich die eigenen Stärken auszuspielen. Haben Sie sich jemals gefragt, wieso diejenigen, die in der Schule immer Überflieger waren, es im Leben selten besser getroffen haben als jene, die in der Schule gerade so über die Runden kamen? Sie kennen doch bestimmt Bekannte, von denen man glaubte, dass aus denen niemals etwas werden würde, und doch ist es nach zehn Jahren anders gekommen, während die Klassengenies inzwischen einen Durchschnittsjob machen oder ganz gescheitert sind. Diejenigen, die es in der Schule schwer hatten, merkten schnell, dass ihnen nichts geschenkt wird, aber sie lernten, sich durchzubeißen.

Daraus hat Carol Dweck übrigens abgeleitet, wie man Kinder richtig lobt. Wer seinen Kindern immer sagt, dass sie so schlau und klug sind, tut ihnen keinen Gefallen. Vielmehr sollte man sie für ihren Fleiß, ihre Mühe und ihre Hartnäckigkeit loben. So stärkt man ein Selbstbild, das Kindern im Leben wirklich weiterhilft. Nämlich, dass sie die Fähigkeit besitzen, selbst Dinge zu verändern und ihre Situation eigenständig zu verbessern.

Wer seine Mitmenschen so loben will, dass sie langfristig davon profitieren, sollte also nicht gegebene Talente loben, sondern die Fähigkeiten, aus sich herauszuwachsen und neue Wege zu gehen. Natürlich gibt es darüber hinaus einige weitere Grundregeln, die man beachten sollte, damit Lob und Anerkennung ihre Wirkung optimal entfalten.

Ehrlich und richtig dosiert

Nur weil zu wenig gelobt wird, sollte man es noch lange nicht in die andere Richtung übertreiben. Jede einfache E-Mail als das neue Weltwunder zu preisen und jede Woche tolle Sternchen zu verteilen, funktioniert vielleicht in der Grundschule oder in den USA, aber in unserem Kulturkreis wirkt man damit eher lächerlich. Loben Sie lieber klar und ehrlich, wenn es angebracht ist, und bringen Sie Ihre Anerkennung auf den Punkt. Wenn man merkt, dass Ihr Lob nicht ehrlich, sondern übertrieben ist, oder Sie loben, weil Sie es gerade in einem Managementratgeber gelesen haben, woher soll der Gelobte dann wissen, wann etwas wirklich ernst gemeint ist? Welchen Wert hat dann Ihr Lob?

Typgerecht

Lob ist eine zweischneidige Sache. Manch einer findet es schön, vor einer Gruppe oder den Kollegen gelobt zu werden. Anderen hingegen ist genau das unangenehm. Wenn sie vor anderen gelobt oder namentlich erwähnt werden, fühlen sie sich unwohl. Es ist ihnen peinlich, und das gut gemeinte Lob wird eher als Demütigung empfunden. Überlegen Sie also genau, wen Sie loben, und wie diese Person wohl am liebsten Anerkennung bekommt: vor anderen, im Vier-Augen-Gespräch, mündlich oder vielleicht lieber schriftlich. Sie sollten also ein gewisses Fingerspitzengefühl entwickeln und dies auch von der Person abhängig machen, die Sie loben wollen. Übrigens: Wenn jemand unwirsch abwinkt, wenn Sie Ihre Anerkennung aussprechen, so ist das nicht selten ein Ausdruck von Bescheidenheit. Deswegen schätzt diese Person Anerkennung genauso wie jemand, der Ihnen vor Freude um den Hals fällt.

Der richtige Zeitpunkt

Unmittelbares Lob ist besser, als ein halbes Jahr später warme Worte zu verteilen. Am besten man lobt sofort oder maximal eine Woche später. Wenn Sie nach Wochen etwas ansprechen, dann hat der andere es oft vergessen und es wirkt gekünstelt. Ausnahmen sind natürlich Geburtstags- oder Weihnachtsfeiern.

Überraschend

Gerade in Vertriebsorganisationen, wo die Lobkultur besonders ausgeprägt ist, werden zu festen Terminen verdiente Mitarbeiter ausgezeichnet. Jeden Monat oder jede Woche gibt es die obligatorische Lobrunde. Solche Pflichtzeremonien werden bald kaum noch ernst genommen. Das Spiel machen alle mit, wissen aber, dass es keine größere Bedeutung hat. Lob sollte nicht vorhersehbar sein. Deswegen bewahren Sie sich möglichst das Überraschungsmoment. Ein kurzer Anruf auf dem Heimweg, in der Kaffeeküche nebenbei vor anderen Kollegen, am Ende eines harten Meetings oder eine Haftnotiz morgens am Computerbildschirm. Schnell, spontan und natürlich ist ein Lob besonders wertvoll.

… und effektiv kritisieren

Wo gelobt wird, muss auch mal kritisiert werden. Anerkennung zu geben ist schön und macht Spaß. Andere zu kritisieren dagegen nicht, außer Sie sind sadistisch veranlagt oder müssen irgendwelche Komplexe kompensieren. Für die meisten ist es jedoch unangenehm ihre Mitmenschen auf Schwächen hinzuweisen. Am liebsten verschiebt man die Angelegenheit immer wieder, bis sie in Vergessenheit gerät. Damit ist aber das Problem noch lange nicht gelöst, sondern nur unter den Teppich gekehrt, und es wird mit hoher Wahrscheinlichkeit der Zeitpunkt kommen, wo das alte Thema wieder aktuell ist.

Im Grunde mögen wir keine Konflikte, und wenn wir kritisieren, so fürchten wir immer, dass dies das persönliche Verhältnis belastet. Also vermeidet man ein offenes Gespräch lieber. Wenn es Ihnen genauso geht, dann baue ich Ihnen jetzt eine psychologische Brücke: Es ist Ihre Pflicht, andere zu kritisieren! Wenn Sie jemanden nicht offen auf seine Fehler hinweisen, wie kann er oder sie diese dann beheben? Wenn unsere Lehrer uns nie ehrlich gesagt hätten, wo unsere Schwächen sind, sondern uns immer nur gefeiert hätten, wären wir dann jetzt, wo wir heute stehen? Wenn Sie in einer Beziehung leben und Ihren Partner nie darauf hinweisen, was Ihnen nicht passt, und dann plötzlich die Sachen packen und gehen, ist das fair? Wer nicht kritisiert und Probleme offen anspricht, nimmt anderen die Chance besser zu werden. Ehrliche und offene Kritik gegenüber seinen Mitmenschen ist eine Frage der Fairness.

Die besten Freunde im Leben sind nicht diejenigen, die uns nach dem Mund reden, sondern die uns kritisieren, weil sie es gut mit uns meinen.

Mit dieser psychologischen Brücke wird es Ihnen leichter fallen, andere auf Fehler und Versäumnisse hinzuweisen. Dummerweise sind uns die wenigsten Mitmenschen dafür auch dankbar. Kritik empfinden sie als persönlichen Angriff, verteidigen sich und suchen nach Ausflüchten, anstatt dies als Chance zu verstehen und dankbar zu sein für ein paar offene Worte. Dazu trägt auch unsere Tendenz zur Selbstüberschätzung bei. Der schwedische Psychologe Ola Svenson wies in einer Studie nach, dass rund 93 Prozent der US-amerikanischen Autofahrer von sich selbst sagen, dass sie zu den 50 Prozent der besseren Autofahrer gehören. Dies ist nicht nur rechnerisch unmöglich, sondern erklärt auch so manch einen Unfall; und wenn man sich mal im Bekanntenkreis umhört, wer sich alles für einen guten Autofahrer hält, der weiß, dass diese Selbstüberschätzung genauso in Deutschland vorhanden ist.

Wir überschätzen nicht nur unsere sachlichen Fähigkeiten, sondern auch unseren moralischen Kompass, also unsere Fähigkeiten Gutes zu tun und Schlechtes zu unterlassen. Zur Vorbereitung eines Coachings über Ethik und Moral haben wir hierzu eine gezielte Untersuchung durchgeführt. Wir analysierten 68 Videointerviews mit Schwerststraftätern. Darunter waren Totschläger, Vergewaltiger und selbst Serienmörder wie Ted Bundy und Mitglieder der Manson-Familie. Alle Täter bekannten sich zu den Taten und gaben an, dass die Strafe, die sie erhalten hatten, absolut gerechtfertigt sei. Dies war zu Anfang der Interviews. Dann wendet sich das Blatt immer recht schnell. Denn 61 der Straftäter begannen äußere Gründe dafür verantwortlich zu machen, dass sie die Taten begangen hatten. Es war die Gesellschaft gewesen, die falschen Freunde, die Drogen, der Leistungsdruck. Sie versuchten eine Erklärung für ihre verwerflichen Taten zu finden, denn es konnte eben nicht sein, dass sie einfach nur Böses taten, weil sie schlechte Menschen waren. Besonders eindrucksvoll war dabei der Serienmörder Ted Bundy, der ein Interview einen Tag vor seiner Hinrichtung im Jahr 1989 dazu nutzte zu erklären, dass die permanente Überflutung mit leicht zugänglichen Pornos dazu geführt habe, dass er zum Massenmörder geworden war. Folgerichtig machte er sich für ein Verbot von Pornografie stark, damit es nicht noch mehr Opfer wie ihn gäbe. Wohlgemerkt, das war vor den Zeiten des Internets! Wenn das damals schon eine Überflutung mit Pornos war, was erleben wir dann heute?

Selbst wenn wir rational erfassen, dass wir moralisch verwerflich gehandelt haben, fällt es uns schwer zuzugeben, dass wir schlechte Menschen sein können. Jenseits von Massenmördern und Totschlägern heißt das aber auch im normalen Alltag: Wenn wir einen Fehler machen, dann fällt es uns schwer, uneingeschränkt dazu zu stehen. *»Klar war das mein Fehler, dass wir den größten Kunden verloren haben, aber wenn der Chef mich nicht so mit Projekten überladen hätte, wäre das nie passiert.«* Kommt Ihnen diese Argumentationskette bekannt vor? Wenn es gut läuft, dann war es das Verdienst des Abteilungsleiters, wenn es schlecht läuft, dann war die wirtschaftliche Gesamtsituation oder der unfaire Wettbewerb schuld. Das kennen wir ja noch aus der Schule: Wenn wir gute Noten nach Hause gebracht haben, dann lag es daran, dass wir so gut gelernt hatten oder einfach so wahnsinnig klug waren. Hatten wir aber eine schlechte Note bekommen, dann lag es an dem Lehrer, dessen Fragen gemein waren, der unfair korrigiert hatte oder einen nicht leiden konnte. Und außerdem hatten die anderen Klassenkameraden auch nicht so gut abgeschnitten.

Wenn wir jemanden kritisieren, dann rennen wir gegen diese Mauer der sachlichen und moralischen Selbstüberschätzung an, mal mehr, meist jedoch weniger erfolgreich. Da hilft auch nicht die Anmerkung man wolle *konstruktive Kritik* üben. Das war mal ein guter Begriff, hat sich nur in der Bedeutung geändert, da er oft gefallen ist, wenn ein Gespräch vollkommen aus dem Ruder zu laufen drohte. *»Wir wollen doch nicht persönlich werden, es geht um konstruktive Kritik.«* Mit diesem Begriff gehen also erst recht alle Alarmglocken los. Gemeint ist*: Ich möchte sachlich bleiben.* – Verstanden wird: *Sie versuchen sachlich zu bleiben, obwohl Sie mir am liebsten den Kopf abreißen würden.*

Nun muss Kritik nicht generalstabsmäßig vorbereitet werden, meist reicht wie beim Lob eine kurze Anmerkung auf dem Gang oder ein kleiner Hinweis, ohne eine größere Diskussion zu starten. Man muss es nur auch sagen! Steht jedoch ein größeres Problem im Raum, haben sich zwei Methoden als äußerst wirksam erwiesen, mit denen Sie die Mauern elegant umgehen können. Sparen Sie sich endlose Diskussionen, verschwenden Sie keine Zeit und Energie für frustrierende Grabenkämpfe und Rechtfertigungen. Sorgen Sie dafür, dass Kritik nicht nur ankommt, sondern auch Verhalten sofort geändert wird.

Stockholm-Methode

Als im August 1973 vier Angestellte einer Stockholmer Bank von Bankräubern fünf Tage als Geiseln festgehalten wurden, machten Medien, die erstmals ein solches Verbrechen live mitverfolgten, und Polizeipsychologen eine interessante Beobachtung. Die Geiseln entwickelten eine größere Angst gegenüber der Polizei als gegenüber den Bankräubern. Auch nach ihrer Freilassung empfanden die Opfer sogar Dankbarkeit gegenüber den Geiselnehmern und baten um mildere Bestrafung für ihre Peiniger. Sie besuchten ihre Geiselnehmer sogar im Gefängnis. Dieses als Stockholm-Syndrom bekannt gewordene Phänomen begegnet uns im Alltag häufig. Beobachten Sie mal, wie viele Menschen oft denjenigen dankbar sind, oder weiterhin folgen, die eigentlich Schuld an deren Dilemma haben. Manche Chefs führen einzig und allein nach diesem Prinzip. So manche Beziehung wirkt wie ein Geiseldrama, und was als Liebe empfunden wird, ist manchmal nichts anderes als das Stockholm-Syndrom.

Bei der Stockholm-Methode verwendet man nur wenig Zeit und Energie auf den eigentlichen Kritikpunkt, sondern auf die Schaffung einer emotionalen Abhängigkeit oder eines Leidensdrucks und dessen Auflösung. Derjenige, der uns in eine Situation der Abhängigkeit und des Drucks bringt, gepaart mit einem Gefühl der Ohnmacht, kann schnell zum Heilsbringer werden, wenn er aus diesem von ihm selbst verursachten Dilemma Erlösung bietet. Anstatt die Person, die uns kritisiert, zu fürchten oder ihr böse zu sein, sind wir ihr sogar dankbar.

Die Stockholm-Methode besteht aus vier Schritten: Erste Verunsicherung, Kritikpunkt, weitere Verunsicherung, Erlösung.

1. Erste Verunsicherung

Fallen Sie nicht gleich mit der Tür ins Haus, lassen Sie den anderen erst mal im Unklaren, worum es geht.

»Wir haben da ein Problem, da müsste ich in zehn Minuten mal mit dir sprechen.«

»Du hast mir ein paar schlaflose Nächte bereitet. Aber lass uns gleich mal darüber reden.«

Auch die fürsorgliche Methode eignet sich hervorragend:

»Ist alles in Ordnung bei dir? Du wirkst in letzter Zeit so unkonzentriert… aber lass uns später mal in Ruhe reden. Ich komme dann auf dich zu.«

Sie verunsichern dadurch, dass Sie die Person bewusst im Unklaren lassen, damit nehmen Sie ihr die Kontrolle über die Situation und die Orientierung. Genauso, wie es die Geiselnehmer mit den Bankangestellten gemacht haben. Gleichzeitig schaffen Sie die erste Abhängigkeit. Sie sind derjenige, der die Orientierung wieder zurückgeben kann, indem Sie das Rätsel auflösen, aber Sie bestimmen, wann und wo.

2. Kritikpunkt

Wenn Sie nun den eigentlichen Kritikpunkt anbringen, dann wird er kaum noch negativ wahrgenommen, denn Sie bieten ja gleichzeitig dadurch den Halt und die Möglichkeit, wieder eine Situation kontrollieren zu können, also das, was die Person sich unterbewusst gewünscht hat. Der Kritikpunkt mag zwar immer noch bitter sein, stößt aber auf bereitwillige Ohren. Dabei ist es wichtig, dass die Kritik kurz und knapp daherkommt und nicht gestochert wird: *»Wie konnte das nur passieren? – Was hast du dir dabei gedacht?«* hilft nicht weiter. Im Gegenteil, der Kritikpunkt soll ja mit dem Gefühl der Sicherheit verpackt werden. Da wir wissen, dass niemand von sich selbst denkt, er sei unfähig oder schlecht, bestätigen Sie genau das. Machen Sie klar, dass Ihr Gegenüber ja eigentlich ein guter Kerl ist. Damit haben Sie einen wichtigen Diskussionspunkt gleich beseitigt: *Ich weiß, dass du eigentlich immer so zuverlässig bist. – Du gehörst sonst zu meinen besten Mitarbeitern.*

3. Weitere Verunsicherung

Nun haben Sie genug Sicherheit gegeben, das reicht. Der Kritikpunkt ist ja bereits akzeptiert, nun müssen Sie durch emotionale Abhängigkeit dafür sorgen, dass das Gesagte auch zu einer nachhaltigen Veränderung führt. Verunsichern Sie wieder, indem Sie auf den möglichen, wenn auch unwahrscheinlichen Verlust der Wertschätzung hinweisen. *»Ich möchte, dass du auch weiterhin mein bester Mitarbeiter bleibst.«* oder *»Ich will dir auch in Zukunft vertrauen können.«* Wichtig ist, dass Sie nicht drohen! Spielen Sie lediglich subtil auf die große Angst vor dem Verlust des Ansehens und der Wertschätzung an.

Nun brauchen Sie nur noch einen Ausweg zu bieten, der Erleichterung schafft, und schon entfaltet das Stockholm-Syndrom seine Wirkung.

4. Erlösung

Der Ausweg, also die Erlösung, besteht nun aus der klaren Ansage, was Sie in Zukunft erwarten und wie eine Verbesserung herbeigeführt werden kann. Die Stockholm-Methode zielt ganz bewusst darauf ab, dass Sie die Lösung liefern und nicht der Kritisierte, denn der hat zu diesem Zeitpunkt weitestgehend das Mitdenken ausgeschaltet. Wenn Sie jetzt keine konkreten Lösungen liefern, steht er da wie ein verwirrter Pinguin nach einer Achterbahnfahrt auf dem Oktoberfest und Sie haben gar nichts erreicht.

Wenn Sie die Stockholm-Methode richtig anwenden, kritisieren Sie nicht nur erfolgreicher, Sie verändern auch das zwischenmenschliche Verhältnis nachhaltig zu Ihren Gunsten. Ich gehe sogar so weit zu empfehlen: Wenn Sie die Beziehung zu einem Mitmenschen insgesamt verbessern und auf ein neues Niveau heben wollen, dann kritisieren Sie bewusst und nutzen Sie die Stockholm-Methode, um das Verhältnis zu Ihren Gunsten zu drehen. Dabei ist es unerheblich, ob Sie unter normalen Umständen den Grund der Kritik wirklich ansprechen würden. Wenn Sie einmal unterbewusst das Gefühl vermittelt haben, dass Sie die Person sind, von der das emotionale Wohl- oder Unwohlsein abhängt, dass Sie die Person sind, die die Macht hat, Druck zu nehmen, dann wird Ihnen unterschwellig eine emotionale Autorität zugesprochen, die Ihnen im Alltag das Leben deutlich erleichtert.

Trojanische Methode

Ist Ihnen die Stockholm-Methode zu manipulativ, dann eignet sich die Trojanische Methode. Dabei versucht man weder Orientierungslosigkeit zu verursachen noch eine emotionale Abhängigkeit herzustellen. Wie in der griechischen Sage, so kommt Ihre Kritik versteckt in einem Geschenk daher.

Hat eine Person zum Beispiel das Kundenangebot nur schludrig bearbeitet, dann nehmen Sie sie in Schutz. *»Ich weiß, dass Sie diesmal ziemlich unter Stress standen und dennoch das Kundenangebot fertig gemacht haben. Das könnte sonst kaum einer in so kurzer Zeit. Ich würde nur gerne dafür sorgen, dass Sie das nächste Mal sich wieder mit voller Aufmerksamkeit darauf konzentrieren können und sich Flüchtigkeitsfehler vermeiden lassen. Haben Sie einige Verbesserungsvorschläge, was den Ablauf angeht?«* Sie kommen nicht als Feind, sondern als Freund und Partner. Nun werden natürlich allerlei Ausflüchte gesucht. Die Schuld wäre ohnehin bei anderen gesucht worden, wie wir ja bereits wissen. So sitzen Sie dafür aber in einem gemeinsamen Boot und reflektieren gemeinsam eine Situation. Da die meisten Menschen ein gutes Gefühl für Ausgewogenheit haben, fällt es nun relativ leicht, nachdem alle externen Gründe beleuchtet wurden, auch mal gemeinsam zu schauen, was die Person in Zukunft selbst zu einer Verbesserung beitragen kann – und schwupps haben Sie das eigentliche Ziel erreicht und ihre Kritik durch die Hintertür hineingebracht. Bei der Trojanischen Methode merkt die kritisierte Person gar nicht, dass sie von Anfang an Ziel der Kritik war, sondern freut sich darüber, dass sie selbst Möglichkeiten zur Verbesserung gefunden hat.

Probieren Sie beide Methoden aus. Mal passt die eine, mal die andere. Wie gesagt, in den meisten Fällen bedarf es gar keiner großen Planung. Denken Sie an mein Prinzip der Offenheit. Es ist Ihre Pflicht, andere Menschen auf Fehler hinzuweisen, denn ansonsten verwehren Sie ihnen die Chance, das Beste zu geben.

5. So haben Sie (fast) immer Recht

Zugegeben, Menschen, die immer Recht haben, gehen einem ziemlich auf den Geist. Andererseits gibt es genügend Momente im Leben, wo wir selbst meinen Recht zu haben, wir diskutieren verzweifelt, aber irgendwie bekommen wir keinen Fuß auf den Boden. Egal wie gut die Argumente sind, am Ende haben wir dennoch immer Unrecht. Jeder, der eine langjährige Beziehung führt, weiß, was ich meine. Recht bekommt nicht derjenige, der Recht hat, sondern der, der die besseren Kniffe auf Lager hat, andere davon zu überzeugen, dass er Recht hat. Kunstvoll und logisch aufeinander aufgebaute Argumentationsketten sind zwar schön, in der Praxis mangelt es jedoch oft an Zeit oder an der Auffassungsgabe der Mitmenschen. Wie gesagt lassen sich Menschen nicht primär durch Vernunft und rationale Argumente, sondern über irrationale Motive überzeugen.

Die nachfolgenden, sehr simplen und erstaunlich wirksamen Methoden sparen Ihnen eine Menge Zeit und Nerven, wenn es darum geht, Ihre Position durchzusetzen. Diese Methoden zu kennen, hat übrigens den weiteren Vorteil, dass Sie sich im Gegenzug nicht mehr davon überrumpeln lassen.

Die legitimierte Behauptung

Die einfachste und zugleich wirksamste Methode, Recht zu haben, ist die schlichte Behauptung, dass man Recht hat und die anderen Unrecht haben. Wenn diese Behauptung mit einem gewissen Maß an Selbstvertrauen und Autorität vorgetragen wird, dann glauben es bereits die meisten Menschen. Beobachten Sie einmal die Argumente von Politikern in Talkshows. Sie erklären etwas zum Fakt, und wenn jemand diesen anzweifelt, holt man zum Gegenschlag aus: »*Sie können doch nicht ernsthaft behaupten, dass ...* « Angela Merkel hat diese Methode perfektioniert: Sie erklärt etwas für *alternativlos*. Was alternativlos ist, braucht nicht weiter diskutiert zu werden, es gibt ja keine Alternative. Im Übrigen heißt das nicht, dass man seinen Kurs nicht ändern kann. Denn neue Umstände können dazu führen, dass eine neue Alternative plötzlich alternativlos ist. Wer seine Meinung also mal schnell ändert, ist deswegen nicht inkonsequent, sondern einfach *zielorientiert*.

Der Kniff ist also so einfach wie klar. Es werden einfach Aussagen in den Raum gestellt und alle Gegenargumente als wertlos diskreditiert.

Weitere Beispiele für Totschlag-Argumente

➤ »*Dass diese Annahme stimmt, steht außer Frage.*« – Damit ist jegliches Nachfragen abgewürgt.

➤ »*Dies ist die richtige Entscheidung, jedenfalls sollte das jedem klar sein, der etwas von der Sache versteht.*« – Wer anzweifelt, dass die Entscheidung richtig ist, hat also keine Ahnung.

➤ »*Natürlich ist das der richtige Weg, sonst würde ich das nicht vorschlagen.*« – Ein klassischer Zirkelschluss, auf dem die meisten Religionen aufbauen.

➤ »*Das ist zwar schön und gut, was Sie sagen, aber wir sollten mal realistisch bleiben.*« ... Sie Träumer!

Wer behauptet, dass er im Recht ist, hat meistens Recht. So simpel tickt unser Verstand. Sie sollten nur darauf achten, überheblich zu wirken. Also nicht: »*Ich habe Recht, das steht außer Frage.*« Mangelnde Bescheidenheit lässt Sie unsympathisch erscheinen und führt dazu, dass Menschen eher zweifeln als glauben. Also immer schön, die eigene Behauptung charmant verpacken.

Wenn die einfache Methode nicht reicht, dann können Sie Ihrer Behauptung durch kleine Kniffe zusätzlich Autorität verleihen, zum Beispiel durch spezielles Insiderwissen. Hier müssen wir aber die Ich-Form verwenden. Es reichen wiederum einfache Sätze:

> ➤ *»Ich habe vor einigen Jahren eine sehr ähnliche Situation erlebt.«* – Ich kenne mich also besser aus als Sie!

> ➤ *»In meinem Studium hatte ich das als Schwerpunktthema.«* – Ich habe das sogar studiert!

> ➤ *»Ich habe mit Herrn Meier persönlich über die Sache gesprochen.«* – Also spreche ich im Namen von Herrn Meier, und der hat ohnehin mehr Ahnung als alle anderen hier!

> ➤ *»Ich beschäftige mich ja wohl am längsten mit dem Thema.«* – Alles Anfänger

Wie bei allem anderem gilt auch hier, bleiben Sie bei der Wahrheit, wobei die natürlich durchaus dehnbar ist. Neulich erklärte ein Unternehmensberater in einer heftigen Besprechung, dass seine Kritikpunkte an den geplanten Projektschritten für das Vorhaben in Afrika unbedingt berücksichtigt werden müssten, schließlich sei er öfter in Afrika gewesen und habe Erfahrung mit der Mentalität dort. Damit hatte er die Diskussion für sich entschieden. Als ich ihn später fragte, was er in Afrika gemacht hatte, antwortete er mit einem breiten Grinsen: »Urlaub in Kenia.« Gelogen hatte er also nicht.

Legitimierte Behauptungen lassen sich übrigens überraschend leicht aushebeln. Nur tut dies meist keiner, weil diese Behauptung ja bereits als Tatsache akzeptiert wird, und wer wagt es schon, Tatsachen anzuzweifeln?

Schaffen Sie Fakten

Natürlich ist es durchaus sinnvoll, gelegentlich seine Behauptung mit Fakten zu untermauern. Denn Fakten bestätigen unser Argument. Dabei darf man aber niemals vergessen: Nicht die rational sinnvollsten Argumente sind für Menschen am überzeugendsten, sondern jene, die am leichtesten für das Gehirn zu verarbeiten sind, da unser Gehirn tendenziell faul ist. Je einfacher nachvollziehbar die Fakten sind, umso schlagkräftiger sind sie. Machen Sie sich auch nicht die Mühe, die Fakten zu beweisen, das verkompliziert alles nur unnötig. Die Fakten sind ja bereits der Beweis.

Ein solider Halt für unseren Verstand sind Zahlen. Zahlen sind Fakten und damit schon mal per se richtig. So tickt zumindest unser Gehirn. Sie können in epischer Länge darüber argumentieren, wieso ein Mitarbeiter es verdient, jetzt in den Urlaub zu gehen, oder Sie sagen, dass eine Studie gezeigt hat, dass Urlaub die Leistungsfähigkeit um 82 Prozent steigert[*] und der Mitarbeiter in sechs Wochen beim Projektstart im Besitz seiner vollen Leistungsfähigkeit sein muss.

---

[*] http://www.perspektive-mittelstand.de/Studie-Urlaub-erhoeht-Leistungsfaehigkeit-um-bis-zu-82-Prozent/management-wissen/820.html, abgerufen am 16.08.2014

Wer seine Argumente mit Daten untermauert, hat im Zweifel immer Recht. Dies ist auch der Grund, wieso so viel Marktforschung betrieben wird. Die Unternehmen wissen meist selbst aus dem Bauchgefühl, wo die Probleme liegen, aber Marktforschung schafft Gewissheit in Prozenten und absoluten Zahlen. Wenn Sie also etwas durchsetzen wollen, dann suchen Sie Zahlen, die diese These stützen. In Unternehmen gibt es fast zu jeder Situation belastbare Werte, die sich verwenden lassen. Aber selbst wenn nicht: Das Internet bietet einen Fundus an Studien und Analysen, die Sie heranziehen können, um zu belegen, dass Sie im Recht sind. Dabei kommt es auch nicht darauf an, dass die Zahlen absolut passend für Ihren Fall sind. Sie können klare Fakten als Basis nutzen und dann ihr Argument daran »anlehnen«. Das soziale Netzwerk Xing macht zum Beispiel folgende Aussage:

> »50 Prozent aller Jobs werden über Kontakte vergeben und Xing ist das Netzwerk für berufliche Kontakte. 200 000 Kontakte werden hier jeden Tag geknüpft.«[*]

Woher die Zahl stammt, dass 50 Prozent aller Jobs über Kontakte vergeben werden, wissen wir nicht, aber wir glauben das jetzt einfach mal so, weil es ja da steht. Jetzt wird es aber besonders interessant. Der zweite Satz baut auf dem ersten auf, steht aber in keinem unmittelbaren Zusammenhang. Wir wissen ja nicht, ob von 200 000 der auf Xing geknüpften Kontakte 50 Prozent zu einem neuen Job führen. Aber unser Gehirn stellt unterbewusst diesen Zusammenhang her. Die Macht der Zahlen hat überzeugt und lässt uns glauben, dass 50 Prozent der neuen Kontakte, also 100 000, täglich zu einer Jobvermittlung über Xing führen, ohne dass dies jemals behauptet wurde.

Übrigens müssen Sie nicht immer Studien heranziehen. Sie können auch eigene Beweise erschaffen, indem Sie Ihre eigene Einschätzung mit persönlichen Zahlen unterlegen.

---

[*] www.xing.de, abgerufen am 15.07.2014

»Ich bin überzeugt davon, dass 70 Prozent der Belegschaft das genauso sehen.«

Sie haben offen und ehrlich gesagt, dass das Ihre Überzeugung, also Ihre persönliche Einschätzung ist. Hängen bleibt aber der Wert 70 Prozent. Wenn man Sie fragt, wie Sie auf diese Zahl kommen, können Sie ehrlich sagen, dass dies Ihre eigene Einschätzung ist.

Seien Sie aber vorsichtig bei Zahlen. Diese sind so einprägsam, dass sie immer wieder herangezogen werden und Sie lange verfolgen. Wenn Sie über Umsatzsteigerungen von 30 bis 40 Prozent reden, dann brennen sich diese Werte in das Gehirn ein und Sie werden exakt an diesen Werten gemessen. 29 Prozent Umsatzsteigerung sind dann ein Flop. Man sollte deswegen immer genau darauf achten, welche Werte man nennt, damit man nicht irgendwann darüber stolpert.

Übrigens reichen bereits Verhältnisse und Mehrheiten aus, um ein Argument zu validieren. Es müssen nicht konkrete Werte sein. So können Sie in einer Besprechung anmerken:

»Ich denke, das sieht die Mehrheit der hier Anwesenden genauso.«

Die »Mehrheit« wird kaum aufstehen und widersprechen. Ganz im Gegenteil, da nun alle davon ausgehen, dass die Mehrheit denkt wie Sie, ist die Wahrscheinlichkeit groß, dass diejenigen, die gegen Ihre Position sind, einfach schweigen. Die wenigsten stellen sich gerne gegen die Mehrheit.

Wenn Sie denken, das klingt zu einfach, um wahr zu sein, dann schauen Sie sich bitte Polit-Talkshows an und fragen Sie sich mal, welchen »Fakten« die Zuschauer dort glauben.

Kapern Sie die Argumente anderer

Wenn jemand anderes ein gutes Argument hat, dann merken Sie es sich, besonders, wenn es von der Allgemeinheit bereits akzeptiert wurde. Sie können es gut für Ihre eigenen Zwecke kapern. Dabei ist es unerheblich, ob Sie das Argument in einem anderen Kontext verwenden. Die meisten Aussagen sind gut adaptierbar und niemand hinterfragt, ob der Kontext noch stimmt. Schauen wir uns mal an, wie leicht und effektiv sich Argumente kapern und verwenden lassen.

> *»Sie haben ja gesagt, dass es wichtig ist, unsere Effizienz zu steigern. Ich finde, das ist ein absolut richtiges Argument. Natürlich kostet der neue Kopierer etwas mehr, er arbeitet aber 30 Prozent schneller. Und Effizienz ist ja das, was wir brauchen.«*

> *»Du hast ja vor zwei Wochen gesagt, dass wir Geld sparen und beide auf etwas verzichten müssen. Ich finde, du hast absolut Recht. Deswegen sollten wir die Tageszeitung abbestellen. Ich weiß, du liest die gerne, aber dann würden wir Geld sparen, und das ist ja wichtiger, hast du gesagt.«*

Besonders wirksam ist die Kapertechnik, wenn das Argument bereits zeitlich etwas früher gefallen ist und Sie es lange vor der eigentlichen gekaperten Anwendung gelobt haben. Am besten haben Sie sich dafür auch in der Praxis eingesetzt und für dessen Umsetzung engagiert. Zum Beispiel bei der Einhaltung neuer Richtlinien, Kosteneinsparungen oder der offenen Mitarbeiterkommunikation. Wenn Sie dann mit Ihrem eigentlichen Anliegen kommen und das gekaperte Argument verwenden, wird man es kaum abschlagen können. Denn schließlich haben Sie es ja bereits vorgelebt.

Die Kapertechnik funktioniert ebenfalls besonders gut, wenn das eigentliche Argument von einem Vorgesetzten oder einer ranghöheren Person stammt, auch wenn diese Person während der Diskussion nicht anwesend ist.

> *»Die Chefin hat ja gesagt, dass wir mehr für den Kundenservice tun sollen, deswegen sollten wir dringend in mehr Mitarbeiter investieren.«*

Ändern Sie Prioritäten zu Ihren Gunsten

Wenn andere bessere Argumente haben und sich diese auch nicht kapern lassen, können Sie immer noch Recht behalten, indem Sie die Priorität des Arguments anzweifeln und zu Ihren Gunsten ändern. Wenn wir Entscheidungen treffen oder Argumente abwägen, dann gehen wir meist sehr oberflächlich vor. Wir orientieren uns an den maximal drei bis vier wichtigsten Entscheidungskriterien. Wenn also jemand ein inhaltlich besseres Argument hat, müssen Sie lediglich dafür sorgen, dass dessen Argument in der Priorität nach unten rutscht, also nicht mehr zu den drei wichtigsten Argumenten gehört, während Ihr eigener Einwand nach oben rutscht. Was unwichtig ist, spielt eben keine Rolle, egal wie richtig es sein mag. Sie planen zum Beispiel einen Betriebsausflug und jemand weist auf die unstrittige Tatsache hin, dass es günstigere Alternativen zu Ihrem Plan gibt. Dann könnten Sie dies wie folgt entkräften:

> *»Natürlich ist das kostengünstiger, aber ist das wirklich das entscheidende Kriterium? Wollen wir unseren Mitarbeitern ein schönes Erlebnis bieten und danken für das erfolgreiche Jahr oder nur Geld sparen? Wie wirkt denn das auf die Mitarbeiter?«*

Im Grunde wenden Sie die Methode der legitimierten Behauptung an, jedoch nicht auf das Argument selbst, sondern auf die Prioritäten. Sie zweifeln an, dass Geld der wichtigste Entscheidungsfaktor ist. Das geht natürlich auch umgekehrt:

»Natürlich wollen wir unseren Mitarbeitern ein schönes Erlebnis bieten und danken für das erfolgreiche Jahr, aber in erster Linie sollten wir zeigen, dass wir mit Geld gut haushalten und es nicht zum Fenster rausschmeißen. Wie wirkt denn das sonst auf die Mitarbeiter?«

Wie bei allen anderen Techniken sollten Sie natürlich immer im Hinterkopf behalten, dass Entscheidungsprioritäten nicht nur rationalen Gründen folgen. Entscheidungskriterien, die offensichtlich sind, sind oftmals nicht diejenigen, die am wichtigsten sind. Wenn Sie gut in Ihr Gegenüber hineinzoomen, dann entdecken Sie verdeckte Entscheidungskriterien, die man in der Wichtigkeit herabsetzen sollte und andere, die man deutlich stärken sollte, um Erfolg zu haben. Wenn Sie das gezielt machen, können Sie Prioritäten gänzlich durcheinanderwirbeln und zu Ihren Gunsten neu zusammensetzen.

Im Prinzip erfolgt die Verschiebung von Entscheidungsprioritäten immer in drei Schritten:

1. Identifizieren der gesetzten Prioritäten von Entscheidungskriterien.
2. Zweifel streuen hinsichtlich der Bedeutung der wichtigsten (und ihnen zuwiderlaufenden) Entscheidungskriterien.
3. Herausstellen der »wahren« Prioritäten.

Diese drei Schritte findet man in vielen Verkaufsgesprächen. Neulich wollte ich einen Familienurlaub buchen. Die geschickte Prioritätenverschiebung der Reisekauffrau weg vom Preis, hin zu mehr Luxus (und mehr Umsatz für das Reisebüro) ging wie folgt:

1. »Ihnen scheint der günstige Preis am wichtigsten zu sein, und Sie haben Recht, das erste Angebot ist deutlich günstiger.«
2. »Aber für Ihre Familie ist es doch wichtig, einen tollen Erlebnis-

urlaub zu haben, mit viel Spaß. In dem teureren Hotel haben Sie zehn Rutschen und vier Swimmingpools.«

3. »Das müssen Sie natürlich für sich selbst entscheiden, was wichtiger ist, ein günstiger Urlaub oder der Familie einen Erlebnisurlaub zu gönnen.«

Ich wusste in dem Moment natürlich genau, welche Technik hier gerade angewandt wurde und wie mein Ego, ein guter Familienvater zu sein, bewusst forciert wurde, aber was meinen Sie, wie meine Entscheidung ausfiel? Wollte ich wirklich als Rabenvater da stehen?

Tipp: Übrigens funktioniert diese Methode am besten, wenn Sie den Überraschungseffekt nutzen. Lassen Sie Ihr Gegenüber alle Argumente vortragen und stimmen Sie diesen ruhig zu. Damit haben Sie eine Vertrauensbasis geschaffen und die mentalen Abwehrmechanismen werden schwächer. Zweifeln Sie dann die Priorität des Gegenarguments an und stellen Sie Ihr Argument darüber. Auch hier gilt: Sie müssen da gar nicht viel diskutieren und beweisen, nutzen Sie einfach die Technik der legitimierten Behauptung. Sagen Sie einfach, dass Ihr Argument mehr wiegt. Fertig.

> *»Ich finde, du hast Recht, dass wir den Kundenservice verbessern müssen, aber wichtiger ist es doch, dass wir überhaupt neue Kunden gewinnen. Deswegen sollten wir erst in die Neuakquise investieren und dann können wir die Einnahmen nutzen, um den Service zu verbessern.«*

Wenn Sie etwas mutiger und überzeugter von Ihrer Priorität sind, dann können Sie auch die Schlussfolgerung ihren Gesprächspartner selbst ziehen lassen, wie es die Reisekauffrau bei mir machte. Sie müssen nicht jede Priorität bis zum Ende verschieben, das wird einem oft abgenommen.

Überschwemmen Sie mit der Beweisflut

Wir haben gesehen, dass man sich maximal auf drei bis vier Argumente fokussieren sollte, die man vorbringt, da das menschliche Gehirn selten mehr erfassen kann und wir die Person, die wir überzeugen wollen, damit gar nicht mehr erreichen. Sie können aber auch den Spieß umdrehen. Machen Sie sich die latente Denkfaulheit zunutze, indem Sie andere mit Beweisen für die Richtigkeit Ihres Argumentes fluten, und zwar so sehr, dass Ihr Gegenüber einfach abschaltet und alles glaubt. Selbst mit viel Anstrengung ist dann Erfahrungsgemäß allerspätestens nach dem sechsten Argument Schluss, und das Gehirn schaltet ab. Vor 15 Jahren, als ich in einem Team mit der Projektüberwachung eines größeren, staatlich subventionierten Bauvorhabens betraut war, kündigte sich der Bundesrechnungshof zu einer Prüfung der Verwendung staatlicher Gelder an. Jeder, der einmal eine Wirtschafts- oder Steuerprüfung erlebt hat, kann sich vorstellen, wie aufwendig das ist, zumal es hier um ein Bauvorhaben in Größe von rund 150 Millionen D-Mark ging. Was damals noch richtig viel Geld war. Der Baukonzern stellte eigens einen Mitarbeiter ab. Herr Lehmann war Anfang sechzig und hatte reichlich Erfahrung im Umgang mit Prüfvorgängen. Er sollte den Rechnungshof bei allen Fragen unterstützen und sämtliche Informationen zur Verfügung stellen, die benötigt wurden. Als ich Herrn Lehmann fragte, welche Taktik er im Umgang mit der unangenehmen Spezies der Prüfer fahren würde, lächelte er mich verschmitzt an: »*Welche Taktik? Ich werde alle Informationen liefern, die sie brauchen, und noch viel mehr – viel, viel mehr.*«

Damit hatte er Recht behalten, denn immer wenn der Mitarbeiter des Rechnungshofs eine Frage zu einem Vorgang hatte, wurde er von dem überaus hilfsbereiten Herrn Lehmann mit Informationen und Akten geflutet. Natürlich wurden diese nicht nur einfach auf den Schreibtisch gelegt. Nein, Herr Lehmann setzte sich mit dazu und erklärte in einer unglaublich monotonen und einschläfernden Stimme jeden Vorgang mit einer zum Wahnsinn treibenden Akribie in zehnfacher Ausführung. Gerade als der Prüfer dachte, dass er erlöst war, kam Herr Lehmann wieder um die Ecke mit weiteren Informationen und Aktenordnern oder gab noch weiterführende, ergänzende Erläuterungen ab. Bereits nach dem zweiten Tag wagte der Rechnungshofsmitarbeiter kaum noch nachzufragen. Die Prüfung fiel dann auch deutlich kürzer aus als geplant und im Abschlussbericht wurden ausdrücklich die umfangreichen Dokumentationen der Vorgänge gelobt.

Bisher haben wir immer darauf geachtet, möglichst Beweise und Fakten zu verwenden, die für das menschliche Gehirn auch zu verdauen sind. Bei der Beweisflut gehen wir genau den anderen Weg und überhäufen unsere Mitmenschen derart mit Informationen und scheinbaren Beweisen, dass die Gehirne wegen Überlastung abschalten. Hier gilt: je mehr, umso besser. Da es schwierig ist, sich mit jedem Beweis einzeln auseinanderzusetzen, bewertet unser Gehirn nach Masse und nicht nach Klasse. Wo mehr Argumente vorgetragen werden, muss wohl die Wahrheit liegen.

So können Sie in einer Besprechung zum Beispiel einen Beweis nach dem anderen heranbringen, wieso es richtig ist, eine entsprechende Entscheidung zu treffen, bis man abwinkt. Sie können aber auch über einen gewissen Zeitraum Behauptungen immer wiederholen. Zwar heißt es, dass eine Behauptung nicht richtiger wird, indem man sie immer wiederholt, das sieht unser Verstand aber anders. Wenn Sie jeden Tag hören, dass Ihr Vorgesetzter ein Genie auf seinem Gebiet ist, dann werden Sie es auch irgendwann anfangen zu glauben, oder zumindest die Vermutung hegen, dass etwas dran ist, selbst wenn er wie ein geistiger Tiefflieger wirkt. Vielleicht ist das ja nur Tarnung?

Die Gefahr bei der Beweisflut ist natürlich, dass man seinen Mitmenschen gewaltig auf die Nerven geht, wenn man sie jedes Mal mit Informationen überschwemmt. Das kann bestenfalls dazu führen, dass man Ihre Meinung lieber nicht mehr anzweifelt, weil man weiß, was man dann über sich ergehen lassen muss. Schlimmstenfalls werden Sie gar nicht mehr um Ihre Meinung gefragt. Achten Sie deswegen darauf, diese Methode nicht zu häufig, sondern ganz gezielt einzusetzen. Es stehen einem ja so viele Techniken zur Verfügung, Recht zu haben, da lohnt es sich zu variieren.

Ändern Sie die Regeln

Wenn man ein Spiel nicht gewinnen kann, sollte man die Spielregeln ändern. Man muss sich nur als Schiedsrichter positionieren und schon lassen sich neue Regeln einführen. Passt Ihnen ein Argument nicht, dann können Sie es zum Beispiel für nicht zulässig erklären. Sie können auch die Zeit für abgelaufen erklären oder wenn die Dinge gegen Sie laufen, einfach das Spiel abbrechen und vertagen. Der Schiedsrichter hat halt Recht und sagt, wo es langgeht. Ihre Mitmenschen machen so einiges mit, wenn Sie sympathisch sind. Folgende Beispiele veranschaulichen, wie einfach das geht:

> *»Der Einwand kommt ein wenig spät, jetzt haben wir die Ausgangslage bereits definiert.«*

> *»Die Kollegen haben nur 15 Minuten Zeit, wir sollten uns jetzt nicht wieder in Details verlieren.«*

> *»Wir können keine Argumente berücksichtigen, die auf Hörensagen beruhen.«*

Oder wenn eine Entscheidung gänzlich gegen Ihre Interessen zu kippen droht:

> *»Es ist klar, dass wir die Entscheidung nicht ohne eine weitere genaue Prüfung der Akten treffen werden. Das dauert natürlich circa zwei Wochen.«*

Das schafft Ihnen Luft, um aus der Aktenlage dann die Argumente zu ziehen, die Ihre Sache unterstützen.

Da Menschen instinktiv die Autorität der Person akzeptieren, die für die Einhaltung von Regeln sorgt, werden schleichend eingeführte neue Regeln meist ohne Widerstand hingenommen. Besonders dann, wenn diese kurz, aber nachvollziehbar begründet sind.

Gerade wenn die Funktion des Schiedsrichters unbesetzt ist, können Sie hier spielend leicht in eine Lücke stoßen. Ihre neue Funktion wird von anderen gerne akzeptiert, weil die meisten selbst unbewusst an ihren Fähigkeiten zweifeln, die Zügel in die Hand zu nehmen. Kündigen Sie nicht feierlich an, dass Sie jetzt die Regeln definieren. Machen Sie es einfach. Viele trauen sich nicht, und das ist Ihre Chance. Oft sind Ihnen Ihre Mitmenschen sogar insgeheim dafür dankbar.

Ausnahmen bestätigen die Regel

Und wenn man einmal so offensichtlich Unrecht hat, dass man es durch die bisherigen Kniffe beim besten Willen nicht drehen kann? Dann ist das auch egal. Es hilft Ihnen sogar! Unser Verstand hat eine Aversion gegen alles, was widernatürlich ist. Jemand, der immer Recht hat, ist unnatürlich und eher ein Roboter. Wer mochte schon Streber in der Schule? Die konnten noch so nett sein, aber jemand, der überall Einsen schreibt, ist irgendwie seltsam. Menschlich wurden diese Superhirne dann, wenn sie doch Mal »nur« eine Drei geschrieben haben oder wenn sie bei der Abi-Party besoffen das Schulklo mit Edding verschönerten. Fehler machen uns menschlich und sympathisch.

Hinzu kommt, dass wir gelernt haben, dass Ausnahmen die Regel bestätigen. Wenn Sie also einmal Unrecht haben, dann bestätigt das eigentlich, dass Sie sonst immer Recht haben. Klingt seltsam? Ist es aber nicht, wenn wir uns mal die folgenden reellen Zitate aus der Praxis anschauen:

»*Natürlich habe ich bei der Prognose der Verkaufszahlen in diesem Quartal etwas danebengelegen, aber mir lagen nicht alle Informationen vor. Dafür lagen wir bei den Quartalen davor stets annähernd richtig. Ausnahmen bestätigen bekanntlich die Regel.*«

»*Selbstverständlich war die Anschaffung des neuen Kopierers ein Fehler, aber das ist menschlich. Wenn man bei fast allen technischen Anschaffungen richtig liegt, kann man auch einmal daneben greifen. Davon sollten wir uns aber nicht irritieren lassen und …*«

Bestimmt haben Sie solche Sätze auch schon mal gehört. Je höher die Person in der Hierarchieebene, umso häufiger wird diese Technik verwendet: *So oft wie ich Recht habe, darf ich ja wohl einmal daneben liegen.* Diese Technik wird auch gerne in der Politik verwendet. Man gibt zu, danebengelegen zu haben, um gleich zu betonen, was man aber dafür alles richtig gemacht hat.

»*Sicher haben wir [beliebiges Problem] unterschätzt. Dafür haben wir uns aber mit aller Konsequenz dafür eingesetzt, dass [beliebiges politisches Projekt] umgesetzt wird. Und auf den Erfolg sind wir stolz!*«

Das Prinzip ist klar, man gibt offen zu, dass man einmal falsch gelegen hat. Das macht einen menschlich. Dann relativiert man diesen Ausrutscher, indem man all die Male betont, wo man Recht hatte. Je besser das andere war und je häufiger man richtig gelegen hat, umso unbedeutender wird dieser eine kleine Irrtum. So hat Trainer Pep Guardiola argumentiert, als seine Mannschaft Bayern München im Halbfinale der Champions League 2014 gegen Real Madrid eine herbe Schlappe erlitten hatte. In der anschließenden Pressekonferenz gab er unumwunden zu, dass seine Taktik falsch gewesen war, um gleich danach zu betonen, dass er in all den anderen Spielen davor ja richtiggelegen hatte. Damit signalisierte er, dass auch ein Großer mal einen Fehler macht und wahre Größe sich darin zeigt, diesen Fehler anzuerkennen.

Sie können also gezielt aus einer Schwäche eine Stärke machen, bereits Ihre Lehren daraus ziehen und diese präsentieren.

> »Gerade weil ich damals falschgelegen habe, ist es so wichtig, dass diesmal alle Fakten geprüft wurden, was ich auch gemacht habe.«

Ihr Irrtum macht durch diesen Kniff alle zukünftigen Entscheidungen umso richtiger. Denn jemand, der offen einen Fehler einräumen kann, würde das ja auch wieder tun, wenn er falschläge. Da er aber diesmal nicht sagt, dass er falschliegt, bedeutet das im Umkehrschluss, dass er richtigliegt, sonst würde er es ja sagen. Wieder mal ein klassischer Zirkelschluss. Unser Verstand lässt sich eben leicht austricksen.

Nutzen Sie den Herdentrieb

Der Herdentrieb, also unsere Neigung, uns an dem Verhalten oder der Meinung der Mehrheit zu orientieren, gehört zu den wirksamsten psychologischen Phänomenen. Da Entscheidungen anstrengend sind und wir oft nicht den Überblick haben, neigen wir dazu, uns nach der Mehrheit zu richten, oder nach dem, was wir für die Mehrheit halten. »*Das meistgekaufte Auto des Jahres.*« – Dieser Slogan sagt nichts über die Leistung oder Qualität des Autos aus, sondern nur, dass viele Leute dem Produktversprechen geglaubt haben. Da es aber die meisten gekauft haben, muss es ja gut sein – so zumindest die Schlussfolgerung unseres Gehirns. Dies ist insofern interessant, da wir ja aufgrund unserer Selbstüberschätzung eigentlich die Mehrheit für dümmer als uns selbst halten müssten, was wir in der Regel auch tun. Demnach müssten wir ja gerade das *nicht* tun, was die Mehrheit der Masse tut. Aber unser Gehirn sieht das anders. Dies hat uns im Laufe der Evolution auch ganz gut weitergeholfen. Wenn in der Steinzeit einer unserer Vorfahren sah, wie seine Artgenossen panisch in eine Richtung rannten, konnte es recht hilfreich sein, einfach mitzulaufen und nicht lange über Für und Wider zu sinnieren, um dann von dem Säbelzahntiger gefressen zu werden. Der Herdentrieb diente also der Selbsterhaltung und war meistens erfolgreich, sonst gäbe es uns nicht. Natürlich muss es immer jemanden geben, der als Erstes losrennt und die Herde in eine Richtung lenkt, dazu aber später mehr.

Die Wirksamkeit von Argumenten, die den Herdentrieb ansprechen, hat das Forscherteam um den Psychologen Robert Caldiani eindrucksvoll in seinem berühmten Handtuchexperiment gezeigt. Hierfür stellte sein Team unterschiedliche Schilder in Hotel-Badezimmern auf, um die Gäste dazu zu bewegen, ihre Handtücher mehrfach zu benutzen und nicht jeden Tag austauschen zu lassen. Auf einigen Schildern wurden die Gäste der Umwelt zuliebe gebeten, ihre Handtücher wiederzuverwenden. Die anderen Schilder hingegen enthielten den gleichen Text, jedoch mit einem zusätzlich Hinweis: *» … wie es die Mehrheit der Gäste macht.«* Während das erste Argument also an unser soziales Gewissen appellierte, richtete sich das zweite Schild schlicht und einfach an den primitiven Herdentrieb in uns. Die Wirkung des letzten Schilds war um 26 Prozent höher als bei dem Schild, das nur mit dem Umweltschutz argumentierte. Man kann also gerne an das Gute im Menschen appellieren, aber erfolgreicher ist man, wenn man das versteckte Herdentier anspricht.

Dabei wirkt der Herdentrieb umso stärker, je ähnlicher jemand ist. Dies hat Robert Caldiani in einem Folgeversuch zu seinem Handtuch-Experiment gezeigt. In einigen der Hotelzimmer wurde das gut funktionierende Schild »*Die Mehrheit der Gäste verwenden ihre Handtücher wieder – der Umwelt zuliebe.*« ersetzt durch »*Die Mehrheit der Gäste, die in diesem Zimmer wohnten, haben ihre Handtücher wiederverwendet – der Umwelt zuliebe.*« Es ging also nicht um irgendwelche Gäste, sondern um die, die in dem gleichen Zimmer wohnten. Die Wiederverwenderquote lag nun nicht mehr bei 26 Prozent, sondern schon bei 33 Prozent über denen, die nur einen Umweltschutzhinweis hatten. Was interessiert uns also die Umwelt, wichtig ist das, was Menschen machen, die so sind wie wir. Und jemand, der im gleichen Zimmer wohnte, den empfinden wir als uns nah. Ein Büffel folgt eben eher einem Büffel als einem Schaf.

Abwehrtechniken

> ➤ Hinterfragen Sie immer, wer die Mehrheit ist. Die Aussage von Kunden, die in einer anderen Branche arbeiten, kann für Ihre Entscheidung völlig irrelevant sein.

> ➤ Ebenso sollten Sie immer die tatsächlichen Aussagen und Handlungsmotive prüfen. Oft fanden diese in einem anderen Zusammenhang statt.

> ➤ Prüfen Sie, ob es diese Masse an Personen überhaupt gibt. Als sich einmal ein Student schriftlich über mich beschwerte, verwies er auf viele Studenten, die das auch so sähen. Nach einigem Nachfragen stellte sich heraus, dass er der Einzige war. Er gab zu, dass er seiner Beschwerde nur mehr Gewicht verleihen wollte (übrigens ein häufiger Trick bei Beschwerden).

> ➤ Wenn jemand den Herdentrieb in seiner Argumentation nutzen will, dann klopfen Sie vor allen anderen die oben genannten drei Punkte ab. *(Wer hat das gesagt? In welchem Zusammenhang? Wann war das? Passt das überhaupt hierzu?)* Zweifeln Sie die Relevanz der Zahlen und Aussagen an. Sie müssen diese gar nicht durch Fakten widerlegen. Meist reicht allein der gestreute Zweifel, um dieses Argument abzuschwächen.

Der mystische Nebel der Autorität

Man kennt solche Fernsehinterviews. Irgendeine unbekannte Person schaut wichtig in die Kamera und wird zu einem Thema interviewt, und im Untertitel kann man lesen, dass es sich um den Experten für irgendetwas handele. Was ist ein Experte, was macht diese Person zum Experten? Im Grunde ist das in dem Moment egal, denn jemand, der im Fernsehen als Experte bezeichnet wird, der muss mehr wissen als wir und somit Recht haben. Autoritäten kommen in vielen Formen daher. Wenn jemand einen Professoren- oder Doktortitel hat, gehen bereits viele Menschen in Hab-Acht-Stellung. Den gleichen Effekt hat der weiße Kittel des Arztes oder die Bezeichnung »Klima-Forscher«. Was macht all diese Menschen so besonders? Wieso wird ein mittelmäßig prominenter Schauspieler, der mal in einem Fernsehfilm einen Pfarrer gespielt hat, zu einer Talkshow über Moral in der Gesellschaft eingeladen? Oder kennen Sie noch die berühmten Zahnarztfrauen, die irgendwelche Zahncremes in der Werbung empfahlen? Was ist eine Zahnarztfrau? Jemand, der mit einem Zahnarzt verheiratet ist! Was ist ihre Zahnpasta-Empfehlung wirklich wert? Also, ich würde mir von der Dame nicht die Zähne richten lassen. Aber egal. Unsere Sehnsucht nach Autorität schaltet das Denken aus.

Für Sie heißt das hingegen: wenn Sie selbst als Autorität wahrgenommen werden, gewinnen Ihre Fakten, Argumente und Behauptungen deutlich an Wahrheitsgehalt. Man glaubt Ihnen schneller und hinterfragt weniger. Als Autorität ist man im Vorteil, sich weniger rechtfertigen zu müssen. Vielmehr erklärt man den Unwissenden die Welt. Wie ein indianischer Schamane blicken Sie in einen mystischen Nebel oder eine geheimnisvolle Kristallkugel und kommen zu Erkenntnissen, die kein anderer versteht. Und sollten Ihre Erkenntnisse mal nicht stimmen: Wenn selbst der Experte falsch liegt, wie kann dann der »einfache« Mensch richtig liegen?

Autoritäten haben es leichter im Leben, und ich garantiere Ihnen, jeder kann in kürzester Zeit zu einer Autorität auf seinem Gebiet werden – sei es auf fachlicher oder menschlicher Ebene.

Was zeichnet Autoritäten aus? Das Wissen ist es nicht wirklich. Autorität hat auch nichts mit *autoritär* zu tun. Denn wer autoritär agiert, verbreitet Angst. Wer Autorität ausstrahlt, macht genau das Gegenteil, er nimmt Angst, indem er in einer unsicheren Situation Sicherheit und Stabilität vermittelt. Deswegen sind wir so empfänglich für Autoritäten. Sie bedienen unsere Motivatoren Angst und Bequemlichkeit, indem sie uns einen sicheren Ausweg oder eine einfache Lösung anbieten. Das funktioniert bei allen Menschen, auf allen Führungsebenen. Selbst Vorstände und Minister sehnen sich nach fachlichen Autoritäten, davon lebt ja die Beraterbranche. Wenn ein sogenannter Experte etwas sagt, dann wird das schon seine Richtigkeit haben. Mühseliges, selbstständiges Denken erledigt sich von selbst, da jemand ohnehin mehr weiß. Es müssen also nicht mehr Argumente im Detail abgewogen werden, sondern nur noch entschieden werden, ob wir der Autorität glauben und vertrauen oder nicht.

Wahre Autoritäten des Alltags sind also Personen, die das Vertrauen vermitteln, über ein bestimmtes Fachwissen oder eine besondere Erfahrung zu verfügen und ferner Selbstsicherheit ausstrahlen, die sympathisch ist, nicht arrogant wirkt und somit anderen eine Orientierung gibt. Wie es tatsächlich mit dem Fachwissen bestellt ist, ist erst mal zweitrangig. Wonach beurteilen Sie einen Arzt, wenn sie ihn das erste Mal sehen? Sie werden kaum nach seinem medizinischen Fachwissen fragen und dessen Promotionsarbeit lesen wollen. Sie entscheiden nach dem Bild, was er von sich und seiner Kompetenz vermittelt.

Um selbst eine Autorität zu werden, müssen Sie also weder ein geborener Charismatiker noch Einsteins heimlicher Nachfahre sein. Denken Sie an den indianischen Schamanen. Es geht nicht darum, was er wirklich weiß oder kann. Vielmehr ist entscheidend, welchen Eindruck er vermittelt, was er wissen oder tun könnte. Das beginnt bei einer besonderen Kleidung bis hin zu selektiv preisgegebenem Wissen. Aber auch Geheimwissen, das er gezielt zurückhält, stärkt das Bild, das wir von ihm haben. Interessanterweise werden Menschen, die nur stückchenweise ihr Wissen offenbaren und sich eher in Andeutungen verlieren, eher als Autoritäten wahrgenommen, als jene, die ihr ganzes Wissen detailliert und mit einem Mal ausbreiten. Leider machen viele, die als Fachleute gelten wollen, genau diesen Fehler. Anstatt durch wenige, aber dafür gezielte und pointierte Aussagen zu überzeugen, kriegen sie einen Redeanfall und bombardieren ihre Mitmenschen mit ihrem gesamten Wissen. Das wirkt nicht souverän, sondern unsicher. Weniger ist also mehr. Autoritäten sind die Gurus des Alltags, und wenn Sie sich mal die esoterischen Gurus anschauen, dann sagen sie eigentlich viel weniger, als es scheint. Tatsächlich sind sie Projektionsflächen unserer Hoffnung. Ein besonders deutliches Beispiel dafür ist Braco, ein »spiritueller Lehrer«, dessen besondere Eigenschaft es ist, gar nicht zu reden. Ja, Sie haben richtig gelesen. Er redet niemals mit seinen Anhängern. Er kommt auf die Bühne, schaut seine Anhänger mit seinem »gebenden Blick« an und geht wieder. Die Leute sind begeistert, Hunderttausende von Menschen interpretieren alles Mögliche in diesen Blick hinein und finden dort Hoffnung, Weisheit und Rat für das Leben. Bracos Erfolg liegt darin, dass er das tut, was man sich von manch einem Kollegen auch wünscht: Er hält einfach den Mund. Zugegeben, das Beispiel Bracos ist etwas extrem und ich würde nicht uneingeschränkt empfehlen, es nachzumachen, wenn Sie im Beruf erfolgreich sein wollen. Aber es zeigt, dass es nicht darauf ankommt, möglichst viel zu reden und oft auch gar nicht darauf, was man sagt, sondern auf den Eindruck, den man vermittelt.

Entsprechend ist Autorität ein Gesamtpaket, bestehend aus:

➤ äußerem Erscheinungsbild,
➤ fachlichen Kenntnissen,
➤ charakterlicher Integrität.

Dabei müssen nicht alle drei Eigenschaften gleich stark ausgeprägt sein. Natürlich kennen wir alle Menschen, die äußerlich überhaupt nicht wirken. Wenn man dann mit ihnen spricht, merkt man, wie beeindruckend oder qualifiziert sie in Wahrheit sind. Muss man jedoch erst mal mühsam hinter die Fassade blicken, um jemanden als Autorität zu erkennen, dann ist diese Person keine Autorität, weil sie nicht auf Anhieb als solche wirkt. Ebenso gibt es Zeitgenossen, die allein durch ihr äußeres Erscheinungsbild wirken wollen. Aber das ist mehr Schein als Sein und solche Blender fallen schnell auf. Es muss also das Gesamtpaket stimmen:

Das äußere Erscheinungsbild

Bei den Blitztechniken haben wir ja bereits das Thema Sympathie behandelt, einen wichtigen Bestandteil des äußeren Erscheinungsbilds. Ebenso wichtig sind aber Frisur und Kleidung. Der Kleidungsstil drückt auch heute noch einen gewissen Status aus. Selbst wenn lässige Kleidung weitestgehend akzeptiert ist, fühlen wir uns doch etwas unwohl, wenn der Bankmitarbeiter, mit dem wir über unsere Eigenheimdarlehen verhandeln, uns in stone-washed Jeans und coolem Bart-Simpson-T-Shirt gegenübersitzt. Ein Kindergärtner im Nadelstreifenanzug würde wahrscheinlich ebenso irritieren. Die richtige, also angemessene Kleidung schafft Autorität. Ein Berufsanfänger, der grundsätzlich Stoffhose, Hemd und Krawatte trägt, wirkt allein durch dieses Outfit ehrgeizig und zielstrebig. Nun können wir uns darüber aufregen, dass das nur Äußerlichkeiten seien und es auf innere Werte ankomme, aber unser Gehirn braucht äußere Anhaltspunkte, um jemanden einzuordnen. Deswegen sollte man natürlich nicht völlig overdressed zur Arbeit gehen, aber die Kleidung sollte ausdrücken, dass man eine Autorität ist. Ärzte tragen ihre weißen Kittel bestimmt nicht, weil das Blut so spritzt, sondern weil es die Patienten erwarten. Vom Architekten erwarten wir einen schwarzen Anzug oder Jackett mit Rollkragen-Pullover, von einem Starfriseur flippigere Kleidung und gerne auch ein paar Allüren und vom Computerguru Jeans, ein Jackett und ein kurioses T-Shirt. Was meinen Sie, warum Vertreter der Grünen, sobald sie ein Ministeramt bekleiden, plötzlich zu Anzügen greifen und zu den am besten angezogenen Menschen der Republik gehören, während die Basis sich bemüht, das Klischee des Wollpulli tragenden Alternativen zu bedienen?

Um eine Autorität zu sein und seinen Argumenten Gewicht zu verleihen, kommt es also nicht allein darauf an, was man sagt, sondern auch, dass man sich so kleidet, wie man es von einem Experten in der Branche erwartet. Fragen Sie sich also, welche Rolle Sie als Autorität in Zukunft verkörpern wollen und passen Sie entsprechend Ihr Erscheinungsbild an. Natürlich so, dass es immer noch Ihrem Typ entspricht. Sie sollen sich ja nicht verkleiden.

Fachliche Kenntnisse

Das Problem mit der fachlichen Autorität ist nicht, dass kein besonderes Wissen oder spezielle Fähigkeiten vorhanden sind, sondern dass man selbst gar nicht weiß, worin man besonders gut ist. Um Ihre fachliche Autorität besser zur Geltung zu bringen, sollten Sie sich also als Erstes überlegen, was Ihr »Markenkern« sein kann. Schließlich geht es um die Vermarktung Ihrer Kompetenz. Worin sind Sie besonders gut oder haben mehr Erfahrung als andere? Wie gesagt, Sie müssen nicht die absolute Koryphäe sein. Es reichen schon ein paar Wochen mehr, die Sie sich mit einem Thema beschäftigt haben, oder ein klein wenig mehr Wissen. Sie müssen deswegen nicht der weltweite Spezialist sein, es reicht dieser kleine Vorsprung gegenüber Ihrem Unternehmen, Ihren Kollegen oder Team. Dies kann zum Beispiel Auslandserfahrung sein oder eine gewisse Branchenkenntnis. Vielleicht auch der Umgang mit schwierigen Kunden, Auszubildenden et cetera. Haben Sie vielleicht einfach nur ähnliche Situationen schon mal erlebt und gemeistert? Oder Sie verfügen über ein besonderes Insiderwissen, weil Sie Erfahrung mit einer bestimmten Arbeitstechnik oder einem speziellen Kundentyp haben. Vielleicht verfügen Sie über besondere Kontakte aus Ihrer Vergangenheit oder weil Sie mal auf einer Messe waren. Vielleicht schreiben Sie gar einen Artikel zu einem Thema oder besuchen ein Training oder einen Workshop. Das alleine kann Sie im Unternehmen schon zum Spezialisten machen. Sie merken, dass es kein Hochschulstudium braucht, um eine Autorität auf einem Gebiet zu sein.

Im Alltag gibt es viele Möglichkeiten seine fachliche Autorität herauszuheben, ohne anzugeben. Man sollte dabei die Situationen nutzen, in denen man sich am wohlsten fühlt. Wenn Sie der große Redner sind, dann ist das Ihre Chance, elegant das eine oder andere Fachwissen einzuflechten. Sind Sie eher publikumsscheu, dann nutzen Sie das Vier-Augen-Gespräch, oder den Smalltalk bei einem netten Mittagessen oder in der Kaffeeküche. Üben Sie, elegant ihre Erfahrung mit einzubinden. Es geht nicht darum, seinen Mitmenschen zu beweisen, dass man schlauer ist, sondern anderen zu zeigen, wo man sie unterstützen und ihnen das Leben leichter machen könnte. Das geht am besten über kleine, nette Anekdoten. Diese wirken sympathisch und bleiben besser hängen. Wenn Sie zum Beispiel in China gearbeitet haben, dann erzählen Sie gelegentlich hierzu ein nettes Erlebnis. Man sollte jedoch aufpassen, dass man seine Mitmenschen nicht langweilt, indem man bei jeder Gelegenheit China erwähnt. Nichts ist anstrengender als Menschen, die permanent erzählen, wie toll sie sind und wie spannend ihr Leben ist oder war. Wer ständig auf seine Expertise pocht, wird vielleicht als Fachmann wahrgenommen, aber nicht als menschliche Autorität.

Übrigens kann man auch die Hilfe anderer in Anspruch nehmen. Bitten Sie doch einfach einen Kollegen, mal gegenüber dem Chef bei Gelegenheit zu erwähnen, dass Sie eine besondere Erfahrung auf einem speziellen Gebiet haben. Wir glauben nämlich eher den Empfehlungen Dritter, als wenn die Aussage direkt von der Person selbst kommt. Kennen Sie die Werbung, bei der Passanten auf der Straße ein Produkt in den höchsten Tönen loben? Wir alle wissen doch, dass diese Passanten bezahlte Laienschauspieler sind. Aber die Empfehlung Dritter macht ein Produkt glaubwürdiger, als wenn das Unternehmen selbst von sich sagt, wie toll es ist. Holen Sie sich also auch ein paar Referenzen, die Ihre Fähigkeiten positiv hervorheben. Wenn die Bitte unverfänglich ist (»*Vielleicht kannst du ja mal bei Gelegenheit meine Erfahrung in der Automobilbranche erwähnen.*«), kann das Ihrer Autorität einen großen Aufschwung geben.

Selbstverständlich gibt es auch Situationen, in denen man nur wenige Sekunden hat und seine Fachkompetenz sofort vermitteln muss, zum Beispiel, wenn man mit Personen diskutiert, die einen noch gar nicht kennen. Trotzdem sollte man auch hier seine Fähigkeiten eher elegant einfließen lassen und nicht mit dem Vorschlaghammer. Zu behaupten: »*Ich arbeite über 20 Jahre in diesem Fach und sage Ihnen, dass das so nicht funktioniert*«, mag zwar inhaltlich richtig sein, wirkt aber borniert und aggressiv. Eleganter wäre: »*In den letzten 20 Jahren, in denen ich in diesem Bereich gearbeitet habe, habe ich so etwas in der Form noch nicht funktionieren sehen.*«

»*Immerhin habe ich in Russland gearbeitet und weiß, wie das dort geht*«, ist rechthaberisch und unsympathisch, während die folgende Aussage angenehm und sympathisch wirkt: »*Als ich in Russland gearbeitet habe, habe ich gesehen, dass man es dort so und so macht.*«

Charakterliche Integrität

Wahre Autorität kann entsprechend nur funktionieren, wenn man respektvoll mit Menschen umgeht, also insgesamt charakterliche Integrität besitzt. Leider neigen manche Menschen, die über gewisse Fähigkeiten verfügen, zur Überheblichkeit. »*Er kann was, ist aber ziemlich eingebildet und hat kein Gespür für Menschen.«* Diese Aussage beschreibt zwar eine fachliche, aber bestimmt keine menschliche Autorität. Wer möchte mit so jemandem schon zusammenarbeiten, geschweige denn sich an diese Person vertrauensvoll um Rat wenden? Sie kennen bestimmt solche Menschen in Ihrem näheren Umfeld und wissen, was ich meine. Eigentlich sind das recht arme Gestalten. Natürlich braucht jeder eine Möglichkeit, sein Ego ein wenig aufzubürsten, aber wahre Autoritäten haben es nicht nötig, sich auf Kosten anderer zu erhöhen.

Man sollte nie vergessen, dass Menschen nur vordergründig sachlichen Rat suchen, sondern bei Autoritäten sowohl sachliche als auch emotionale Sicherheit und Orientierung in bestimmten Situationen suchen. Genau das bieten wahre Autoritäten. Dazu gehört, dass man auch manchmal Illusionen zerstören muss. Denn nicht selten suchen Menschen nicht einen wirklichen Ratschlag, sondern eher eine Bestätigung für eine bereits innerlich getroffene Entscheidung. Autoritäten scheuen die Wahrheit nicht, auch wenn es wehtut. Wer die Wahrheit sagt, kann sich manchmal unbeliebt machen, aber das hält das Ego aus. Denn wer nur anderen gefällig sein will, mag beliebt sein, wird aber nicht respektiert. Man kann die Wahrheit ja auch schonend beibringen und muss nicht die Holzhammer-Methode wählen.

Eine Autorität wird man nicht von heute auf morgen, wenn Sie aber jeden Tag ein wenig daran feilen, werden Sie schnell in einem anderen Licht gesehen, und das macht Ihr Leben deutlich einfacher – es lohnt sich auf alle Fälle.

6. So wollen andere, was Sie wollen

Wenn Sie die zuvor genannten Techniken anwenden, ersparen Sie sich bereits eine Menge Diskussionen. Dennoch wird es immer noch genügend Situationen geben, wo Ihre Argumentationskünste gefragt sind. Die große Kunst der Argumentation liegt nicht darin, andere zu überzeugen, sondern sie dazu zu bringen, dass sie das Gleiche wollen wie Sie. Denn wer das Gleiche will, wird es auch mit gleichem Einsatz umsetzen. Dabei muss es nicht um große Besprechungen oder schwerwiegende Verhandlungen gehen. Bereits das Gespräch in der Kaffeeküche, wer den Abwasch machen muss, welches Kopierpapier bestellt werden muss oder die unterschiedlichen Meinungen zu Hause über die Wochenendpläne sind ja solche Argumentationen und Verhandlungen im Kleinen.

Die nachfolgenden Techniken helfen, bei solchen Diskussionen die Oberhand zu behalten und letztlich die Situation für sich zu entscheiden. Dafür brauchen Sie nicht einmal sonderlich schlagfertig zu sein, sondern lediglich die im Folgenden vorgestellten Methoden verinnerlichen.

Identifizieren Sie die Ziele der anderen

Wenn wir in schwierige Diskussionen oder Verhandlungen einsteigen, ist es wieder hilfreich herauszufinden, was die vier Zielkomponenten sind. Denken Sie daran, dass es wenig nützt, nur auf der sachlichen Ebene zu argumentieren. Neulich war ich in einer Verhandlung mit dem Vorstand eines weltweit operierenden Unternehmens. Es ging um einen mehrjährigen Beratungsvertrag. Der Vorstand und dessen Team kannten unsere Vorschläge und wir legten ihm dar, welche Umsatzsteigerungen er mit unserem Konzept erwirtschaften konnte. Er unterbrach uns ständig und zweifelte sämtliche Aussagen an. Dann sagte er einen Satz, der ihn entlarvte: »*Wenn etwas meine Leidenschaft ist, dann sind es Zahlen und Statistiken, da macht mir niemand etwas vor.*« Also bat ich ihn, darüber etwas mehr zu erzählen. Mein Kollege und ich setzten uns eigens auf andere Stühle, damit wir seine Ausführungen am Flipchart besser sehen konnten. Wir schrieben eifrig mit wie Erstsemester und stellten zwischendurch mal eine Frage zum besseren Verständnis. Abschließend äußerten wir unsere Bewunderung für seine tiefe Kenntnis des Zahlenwerks – und bekamen den Auftrag! Dem Vorstand ging es nicht um richtig oder falsch, sondern nur darum, seinen anwesenden Mitarbeitern und uns zu beweisen, wer der eigentliche Meister der Zahlen war – ein typisches Identitätsziel.

VIER MOTIVE AN EINEM TISCH

Die vier Motive Ego, Gier, Angst und Bequemlichkeit wirken sich nicht nur auf die Verhandlungsziele, sondern auch auf die Gesprächsführung selbst und die Bereitschaft zu längeren Diskussionen aus. Und wie wir ja wissen, sind die Motive je nach Situation, Thema und äußeren Einflüssen komplett anders ausgeprägt.

Wenn Sie die Auswirkungen der unterschiedlichen Zielkomponenten beobachten und die eigentlichen Gesprächsmotive identifizieren, haben Sie einen soliden Vorsprung auch in schwierigen Gesprächen. Deswegen sollten Sie sich vor solchen Gesprächen und Verhandlungen immer genau anschauen, welches die Motive der Teilnehmer sind oder sein könnten. So vorbereitet können Sie nun starten.

Wie ein kleines Ja zu einem großen Ja führt

Man muss nicht immer den direkten Weg gehen. Um Ihre Mitmenschen zu einer Zustimmung zu bewegen, kann es sehr effektiv sein, den Hintereingang zu wählen. Wenn Ihnen jemand bei einem ganz anderen und weniger verfänglichen Thema zustimmt, ist die Wahrscheinlichkeit größer, dass er bei Ihrem eigentlichen Anliegen, das Sie gleich danach präsentieren, ebenso zustimmt. Wenn man einmal einen Lauf hat, ist es einfacher.

Dies haben die kanadischen Psychologen Alison Jing Xu und Robert Wyer 2008 in einem eindrucksvollen Experiment nachgewiesen. Während des Präsidentschaftswahlkampfs zeigten sie politisch interessierten Versuchspersonen Wahlspots. Unabhängig von der politischen Präferenz bekam eine Gruppe eine Wahlkampfrede des republikanischen Kandidaten John McCain zu sehen, während der anderen Gruppe eine Wahlkampfrede des demokratischen Kandidaten Barack Obama gezeigt wurde. Unmittelbar nach der Rede wurde eine Werbung von Toyota gezeigt, denn darum ging es eigentlich. Anschließend wurden die Teilnehmer gefragt, wie ansprechend sie die Toyota-Werbung fanden. Diejenigen Teilnehmer, die die Rede ihres präferierten Kandidaten zu sehen bekamen, hatten deutlich höhere Zustimmungsraten für den Toyota-Werbespot als die Personen, die den gegnerischen Kandidaten zu sehen bekamen. Eine zustimmende Haltung bei einem Thema sorgt eben für eine größere Bereitschaft, auch bei anderen Themen zuzustimmen.

Erhöhen Sie also die Wahrscheinlichkeit, dass man Ihren Argumenten beipflichtet, indem Sie sich kurz zuvor eine unverfängliche Zustimmung in einem anderen Zusammenhang abholen. Versicherungsvertreter nutzen diese Technik gerne: »*Sie sind doch auch der Meinung, dass die Finanzsituation heutzutage immer unübersichtlicher wird, oder?*« – »*Ja.*« »*Dann sollten Sie sich mal folgende Versicherung anschauen ...*« – und schon ist der Kunde in die Falle gegangen.

Das erste *Ja* ist ein Steigbügel, damit das zweite und deutlich größere *Ja* leichter fällt. Das Experiment von Xu und Wyer hat gezeigt, dass bei dieser sogenannten **Steigbügeltechnik** die erste Zustimmung auch in einem komplett anderen Themenbereich erfolgen kann, also gar nicht logisch mit dem zweiten *Ja* zusammenhängen muss. Was hat schließlich eine Wahlkampfrede mit einem Auto-Werbespot zu tun?

Entscheidend ist nur, dass die Zustimmung unverfänglich ist und ohne großes Nachdenken erfolgen kann, und dass sie zeitlich unmittelbar vor dem eigentlichen Thema erfolgt. Natürlich sollten Sie auch nur eine Frage stellen, bei der Sie mit großer Wahrscheinlichkeit eine Zustimmung erhalten: »*Wollen wir die Besprechung heute auf eine Stunde begrenzen?*« oder »*Habt Ihr Lust im Anschluss Mittag essen zu gehen?*« Mit ein wenig Übung haben Sie einige solcher Steigbügelfragen immer parat. Das Schöne ist: Da sie so unverfänglich sind, merkt man gar nicht, was Sie damit eigentlich bezwecken.

Wenn jemand die Steigbügeltechnik bei Ihnen anwenden will, dann gibt es effektive Techniken, um sie abzuwehren. Fordert jemand gezielt Ihre Zustimmung zu einem Thema, um darauf sein Argument aufzubauen (wie im Beispiel des Versicherungsvertreters), dann schlagen Sie ihm durch vage Antworten ein Schnippchen: *»Es kommt darauf an«*, *»Lassen Sie mich erst mal sehen, worauf Sie hinauswollen«* oder *»Das lässt sich nicht allgemein sagen«*. Bleiben Sie standhaft bei dieser Antwort, auch wenn man Sie zu einem »Ja« drängen will.

Unverfängliche Steigbügelfragen, die in einem gänzlich anderen Zusammenhang gestellt werden, sind schwieriger zu entlarven. Deswegen sollten Sie grundsätzlich mental verankern, dass jedes Ja, egal in welchem Zusammenhang, etwas kostet. Verknüpfen Sie zum Beispiel mit dem Wort Ja zehn Euro. Jedes Mal, bevor Sie zustimmen, denken Sie daran, dass Sie gerade zehn Euro mentales Geld ausgeben. Sie werden bald viel genauer darauf achten, ob Sie ein kostbares Ja verschenken und wofür Sie das tun. Dies ist übrigens auch eine gute Methode, um lästige Aufgaben erst gar nicht aufgehalst zu bekommen.

Nutzen Sie den positiven Schwung

Die gerade beschriebene Steigbügeltechnik funktioniert übrigens auch, wenn man einfach eine gute Stimmung nutzt, um sich ein großes »Ja« abzuholen. Es reicht also schon eine positive, also bejahende Stimmung. So werden Sie zum Beispiel natürlich mehr Erfolg bei Ihrem Anliegen haben, wenn Sie am Anfang einer Besprechung erst mal um Ruhe bitten und dann allen Mitarbeitern für die hervorragende Leistung der vergangenen Woche danken. Es ist eine bekannte Tatsache, dass es sich besser verhandeln lässt, wenn man gemeinsam schön zu Mittag gegessen hat, und Sie werden Ihren Partner eher überzeugen können, in die für ihn ungeliebten Berge zu fahren, wenn Sie bei einem romantischen Candle-Light-Dinner zusammensitzen. Wer sich in einer positiven Stimmung befindet, ist eher dazu bereit, positiv auf Argumente und Vorschläge zu reagieren, auch wenn man diesen unter anderen Umständen eher widersprechen würde. Zugegeben: Für diese Erkenntnis braucht man kein sonderlich ausgeprägtes psychologisches Feingefühl.

Und dennoch wird genau diese einfache Regel im Alltag so oft mit Füßen getreten. *»Wir haben hier etwas Schwieriges zu diskutieren und ich weiß, dass Sie eigentlich gar nicht dafür sind.«* Mit diesem katastrophalen Einstieg hat es vor einigen Jahren ein Mitarbeiter geschafft, binnen 60 Sekunden sein mühsam ausgedachtes neues Controlling-Konzept in den Mülleimer befördern zu lassen. Anstatt dazuzulernen, blieb er bei seiner Strategie. Nach zwei Monaten griff er bei einer Besprechung wieder sein Thema auf. *»Ich weiß, dass das schon mal abgeschmettert wurde und es den meisten auf die Nerven geht, ich würde aber dennoch …«* Und nicht weiter verwunderlich, fing er sich die nächste Abfuhr ein. Das ist übrigens kein Einzelfall. Weil wir vermuten, dass es sich um ein unangenehmes Thema handelt und es eine schwierige Diskussion wird, wollen wir fair sein, warnen unsere Mitmenschen und entschuldigen uns vorab. Das ist zwar ehrlich, aber absolut kontraproduktiv.

Wenn Sie die volle Aufmerksamkeit Ihrer Chefin für die für sie lästigen Bilanzen haben wollen, können Sie entweder ehrlich aber erfolglos sein: *»Ich weiß, dass Sie dazu keine Lust haben, aber ich würde mich gerne mit Ihnen zusammensetzen und die leidigen Bilanzen durchgehen.«* Oder Sie können mit einer guten Nachricht beginnen: *»Ich habe eine gute Nachricht für Sie, ich habe die Bilanzen so aufbereitet, dass wir die jetzt in kürzester Zeit durchgehen können und Sie das leidige Thema damit sofort vom Tisch haben. Setzen wir uns doch gleich nach dem Essen zusammen.«* Eine positive Stimmung können Sie also nicht nur durch ein gemeinsames Essen, eine Feier oder dergleichen erzielen.

Es reicht schon, wenn Sie mit einer guten Nachricht beginnen beziehungsweise ein Thema in einem positiveren Licht erscheinen lassen.

Übrigens kann man den Effekt auch umdrehen. Schaffen Sie einmal bewusst eine bedrohliche, negative Atmosphäre. Wenn Sie dann Ihr eigentliches Anliegen vorbringen, wirkt es plötzlich gar nicht mehr so schlimm. Wenn ich einen Kollegen um Mithilfe bitten will, sage ich manchmal: »*Ich habe ein Attentat auf dich vor, das wird ziemlich viel Zeit und Arbeit kosten.*« Da gehen plötzlich alle Alarmglocken an. Gerne lasse ich ihn dann warten und verspreche, dass ich am Nachmittag mehr verrate. Das kennen wir schon von der Stockholm-Methode. Wenn sich dann herausstellt, dass das eigentliche Anliegen nur wenige Minuten dauert, wird es sofort erledigt. Wenn zum Beispiel die Umsatzzahlen zwar besser ausfielen als im Quartal davor, aber dennoch nicht so gut wie erhofft, dann können Sie sich übertrieben zerknirscht geben und dramatisieren. Wenn dann die Katze aus dem Sack gelassen wird, macht sich große Erleichterung breit, denn die Kollegen hatten viel Schlimmeres erwartet. Natürlich sollten Sie mit der Überdramatisierung sehr sparsam umgehen. Sie nutzt sich schnell ab. Aber als gelegentlich und gezielt platzierter Überraschungseffekt eignet sie sich ganz gut.

Nehmen Sie sich also die altbekannte Weisheit von Zauberkünstlern und Illusionisten zu Herzen:

Was besonders schwierig ist, stelle dem Publikum als besonders leicht dar, und was besonders leicht ist, präsentiere als besonders schwierig.

Mit diesem Kniff lassen sich die Mitmenschen nicht nur deutlich leichter für die eigenen Anliegen gewinnen. Zugleich können Sie Ihre Leistungen dadurch erheblich besser aussehen lassen. Wenn ein IT-Mitarbeiter sich kopfschüttelnd auf die Lippen beißt und den unwissenden Kollegen erklärt, dass es sich hier um ein komplexeres Problem handelt, obwohl lediglich einige Programmcodes geändert werden müssen, wirkt er wie ein Held, wenn er das Problem gelöst hat. Führt er die komplexesten Programmier-Stunts müde lächelnd mit demonstrativer Leichtigkeit aus und erzählt nebenbei noch ein paar Witze, während seine Finger über die Tastatur nur so fliegen, dann halten wir ihn für ein Genie.

Weitere Anwendungsbeispiele

➤ Wenn Sie Probleme mit einem Projekt eingestehen müssen, dann verkünden Sie erst die guten Nachrichten. Zum Beispiel, welche neuen Projekte gewonnen wurden oder wie gut die Ressourcenauslastung ist. Übrigens sollten Sie schlechte Nachrichten auch immer positiv abschließen, dann bleibt das Schlechte weniger stark in Erinnerung.

➤ Wenn ein Problem für einen Kunden entsteht, dann loben Sie ihn erst, was für ein umgänglicher Kunde er ist, und so unkompliziert (Heldenmethode). Überbringen Sie dann die schlechte Nachricht – er kann gar nicht wütend werden.

➤ Sie müssen Ihrem Partner gestehen, dass Sie für zwei Wochen beruflich weg müssen. Genießen Sie einen romantischen Abend und am nächsten Morgen, wenn Sie den schönen Abend Revue passieren lassen, beginnen Sie: »*Ach, übrigens* …«. Für Frauen ist dieser Kniff ein alter Hut, aber Männer sind oft zu dämlich und fallen mit der Tür ins Haus.

➤ Wenn eine schwierige Besprechung ansteht, dann kommen Sie nicht mit finsterer Miene. Seien Sie fröhlich, machen Sie Witze. Fragen Sie, wie es den Kollegen geht, was die Familie macht. Nun fällt es viel schwerer, die Laune herunterzuziehen.

Nehmen Sie anderen die Argumentationsarbeit ab

Selbstverständlich lassen sich Einwände und Gegenargumente nicht gänzlich vermeiden. Nur neigen wir dazu, solche Widerstände schnell als Angriff zu sehen. Wir fürchten, dass unsere vermeintlichen Schwächen aufgedeckt werden und letztlich unser eigentliches Ziel untergraben wird. Das ist aber ein grundsätzlicher Irrtum. Einerseits sehen andere Mitmenschen unsere Schwächen meist gar nicht. Wir kennen unsere Schwächen, denn wir haben ja den Blick von innen und müssen damit 24 Stunden am Tag leben. Glauben Sie mir, den anderen fallen diese Schwachen meistens gar nicht auf. Abgesehen davon sind Gegenargumente weniger eine Gefahr, sondern können tatsächlich eine Chance sein.

Daniel O'Keefe, Professor an der University of Illinois, hat 107 Studien mit insgesamt 20 111 Teilnehmern zusammengetragen, die den Erfolg einseitiger Argumentation im Vergleich zu ausgewogenen Argumentationen untersuchten – also von solchen Diskussionen, bei denen nur Argumente für *eine* Sache vorgebracht wurden, im Gegensatz zu solchen, wo Für und Wider beleuchtet wurden. Dabei hat sich gezeigt, dass eine ausgewogene Argumentation mit viel höherer Wahrscheinlichkeit zur gewollten Entscheidung führt, unabhängig davon, welche Techniken angewandt wurden.

Auch wenn das menschliche Gehirn gerne mal eine Pause macht, so sind unsere Mitmenschen noch lange nicht auf den Kopf gefallen. Jemanden zu überzeugen heißt, dessen Denkfähigkeit zu respektieren. Vor lauter Angst, dass uns die Felle davonschwimmen könnten, neigen wir jedoch dazu, Gegenargumente lieber ganz zu übergehen oder zu ignorieren. Dabei sind Gegenargumente nichts anderes als berechtigte Anliegen unserer Mitmenschen. Wenn man diese ignoriert, entscheidet man vielleicht die Diskussion für sich. Weil aber eine Herzensangelegenheit unbeachtet bleibt, also das Identitätsziel des anderen verletzt wurde, wird das Ergebnis mit größter Wahrscheinlichkeit nicht umgesetzt. Außer einem gefälligen Kopfnicken hat man also rein gar nichts gewonnen.

Verwenden Sie also bewusst Gegenargumente, um Ihrem Standpunkt mehr Gewicht zu verleihen. Die einfachste Methode ist, die Gegenargumente selbst vorzutragen, denn so behalten Sie das Ruder in der Hand. Erklären Sie also Ihre Position, führen dann aber Argumente auf, die dagegen sprechen könnten, und entkräften Sie diese sofort. Dadurch nehmen Sie Ihren potenziellen Kritikern die Worte aus dem Mund und nehmen Sie dennoch ernst. Sie haben bereits deren Argumente aufgegriffen und behandelt. Ihre Gegner wurden berücksichtigt, ohne dass diese wirklich zu Wort kamen und einen Keil in Ihre Argumentation schieben konnten.

Mit etwas Erfahrung können Sie Ihre Kritiker sogar aktiv in Ihre Argumentationskette miteinbeziehen. Vortragsredner kennen diesen Kniff, um nervige Besserwisser zur Ruhe zu bringen. Diesen Störern geht es nämlich meist gar nicht um die Sache, sondern lediglich darum, gehört zu werden und Aufmerksamkeit zu bekommen. Also spricht man die Person direkt an und bittet sie, den Einwand noch mal vorzutragen. Dann lobt man die Person für die Beobachtungsgabe und den Sachverstand, entkräftet dessen Einwände aber durch die verschiedenen Methoden, die wir kennengelernt haben, als es darum ging, wie man fast immer Recht hat. Oder man weist darauf hin, dass dieser Einwand zwar berechtigt sei, aber hier keine Gültigkeit habe. Warum dies so sei, würde man in einem persönlichen Gespräch nachher erklären, da dies zu viel Zeit benötigen würde.

Einwände haben selten einen sachlichen Hintergrund, sondern hier möchte jemand gehört und nicht übergangen werden. Denken Sie an die vier Zielkomponenten und unsere Handlungsmotive. Den meisten Menschen reicht es bereits, dass sie überhaupt beachtet wurden. Anstatt also Gegenargumente als Ihre eigenen Überlegungen zu verkaufen, können Sie bewusst erwähnen, dass zum Beispiel

Frau Schmidt einen sehr guten Einwand gebracht hatte, über den Sie nachgedacht haben. Frau Schmidt freut sich, dass sie beachtet wurde. Dann entkräften Sie ihren Einwand vorsichtig, zum Beispiel durch die Verschiebung der Priorisierung, gegenteilige Fakten et cetera, also im Prinzip durch die bereits erwähnten Techniken – wobei Sie natürlich jedes Mal betonen, wie wichtig dieser Einwand von der guten Frau Schmidt ist.

Wenn Sie es sich zutrauen, können Sie auch einen Schritt weitergehen, indem Sie die betreffende Person bitten, das Argument selbst noch mal in kurzen Sätzen vorzutragen:

»Frau Schmidt hatte aber einige berechtigte Bedenken, was die Kosten für die neue Software angeht. Ich finde die Gedanken gut, würden Sie uns das vielleicht in ein paar kurzen Sätzen noch mal selbst ausführen, das können Sie sicher besser.«

Damit bieten Sie Frau Schmidt eine Plattform, ihr Ego zu präsentieren, aber durch die Begrenzung auf kurze Sätze sorgen Sie gleichzeitig dafür, dass das Argument nicht zu viel Raum bekommt. Dann können Sie es durch die bekannten Techniken gleich wieder entkräften.

Wenn Sie Argumente geschickt einbinden, können Sie diese gezielt aufgreifen und Ihrem Gegenüber den Wind aus den Segeln nehmen. Gleichzeitig wirken Sie fair und ausgewogen. So effektiv die Methode ist, so sehr sollten Sie sich dagegen wehren, wenn ein anderer Ihren Einwand proaktiv aufgreifen und selbst vorbringen will. Dann sollten Sie darauf bestehen, dass Sie Ihre Sache unbedingt selbst vertreten, denn nur so können Sie dafür sorgen, dass Ihr Argument auch so präsentiert wird, wie Sie es meinen und es Ihnen nutzt. Lassen Sie sich nicht überrumpeln. Wenn man Sie abwimmeln will, mit der Begründung, man habe das Argument ja schon erwähnt, dann kontern Sie mit folgendem Satz: *»Das ist zwar richtig, ich habe aber dazu noch* *einige wichtige Fakten, die bisher nicht erwähnt wurden.«* Nun muss man Sie reden lassen, denn schließlich will man ja den Eindruck erwecken, dass alle Argumente ausreichend berücksichtigt und abgewogen wurden. Dabei ist es egal, ob Sie wirklich neue Fakten haben oder nicht. Wichtig ist nur, dass Sie die Plattform bekommen, für die richtige Verwendung Ihres Arguments.

Weitere Anwendungsbeispiele

> Bei einem Kunden wollen Sie den Lösungsansatz Ihres Unternehmens präsentieren, der einige offensichtliche Schwächen hat. Verschweigen bringt nichts, denn die Schwächen fallen früher oder später sowieso auf. Sprechen Sie sie an, aber erwähnen Sie anschließend, wie unbedeutend sie im Vergleich zu den Vorteilen Ihres Lösungsansatzes sind.

> Sie wollen die neue Aufgabenteilung im Büro Ihrem Chef präsentieren. Da sind einige Sachen dabei, gegen die er Einwände haben könnte. Sprechen Sie diese konkret an und spielen Sie sich als sein Anwalt auf. *»Ich habe überlegt, dass Sie diesen Punkt vielleicht nicht so gut finden würden, weil ...‚ aber wenn man die Vorteile sieht ...«*

> Sie wollen einen Firmenwagen: *»Einerseits sind die Kosten nicht unerheblich. Das habe ich auch durchgerechnet. Wenn man dies aber mit einer entsprechenden Gehaltserhöhung vergleicht, bedeutet dies unter dem Strich ...«*

Säen Sie die Saat des Zweifels

Selbst wenn Ihnen andere mit großer Überzeugung widersprechen, so sollte Sie das nicht irritieren. Denn meist ist diese Überzeugung nur oberflächlich und steht auch bei den selbstbewusstesten Menschen auf wackligem Untergrund. Das Unterbewusstsein ist ein ständiger Zweifler und Mahner. Wenn Ihnen nun jemand mit schlagkräftigen und überzeugenden Argumenten gegenübertritt, sollten

Sie nicht auf Konfrontationskurs gehen. Säen Sie lieber Zweifel, das Unterbewusstsein Ihres Gegenübers ist Ihr heimlicher Verbündeter.

Da niemand alles wissen kann, lassen sich zum Beispiel recht schnell Wissenslücken aufdecken. Wenn die Saat erst mal gesät ist, brauchen Sie sie nur immer wieder zu pflegen, und das ganze Argument fällt nach einiger Zeit von selbst zusammen. Zweifel sind wie Unkraut. Wenn Sie einmal vorhanden sind, wachsen sie von selbst und überwuchern schnell alles andere. Zweifel lassen sich am besten durch kleine, aber gezielte Fragen wecken:

> »Klar, Herr Müller wirkt wie der richtige Mann für diese Aufgabe. Aber wissen Sie eigentlich, ob er ausreichend Zeit hat? Ich habe gehört, er ist im Moment sehr eingebunden wegen seiner Familie.«

> »Der Lieferant macht einen guten Eindruck, da haben Sie Recht. Sind Sie aber sicher, dass das nicht alles nur Versprechen sind, die er vielleicht gar nicht halten kann?«

Man muss nur den kleinen Schwachpunkt finden, wo man ansetzen kann. So gilt zum Beispiel Prof. Dr. Karl Lauterbach der SPD als ausgewiesener Experte für das Gesundheitssystem. Der Sozialdemokrat ist studierter Mediziner, worauf gerne verwiesen wird, um dessen Thesen zu stützen. Nur, hat er jemals als Arzt praktiziert? Woher kennt er denn das Gesundheitswesen so gut? Aus der Theorie oder aus der Praxis? Und wie ist er eigentlich versichert? Ist er vielleicht Privatpatient und kennt die Probleme der gesetzlich Versicherten nur vom Hörensagen? Ohne jemanden persönlich zu diskreditieren und ohne die Sache selbst zu diskutieren, lässt sich jedem Argument die Grundlage nehmen.

Übrigens funktioniert diese Methode auch, wenn jemand seine These mit Zahlen stützt. Hinterfragen Sie ganz bewusst, wie jemand auf diese Werte kommt: *»Die Zahlen klingen wirklich überzeugend. Aber wie können Sie sicher sein, dass Sie sich darauf verlassen können?«* oder: *»Sind Sie sicher, dass diese Zahlen auch auf unseren Fall passen?«*

Man hat die ersten Zweifel gesät. Nun sollte man der zarten Pflanze wachsen helfen, indem man kleine Rankhilfen setzt, an denen die Zweifel ordentlich hochwuchern können.

»Prüfen Sie vielleicht mal, welche Erfahrung Herr Müller in dem Bereich hat. Wenn er weniger als zwei Jahre in dem Bereich gearbeitet hat, könnte das kritisch sein.«

»Schauen Sie mal im Internet, ob Sie negative Kommentare zu dem Lieferanten finden.«

Man setzt also Kriterien, die erfüllt werden müssen. Wie leicht man die Regeln selbst definieren kann, wissen wir ja. Diese Kriterien können recht neutral definiert sein. Man kann aber auch bewusst bitten, nach negativen Aspekten zu suchen, wie in dem Beispiel gezielt Kollegen gebeten wurden, negative Kommentare zu dem Lieferanten im Internet zu suchen. Irgendetwas lässt sich immer finden. Gerade die negative Meinung Dritter ist übrigens ein sehr wirksamer Dünger. Wir haben ja die Macht der Masse bereits kennengelernt. Und mal ehrlich. Wer stellt sich schon gerne gegen die ablehnende Haltung anderer, vor allem, wenn es im Internet steht? Dann muss ja etwas dran sein.

Wer Zweifel sät, sollte subtil vorgehen und auch ein wenig Geduld aufbringen. Die Früchte sind dann aber umso gewinnbringender, wenn man sie erntet.

Weitere Anwendungsbeispiele

➤ Es sollen Waren von einem Unternehmen geliefert werden, mit dem Sie aus irgendwelchen Gründen nicht zusammenarbeiten wollen: »*Das Unternehmen soll gerade in Schwierigkeiten sein, heißt es hinter vorgehaltener Hand.*«

➤ Ein Bewerber, den Sie nicht einstellen wollen: »*Ich kann Ihnen nicht sagen, was mit dem Kandidaten ist. Erscheint er Ihnen aber nicht irgendwie zu perfekt? Der ist doch eine Allzweckwaffe.*« Damit hebeln Sie die besten Optionen spielend aus. Ein Angebot, das zu gut ist, der neue Freund der Tochter, der einfach zu gut ist, da muss was faul sein.

Weniger ist manchmal mehr

Vor einigen Jahren wurden Studenten der Harvard Universität gebeten, eine scheinbar einfache Entscheidung zu treffen. sie sollten angeben, welchen Job Sie bevorzugen würden. Job A, bei dem sie 50 000 US-Dollar pro Jahr verdienen würden, oder Job B mit einem Gehalt von 100 000 Dollar. Die Entscheidung müsste eigentlich auf der Hand liegen. Wie bei psychologischen Studien üblich, gab es natürlich auch hier mal wieder einen Haken. Bei Job A wurde den Studenten erklärt, sie würden doppelt so viel bekommen wie andere Studenten, denn normalerweise würde diese Tätigkeit mit 25 000 Dollar vergütet. Bei Job B hingegen würde normalerweise doppelt so viel bezahlt, also 200 000 Dollar, aber da es sich um den letzten Job in dieser Kategorie handelte, würden nur 100 000 Dollar bezahlt. Die Studenten würden also bei Job B doppelt so viel verdienen wie bei Job A, aber nur halb so viel wie der Durchschnitt derer, die im Job B arbeiteten. Und siehe da, die Mehrheit der Studenten entschied sich gegen den besser bezahlten Job B und wählte Job A. Nun kann man über die Intelligenz von Studenten herzlich gerne streiten, aber einen einfachen Zahlenvergleich dürften sie schon beherrschen. Was also war passiert? Sie entschieden sich für die Möglichkeit, die sie besser stellt als andere, und das war Job A, auch wenn sie absolut weniger Gehalt bekamen. Sie wählten also die Situation, die sie zwar absolut schlechter, aber dafür relativ besser stellte.

Der Psychologe George Loewenstein hat dieses Phänomen bei der Verhandlungsführung von Gewerkschaften und Arbeitgebern untersucht und in seinen bahnbrechenden Arbeiten gezeigt, dass nach einiger Zeit weniger im Fokus stand, was man selbst tatsächlich gewinnen konnte, sondern man wollte nur nicht weniger gewinnen oder mehr nachgeben als die Gegenpartei. Dieses Verhalten konnte er bei Studenten ebenso beobachten wie bei Gewerkschaftsführern und politischen Unterhändlern. Es geht selbst Verhandlungsprofis nicht um den absoluten, sondern um den relativen Gewinn.

Wir Menschen lieben Hierarchien, ob sie nun formeller oder eher informeller Natur sind. Hierarchien bieten uns Orientierung und helfen uns, unseren eigenen Wert zu bestimmen. Relative Gewinne zeigen uns, auf welcher hierarchischen Stufe wir stehen. Stehen wir besser als der andere da oder schlechter? Haben wir mehr abgeben müssen oder weniger? Wenn wir das Gefühl haben, dass wir uns in einer niedrigeren Hierarchiestufe als andere befinden, wollen wir nach oben, wir wollen relativ gewinnen. Deswegen ist das Gehaltsgeheimnis in Unternehmen so wichtig. Würden wir die Gehälter unserer Kollegen kennen, würden wir zwar kurz auf diejenigen schauen, die weniger als wir verdienen, und zufrieden sein. Dann würden wir aber bestimmt jemanden entdecken, der mehr verdient als wir, und schon würde die Spirale der Unzufriedenheit in Gang gesetzt.

Wir empfinden es als großen Anreiz, eine Stufe höher zu gelangen und genießen dann eine kurze Zeit die Freude beim Blick nach unten. In unserem Leben wimmelt es an Statussymbolen, die uns helfen, unsere Position zu definieren – ein größeres Auto als der Nachbar, der schönere Garten, die klügeren Kinder, bis uns jemand auf den Kopf tritt und an uns vorbeizieht. Was wäre die Vielfliegerkarte wirklich wert ohne die neidischen Blicke der anderen Flugpassagiere, wenn man an ihnen vorbei als Erstes den Flieger betreten darf? Was bringt denn eine Gold- oder Platin-Kreditkarte wirklich? Natürlich sind da allerlei Versicherungen eingebaut, die überteuert sind, kein Mensch braucht sie, und kaum einer weiß, dass es sie überhaupt gibt. Der eigentliche Mehrwert besteht jedoch darin, dass der Besitzer das Gefühl vermittelt bekommt, etwas Besseres zu sein, und dass wildfremde Menschen, wie zum Beispiel die Kassiererin an der Supermarktkasse oder der Empfangschef im Hotel, einen vielleicht für einen tollen Hecht halten. Wenn Sie solche Hochglanzkarten besitzen, dann sei Ihnen das gegönnt, wir alle haben unsere kleinen Eitelkeiten. Sie können die exklusiven Karten aber genauso gut kündigen und die gesparten Gebühren jedes Jahr einem guten Zweck spenden. Hierarchiedenken ist der Motor unseres Strebens. Deswegen sind die Rufe von Linkspolitikern nach Gleichheit solch ein Unsinn. Gleichheit kommt immer auf Kosten der Freiheit, nämlich der Freiheit, besser dazustehen als andere.

Diese menschliche Eigenschaft können Sie aktiv in Ihrer Argumentation nutzen. Sagen wir, Sie können einer Kollegin den gewünschten Brückentag nicht geben. Dann fühlt sie sich benachteiligt. Sie werden sie einfacher davon überzeugen können, wenn Sie darauf hinweisen, dass die anderen Kollegen auch schon mal auf einen Brückentag verzichten mussten oder gar ihren gewünschten Urlaub nicht genehmigt bekamen, also somit genauso schlecht oder noch schlechter dran waren.

Eine Führungskraft in einem Dienstleistungsunternehmen hatte es sich zum Prinzip gemacht, bei den jährlichen Gehaltsgesprächen nicht als Erstes die absolute Gehaltserhöhung zu nennen. Denn das hatte früher oft zu Unzufriedenheit geführt. Stattdessen erklärte er, dass man sich in der oberen Hälfte der möglichen Gehaltserhöhungen befinde. Das war keine Kunst, denn da es die ersten zwei Jahre nach Firmeneinstieg grundsätzlich keine Gehaltserhöhungen für neue Mitarbeiter gab, gehörte man automatisch fast immer zur oberen Hälfte. Das fiel aber niemandem weiter auf. So ließen in schwachen Jahren selbst 90 Euro Gehaltserhöhung pro Monat Mitarbeiter glücklich lächeln, solange sie prozentual besser dastanden als der Durchschnitt, also zur exklusiven oberen Hälfte gehörten. Das ließ sich auch zu Hause gegenüber der Familie besser verkaufen. *»Schau mal, Schatz, ich habe eine bessere Gehaltserhöhung bekommen als die anderen Mitarbeiter. So sehr schätzt man meine Leistung.«*

Wenn Sie also einen Zugewinn größer erscheinen lassen oder Ihre Mitmenschen zu einem Verzicht bewegen wollen, dann stellen Sie immer einen relativen Bezug her. Zeigen Sie, dass andere weniger Zugewinn haben oder einen größeren Verlust. Natürlich ist die Technik des relativen Bezugs umso wichtiger, je näher uns die Personen räumlich, zeitlich und emotional sind. Was interessiert mich die Gehaltserhöhung des Gabelstaplerfahrers am Standort Dülmen, wenn ich in der Buchhaltung in Leipzig arbeite?

Weitere Anwendungsbeispiele

➤ Sie haben ein Budget rausgehandelt für Ihr Team, aber das Team wird nicht begeistert sein, weil das Budget zu gering ist. Erwähnen Sie einfach, wie viel weniger andere Teams bekommen haben.

➤ Ein Kunde verhandelt mit Ihnen verbissen um jeden Nachlass. Verschieben Sie einfach die Perspektive von absoluten zu relativen Zahlen. Anstatt über zehn Prozent Nachlass zu reden, erwähnen Sie einfach, dass Sie sich schon an der oberen Grenze der Nachlässe befinden, die andere Kunden erhalten. Sie werden sehen, wie schnell Ruhe gegeben wird.

Festgefahren – ändern Sie die Perspektive

Wenn Sie spüren, dass Argumente ständig wiederholt werden, ohne dass sich etwas bewegt und die Diskussion sich festzufahren droht, lohnt sich meist ein Perspektivwechsel. Denken Sie an den Kameramann, über den wir eingangs geredet haben und verändern Sie Bildausschnitt und Blickwinkel. Am besten fängt man erst mal bei sich selbst an. Zoomen Sie bewusst raus und betrachten Sie die Diskussion im großen Zusammenhang. Lohnt es sich wirklich, hier weiter einzusteigen? Solche Überlegungen bedeuten nicht, dass man aufgibt, und man sollte niemals aus Bequemlichkeit einlenken. Erfahrungsgemäß bedauert man das hinterher umso mehr. Wechselt man jedoch die Perspektive, entpuppt sich die ganze Angelegenheit vielleicht doch nur als Nebenkriegsschauplatz. Vielleicht kämpft man um Kleinigkeiten, bei denen man lieber nachgeben sollte, um dann bei dem eigentlich wichtigen Anliegen zu gewinnen. Selbst wenn es sich nicht um einen Nebenkriegsschauplatz handeln sollte, kann ein Perspektivwechsel bei einer erbitterten Diskussion helfen, neue Kräfte zu sammeln. Denken Sie einfach daran, wie unwichtig dieses Gespräch im Verhältnis zu dem schönen Wochenende mit Ihrer Familie ist oder wie oft Sie in der Vergangenheit solche unangenehmen Diskussionen hatten und wie schnell diese dann vergessen waren, wenn man in den Feierabend gegangen ist. Das schafft eine kleine, aber wirksame Erholung und man geht mit frisch getankter Energie in die nächste Runde.

Genauso kann aber ein Perspektivwechsel bei anderen entlarven, dass ein Problem relativ betrachtet gar nicht so groß und relevant erscheint, wenn man erst mal den Betrachtungswinkel ändert. So wollte zum Beispiel eine Mitarbeiterin ein Umstrukturierungsprojekt partout nicht unterstützen, da dies bedeutet hätte, dass sie in dieser Zeit nicht mit ihrem angestammten Team zusammenarbeiten würde. Ein Herauszoomen löste das Problem. Für sie war in dem Moment dieses Projekt der vermutete Dauerzustand. Als man sie aber darauf hinwies, dass es sich nur um maximal drei Monate handelte und sie danach wieder mit ihrem Team zusammenarbeiten würde und drei Monate nichts im Vergleich zu den fünf Jahren ihrer Betriebsangehörigkeit seien, begannen die Bedenken zu sinken. Dann zoomte man wieder hinein und wählte den richtigen Bildausschnitt. Schließlich war sie ja ausgewählt worden, eben *weil* sie so viel Erfahrung hatte. Außerdem würde sie in diesen drei Monaten viel an Erfahrung gewinnen, die sie in ihrem alten Team einbringen konnte. Spätestens da war die Mitarbeiterin vollständig überzeugt.

Ein erfolgreicher Perspektivwechsel erfolgt in vier Schritten:

1. **Gemeinsame Nenner**: Erwähnen Sie den kleinsten gemeinsamen Nenner und lassen Sie alle Beteiligten zustimmen (*»Wir wollen ja alle die Arbeitsabläufe vereinfachen, oder?«*). Eine gemeinsame Grundlage und deren allgemeine Bestätigung signalisieren Zusammengehörigkeit und schaffen eine positive Grundstimmung. Man ist nun leichter bereit den weiteren Schritten zu folgen.

2. **Betrachten im Kontext**: Stellen Sie nun Probleme und Argumente in das richtige Verhältnis. Ein Berg, den man besteigen soll, wirkt gleich viel weniger groß, wenn man ihm den Mount Everest gegenüberstellt. So wirkte die Versetzung zum Umstrukturierungsprojekt für die Mitarbeiterin weit weniger schlimm, als sie die drei Monate im Verhältnis zu ihrer fünfjährigen Betriebszugehörigkeit sah. Auf diesen sehr wirkungsvollen Trick, dass Dinge kleiner wirken, wenn wir sie etwas Größerem gegenüberstellen und natürlich auch umgekehrt, gehen wir später noch mal detaillierter ein.

3. **Visualisierung des Ziels**: Nachdem nun der gemeinsame Nenner gefunden wurde und die Herausforderung geringer ist als erwartet, sollte jetzt in kurzen Worten noch mal hervorgehoben werden, warum das alles getan wird. Malen Sie klare sprachliche Bilder, worin der Nutzen liegt. Wir wissen ja, dass es das gemein-

same Ziel nicht gibt, aber das Ziel, das man kennt, wirkt meist weniger bedrohlich als das Unbekannte. Beschreiben Sie, welche Vorteile entstehen werden und wie das Leben im Alltag aussehen wird, wenn man alles umgesetzt hat. Bleiben Sie hierbei aber klar und realistisch.

4. **Rückführung**: Und nun zoomen Sie wieder mit zügigen Schritten hinein. Die Herausforderung erscheint nun weniger groß, die Lösung umso lohnenswerter. Nun geht es nicht mehr um das Ob, sondern um das Wie.

Das Heraus- und Hineinzoomen ist in vielen Lebenslagen hilfreich. Das Leben erscheint uns viel weniger beschwerlich (und auch weniger bedeutend), wenn wir es nicht im Rahmen der wenigen Jahrzehnte betrachten, die wir auf der Erde haben. Was sind diese Jahre im Vergleich zu den Milliarden Jahren, die der Kosmos noch weiter existiert?

Bringen Sie Dinge in das richtige Verhältnis

Wie gelingt es, Menschen für eine Möglichkeit zu begeistern, die nüchtern betrachtet alles andere als attraktiv ist? Ganz einfach: verschieben Sie die Wahrnehmung!

»Verdienen Sie 60 000 Euro nicht im Jahr, auch nicht im Monat, sondern pro Tag! Ich zeige Ihnen, wie das geht!« Wer glaubt das schon? Die meisten, die bei solchen unseriösen Angeboten einsteigen, glauben nicht wirklich an die 60 000 Euro pro Tag. Das ist auch gar nicht Ziel der Aktion, denn der Betrüger fährt dann fort: *»60 000 Euro pro Tag verdienen natürlich nur Top-Leute, aber selbst wenn Sie nicht zu den Top-Leuten gehören, dann sind 1000 Euro pro Tag locker drin.«* Aha, das wirkt schon realistischer. Nüchtern betrachtet sind die 1000 Euro pro Tag zwar ebenfalls Quatsch. Aber sie wirken viel reeller, als wenn man gleich mit den 1000 Euro eingestiegen wäre. Durch den

sehr großen Betrag wurde eine Rahmung geschaffen, mit dem der andere Betrag gleich viel kleiner und somit realistischer wirkte. Das ist ein kleines Kapitel aus dem Lehrbuch von Anlagebetrügern.

Nun müssen Sie kein Anlagebetrüger sein, um diesen Effekt zu nutzen. Wenn ich potenziellen Kunden ein Projekt anbiete, kommt es, wenn die Kunden angetan sind, zu der üblichen Frage: »*Das klingt ja alles sehr interessant, aber was würde uns das kosten?*« Je nachdem, wie interessiert die Kunden sind, schaue ich dann manchmal ernst in die Runde und antworte ohne eine Miene zu verziehen: »*Naja, mit so 100 000 bis 200 000 Euro müssen Sie schon rechnen.*« Ich ernte dann immer erst mal betretenes Schweigen. Nachdem der Schock ein wenig gesackt ist, lache ich und erkläre: »*Das war nur ein Scherz. Die tatsächlichen Kosten sind viel niedriger, und zwar … *« Alles, was ich jetzt nenne, wirkt wie ein absolutes Schnäppchen. Selbst wenn die Rahmung ein Scherz war. Rational können Menschen zwischen Scherz und Realität unterscheiden. Unser Unterbewusstsein ist damit hingegen überfordert. Wahrnehmung ist relativ. Je nachdem, in welchem Zusammenhang uns Dinge präsentiert werden, beurteilen wir sie anders. Wenn Sie eine Option als besonders vorteilhaft erscheinen lassen wollen, dann sollten Sie darauf achten, in welchem Kontext Sie diese präsentieren. Ein graues T-Shirt wirkt nun mal vor schwarzem Hintergrund weiß, jedoch vor weißem Hintergrund, nun ja, einfach grau.

Diesen sogenannten **Rahmungseffekt** kennen wir alle von Streichpreisen aus dem Supermarkt. Der ursprüngliche Preis steht gut sichtbar, aber durchgestrichen neben dem neuen Angebotspreis.

Wenn zum Beispiel lediglich 39 Euro als Angebot genannt würden, dann würde das dem Kunden relativ wenig helfen, außer er kennt sich zufällig bei den Produktpreisen sehr gut aus. Da wir uns im Alltag aber maximal 20 Preise merken können und es Hunderttausende Produkte gibt, ist das eher unwahrscheinlich. Würde der ursprüngliche Preis von zum Beispiel 99 Euro genannt werden, gäbe das dem Kunden hingegen einen Referenzpunkt, also einen Rahmen. Unser Verstand orientiert sich, findet Halt und weiß, ob das Angebot wirklich günstig ist.

Zugegeben, der Streichpreis ist ein alter Hut. Er ist so alt, dass viele Unternehmen gar nicht mehr wagen, ihn zu verwenden, aus Angst, dass die Kunden den ursprünglichen Preis als einen Marketingtrick ansehen würden. Als mir vor rund einem Jahr ein Großhändler bei einer Schulung mal wieder diese Einwände vorbrachte und erklärte, dass er aus diesem Grund keine Streichpreise mehr verwende, da sie unseriös wirken würden, machte ich ihm einen Vorschlag. Er solle nur bei einem Produkt, das er derzeit im Angebot hat, das Angebotsschild ändern und einen Streichpreis anführen. Alle anderen solle er gleich lassen. Gesagt, getan. Der Umsatz dieses einen Produktes stieg um 48 Prozent an, während alle anderen Umsätze gleich blieben. Beweis erbracht. Das ist das Schöne an der Behavioral Economics. Selbst wenn wir rational wissen, dass vielleicht ein Trick dahinter steckt, lassen wir uns trotzdem beeinflussen.

Der Rahmungseffekt sorgt aber nicht nur dafür, dass uns Dinge positiver oder negativer erscheinen, als sie sind. Sie schaffen auch Sicherheit. Die Firma Thomann ist Europas größter Onlinehändler für Musikerbedarf mit mehreren Tausend Mitarbeitern und hat den Streichpreis perfektioniert. Abgesehen von sehr komfortablen Websites und einem sehr guten Service punktet das Unternehmen stets mit günstigen Preisen. Wenn Sie sich die Website einmal anschauen, werden Sie bemerken, dass dort nicht nur der Produktpreis steht, sondern stets die ursprüngliche unverbindliche Preisempfehlung, die natürlich immer etwas höher ist. Durch diese Rahmung erscheint der eigentliche Preis nicht nur geringer, er bietet zugleich Sicherheit. Um Vor- und Nachteile einer Möglichkeit zu beurteilen, treibt uns unsere innere Angst nämlich dazu, einen Halt zu suchen, und zwar indem wir einen Vergleich heranziehen. Nun sind wir ja wie gesagt gleichzeitig bequem. Wenn man dem Kunden bereits Vergleichsmöglichkeiten anbietet, spart er sich die Mühe, auf allen möglichen Konkurrenzseiten nach Vergleichspreisen zu suchen. Dass es sich hier nicht um einen wirklichen Vergleich im eigentlichen Sinne handelt, kriegt unser Unterbewusstsein mal wieder nicht mit. Thomann lässt also Preise günstiger erscheinen, was die Gier antreibt, nimmt zugleich Unsicherheit (Angst) und bietet Bequemlichkeit. Damit sind die drei Motive gezielt angesprochen.

Der Rahmungseffekt lässt sich nicht nur beim Verkauf anwenden und gehört bestimmt zu den wirkungsvollsten Effekten, wenn Sie Menschen dazu bringen wollen, aus Überzeugung das zu tun, was Sie wollen. Sie müssen nur die Rahmung entsprechend setzen, um etwas als das kleinere Übel oder als deutlich vorteilhafteren Weg erscheinen zu lassen und zusätzlich Entscheidungssicherheit zu bieten. Wenn Sie als Single Ihre Flirtchancen erhöhen wollen, sorgen Sie immer dafür, dass Sie mit jemandem ausgehen, der Sie vorteilhafter erscheinen lässt. Das erhöht nachweislich Ihre Attraktivität, ohne dass Sie etwas dafür tun müssen.

Durch diese Methode konnte ein Bekannter die Spenden für seinen Fußballverein deutlich erhöhen. Zuvor wurden die Mitglieder einmal jährlich um eine Spende in Höhe von fünf Euro gebeten. Diesmal empfahl ich einen anderen Weg. Wir verfassten folgendes Schreiben:

>»Wie jedes Jahr bitten wir auch diesmal wieder um Spenden, damit wir unseren Kindern ein schönes Fußballjahr ermöglichen können. Wir wissen, dass jeder unterschiedlich viel Geld spenden kann. Damit es für unsere Abrechnung leichter ist, bieten wir Euch eine Auswahl an, wie viel Ihr Spenden wollt. Ich bitte um Eure Antwort bis zum 12. Dezember:*

1. Ich spende 50 Euro.

2. Ich spende 20 Euro.

3. Ich spende 10 Euro.

4. Ich spende gar nichts.

Die ursprüngliche Möglichkeit, fünf Euro zu spenden, wurde gar nicht mehr erwähnt. Die erste Option mit 50 Euro war so hoch, dass sie für die meisten gar nicht infrage kam. Sie war aber nötig, um einen Vergleichsanker zu setzen (später spendete zu unserer Überraschung doch ein Mitglied 50 Euro, was zehn Spendern bei der Vorjahreshöhe von fünf Euro pro Spende entsprach). Gegenüber den 50 Euro wirkten die 10 oder 20 Euro jedoch plötzlich viel kleiner. Wem 10 Euro zu viel waren, der konnte natürlich auch gar nichts spenden, aber das war wiederum eine so negative Option (wie steht man denn da, wenn man gar nichts spendet?), dass es schon unmoralisch wirkte. Das Spendenvolumen hat sich um 364 Prozent gegenüber dem Vorjahr erhöht und der Anteil der Nichtspender ist sogar zurückgegangen. Wir haben also eine deutlich höhere und eine moralisch deutlich schlechtere Option angeboten. Diese dienten nur als Leitplanke, damit die Mitglieder ihr Spendenverhalten so ausrichteten, wie wir es wollten. Obwohl wir vier Optionen boten, war die tatsächliche Wahl viel eingeschränkter, als es wirkte. Denn es gab zwei Scheinoptionen und mit 10 und 20 Euro zwei realistische.

Die Möglichkeiten für Rahmungen sind wahnsinnig vielfältig und immer äußerst wirksam. Bevor wir uns noch einige weitere spannende Anwendungsbeispiele anschauen, hier noch mal die wichtigsten Punkte, damit der Rahmungseffekt auch wirklich funktioniert:

➤ Auch hier gilt: Versetzen Sie sich in die andere Person und definieren Sie die Optionen aus deren Sicht!
➤ Eine Option muss immer überdimensioniert sein – zum Beispiel der absolut ungünstigste Fall. Hierbei handelt es sich um eine Null-Option. Sie wird ohnehin nicht gewählt. Ihre einzige Aufgabe ist, dass ein anderes Szenario viel attraktiver erscheint.
➤ In Gesprächen schmücken Sie diese erste Extremoption ruhig ein wenig aus. Es wird oft der Fehler gemacht, diese zu schnell abzuhaken, weil wir unbewusst wissen, dass diese Option sowieso nicht gewählt wird. Damit nimmt man aber die Wirkung. Nutzen Sie die Zeit und erzählen Sie. Beschreiben Sie die Option genauer, verweilen Sie dort, bevor Sie die Alternativen aufzählen, nur so kann die Extremoption ihre volle Wirkung entfalten.
➤ Zeigen Sie maximal vier Optionen. Mehr kann unser Gehirn nicht verarbeiten, ohne den Fokus zu verlieren.

Mit ein wenig Übung werden Sie schnell instinktiv in den verschiedensten Situationen Rahmungen einsetzen. Schauen Sie selbst, wie vielseitig die Möglichkeiten sind.

Weitere Anwendungsbeispiele

➤ Sie wollen Ihren Chef davon überzeugen, Ihnen vier Wochen Urlaub im Oktober zu geben. Bitten Sie lieber um sechs Wochen im Juli, wenn die meisten Kollegen ohnehin schon Urlaub haben. Verhandeln Sie eifrig, geben dann nach und gehen zähneknirschend auf die vier Wochen im Oktober ein. Er wird Ihnen dankbar sein.

➤ Wenn Erwartungen nicht erfüllt werden können, dann übertreiben Sie in die andere Richtung. Wir alle hassen schlechte Nachrichten und lieben positive Überraschungen. Wenn Sie zum Beispiel Ihrem Partner die schlechte Nachricht überbringen müssen, dass Sie die nächsten zwei Wochen fast jeden Tag erst um 21 Uhr nach Hause kommen, dann sagen Sie lieber gleich, dass Sie die nächsten zwei Wochen garantiert nicht vor 21 Uhr nach Hause kommen werden. Nachdem die Nachricht gesackt ist und der Ärger etwas abgeflaut ist, kommen Sie mit der guten Nachricht, dass Sie doch zwei Tage früher nach Hause kommen. Das ist viel besser, als wenn sie gleich sagen würden, dass Sie bis auf zwei Tage jeden Tag erst um 21 Uhr nach Hause kommen können. (Dies funktioniert natürlich nur, wenn Ihr Partner auch froh ist, dass Sie nach Hause kommen, ansonsten sollten Sie die umgekehrte Methode verwenden.)

➤ Sie brauchen in Ihrem Verein noch einen Freiwilligen für die Weihnachtsfeier, der an der Kasse sitzt. Erklären Sie am besten, welche Aufgaben derzeit die anderen Freiwilligen machen und wie viel Zeit die aufopfern. Dann wirkt die Bitte, an der Kasse zu sitzen, gleich ganz harmlos.

Vorsicht! Die Sache kann auch nach hinten losgehen. Wenn Sie seriöser wirken wollen, ist es keine gute Idee, sich mit halbseidenen Typen zu umgeben, nur um den Kontrast besser hervorzuheben. Wer mit Langweilern zusammen ist, wirkt gegenüber anderen deswegen nicht gerade interessanter, und wer sich mit geistigen Tieffliegern umgibt, wirkt nur in den seltensten Fällen klug. Rahmung ist eine

153

sehr wirksame Methode, aber achten Sie darauf, dass der Rahmen nicht auf das Bild abfärbt.

Beseitigen Sie Entscheidungshemmer

»Wir hatten nicht genügend Zeit.« »Darüber müssen wir noch mal schlafen.« »Das kann man jetzt so nicht über den Zaun brechen.« Wir alle kennen diese Sätze, die eigentlich nichts anderes sagen als *ich will mich nicht entscheiden.*

Entscheidungen sind anstrengend für unser Gehirn. Dabei sind wir zusätzlich im Alltag einer unendlichen Informationsflut ausgesetzt. Unser Gehirn hat aber nur eine relativ begrenzte Verarbeitungskapazität und muss mit diesen limitierten Ressourcen haushalten. Dies ist der Grund, wieso wir nicht gleichzeitig konzentriert reden und zuhören können. Was, wenn man es genauer bedenkt, im Grunde ein Segen ist.

Unsere Ressourcen sind also begrenzter, als wir glauben. Dabei kosten Entscheidungen Energie, und je weniger Ressourcen dem Gehirn zur Verfügung stehen, desto mehr versucht es, Entscheidungsprozesse zu vereinfachen. Welche Auswirkungen dies haben kann, zeigt eine im Jahr 2011 veröffentlichte Studie der Psychologen Danziger, Levav und Avani-Pesso. Sie führten ihre Untersuchungen an einem israelischen Berufsgericht durch, in einem Umfeld also, wo Entscheidungen von Personen gefällt werden, die über Jahre gelernt haben, jegliche persönlichen, menschlichen Einflussfaktoren auszuschließen. In einem Zeitraum von zehn Monaten wurden 1112 Urteile über vorzeitige Haftentlassung, die von acht unterschiedlichen Richtern gefällt wurden, untersucht. Dabei zeigte sich ein interessantes Phänomen, wie in der nachfolgenden Tabelle zu sehen ist. Die Chancen auf eine vorzeitige Haftentlassung waren am höchsten beim ersten Fall am Morgen und beim ersten Fall nach der Mittagspause. Die Chancen für den Verurteilten, vorzeitig freizukommen, sanken im Verlaufe des Verhandlungsvormittags auf gerade mal 15 bis 20 Prozent. Beim letzten Fall waren die Chancen eines Delinquenten auf ein Sechstel der Chancen des ersten Verurteilten des Tages gesunken.

Zeitpunkt der Verhandlung	Anteil der vorzeitigen Haftentlassungen
Erster Fall am Morgen	65 %
Letzter Fall vor dem 2. Frühstück	15 %
Letzter Fall vor der Mittagspause	20 %
Erster Fall nach der Mittagspause	60 %
Letzter Fall am frühen Nachmittag	10 %

Man untersuchte sämtliche Einflussfaktoren, zum Beispiel, ob es ein bestimmtes Schema gab, in welcher Reihenfolge die Fälle dem Gericht vorgelegt wurden, ob gewisse Anwälte häufiger zu gewissen Uhrzeiten plädierten oder ob schwere Fälle bevorzugt zu gewissen Tageszeiten abgehandelt wurden. Hier konnten keinerlei verzerrende Beeinflussungen festgestellt werden. Das Phänomen zog sich konsequent durch.

Die Autoren der Studie versuchten sich dieses Phänomen wie folgt zu erklären: Die Entscheidung auf Haftentlassung ist eine Entscheidung gegen den Ist-Zustand und ist entsprechend anstrengend, da diese genauer gerechtfertigt werden muss. Im Laufe des Tages wird das Gehirn müder und die Entscheidung gegen den Ist-Zustand wird entsprechend anstrengender, wodurch die Wahrscheinlichkeit für eine Haftentlassung sinkt. Wenn das Gehirn müde ist, kopiert es zudem vorhergegangene Entscheidungen, was zusätzlich die Wahrscheinlichkeit steigen lässt, dass gegen eine Haftentlassung entschieden wird. Daraus lernen wir zwei Dinge. Erstens wissen Sie jetzt, wie

Ihre Chancen stehen, wenn Sie vor Gericht stehen. Schauen Sie einfach auf die Uhr. Zweitens: Wenn Sie bei anderen Entscheidungen herbeiführen wollen, die Denkarbeit benötigen, vielleicht weil sie gegen den Ist-Zustand sind, sollten Sie einen Termin als Erstes am Morgen oder direkt nach der Mittagspause ermöglichen. Planen Sie also Besprechungen oder Gespräche entsprechend.

Auch die Anzahl der uns zur Verfügung stehenden Optionen kann sich auf das Entscheidungsverhalten auswirken. Je größer die Auswahl ist, die uns zur Verfügung steht, umso größer ist die Anstrengung für unser Gehirn. Dies führt zu einem scheinbar paradoxen Effekt: Mehr Entscheidungsoptionen erhöhen die Wahrscheinlichkeit, dass gar keine Entscheidung getroffen wird. Dies ist ein typischer Verkäuferfehler; statt die Entscheidungen zu limitieren, werden dem Kunden immer mehr Produkte gezeigt, bis er entnervt aufgibt und geht. Sinnvoller ist es, die Produktauswahl auf ein Minimum zu reduzieren, sodass die Informationen vom Kunden verarbeitet werden können und er nicht vor der Entscheidung flüchtet. Das haben wir ja bereits beim Rahmungseffekt gesehen. Der würde kaum funktionieren, wenn Sie 20 Möglichkeiten präsentieren würden.

Dummerweise passiert genau das, wenn Kollegen Angst haben, sich zu entscheiden. Es wird noch eine Möglichkeit rangeholt und noch eine weitere Variante. Dabei vergrößert man das Dilemma nur. Das Problem liegt nämlich woanders. Nicht nur sind Entscheidungen anstrengend. Sie machen uns auch Angst, und das gleich doppelt! Einerseits geht man mit jeder Entscheidung ein Risiko ein. Man begibt sich in eine unbekannte Situation und legt sich auf diese fest. Da wirkt die Möglichkeit, erst mal alles zu vertagen und die Komfortzone nicht zu verlassen, gleich viel attraktiver. Außerdem bedeutet jede Entscheidung, dass man auf alle Fälle etwas verliert. Nämlich die Option, für die man sich nicht entscheidet. Wenn Sie zwischen einem BMW und einem Audi entscheiden müssen, werden Sie entweder den schönen BMW oder den wundervollen Audi verlieren.

Ziemlich dumme Sache. Deswegen kriegen so viele vor der Hochzeit kalte Füße. Man verliert ja all die anderen Möglichkeiten.

Jede Entscheidung birgt in sich Gewinn und Verlust zugleich. Dies ist für unser Gehirn oft schwer zu verarbeiten, wodurch wir beginnen Entscheidungen aufzuschieben. Halten Sie mal einem Kind zwei verschiedene Schokoriegel hin, die es gerne mag, und stellen Sie die Frage, welchen von beiden es haben möchte. Sie können das Dilemma in den Augen sehen. Egal welchen Schokoriegel es wählt, es wird immer einen verlieren. Sie erleben eine Entscheidungsblockade in ihrer reinsten Form. Wir Erwachsenen sind da nicht viel anders, auch wenn es leider nicht mehr nur um Schokoriegel geht.

Die einfachste Methode, um Ängste zu nehmen, ist die Entscheidung auf Probe. Wenn Sie eine neue Sitzordnung im Büro einführen wollen, dann machen Sie das nicht endgültig. *»Wir probieren das einfach mal aus. Nur für zwei Wochen, dann können wir es uns ja noch mal überlegen.«* Die Entscheidung fällt leichter, weil sie nur »vorübergehend« und eben nicht unumkehrbar ist. Da wir uns aber an Situationen schnell gewöhnen, wird die neue Situation bald zum neuen Ist-Zustand und Sie werden überrascht sein, welche Widerstände es bei vielen plötzlich gibt, wenn man den Urzustand wiederherstellen möchte. Bei der Einführung einer neuen Software suchen Sie sich einige ausgewählte Kandidaten und lassen Sie diese die Software vorübergehend »testen«. Am Anfang wird gemeckert und geschimpft. Nach wenigen Wochen will man nicht mehr anders arbeiten. Das Onlineversandhaus Zalando hat mit der Entscheidung auf Probe den kompletten Markt aufgerollt. Schuhe bestellen und bei Nichtgefallen binnen 100 Tagen zurückgeben! Da ist ja so gut wie kein Risiko dabei!

Es gibt jedoch viele Situationen, bei denen eine Entscheidung auf Probe nicht funktioniert (versuchen Sie mal, auf Probe Kinder zu bekommen) oder wo selbst die Entscheidung auf Probe noch ein erhebliches gefühltes Restrisiko birgt. In solch einem Fall muss man einfach dafür sorgen, dass sich nicht zu entscheiden einen größeren Verlust bringt, als wenn man sich entscheidet.

Nehmen wir noch mal das Beispiel Schokoriegel. Das Verlustszenario ist jedem Kind sofort schmerzlich bewusst. Egal welchen Riegel es wählt, es verliert den jeweils anderen. Aus dieser Perspektive kann es gar nicht gewinnen. Die Entscheidung wird erheblich erleichtert, wenn wir ein Totalverlustszenario einbauen. Man erklärt, dass man bis zehn zählt, hat es sich bei zehn noch nicht entschieden, wird es keinen von beiden Schokoriegeln bekommen, sondern man isst beide selbst auf. Plötzlich fällt das Kind die Entscheidung in rasanter Geschwindigkeit. Dieses Beispiel soll Sie bitte nicht dazu verleiten, an den armen Kindern psychologische Experimente vorzunehmen. Wer aber selbst Kinder hat oder haben wird, kann diesen Effekt nutzen, um die leidige Diskussion, welche Jacke angezogen wird, um auf den Spielplatz zu gehen, deutlich verkürzen: Nach einer Reduzierung der Entscheidungsoptionen (»*Welche Jacke willst du anziehen, die grüne oder die blaue?*«) wird zusätzlich die Möglichkeit des Totalverlusts eingebaut (»*Wenn du dich nicht entscheidest, bis ich bis fünf gezählt habe, gehen wir gar nicht zum Spielplatz*«). Das spart Zeit und Nerven und unter dem Strich sind alle glücklich. In der Unternehmenspraxis muss man die Option des Totalverlusts im Falle einer Entscheidungsverzögerung natürlich etwas eleganter einbringen. Wenn Sie ein neues Marketingkonzept konzipieren wollen, wäre die Totalverlustoption, gar kein Marketingkonzept umzusetzen, wenig sinnvoll. Man kann aber einen deutlich größeren Verlust gegenüberstellen, wenn das Unternehmen sich nicht entscheidet oder die Entscheidung aufgeschoben wird. Das könnte sein, dass Sie die Verantwortung für den Bereich entziehen. Budgets kürzen oder ganz einfach eine Kultur im Unternehmen schaffen, wo Nicht-Entscheidungen als verwerflich angesehen werden. Das Ego ist immer noch der größte Treiber. In Unternehmen, wo Chefs ihre Angestellten dafür loben, dass sie diese Entscheidungen zum x-ten Mal aufschieben, weil diese noch mal *durchdacht* werden müssen, werden natürlich keine Entscheidungen getroffen. In Teams, wo solche Aussagen aber Stirnrunzeln hervorrufen und tatkräftige Entscheidungen gelobt werden, kriegt das Ego aus der richtigen Richtung seine Bestätigung.

Übrigens noch ein Tipp, wenn Sie Personalverantwortung haben. Entscheidungen können nur gefällt werden, wenn es eine positive Fehlerkultur gibt. Strafen Sie also nicht Fehlentscheidungen ab. Denken Sie immer daran, dass eine Entscheidung besser ist als gar keine, und wo gearbeitet wird, fallen auch mal Späne!

Weitere Anwendungsbeispiele

➤ Diskutieren Sie nicht lange über Urlaubsziele mit Ihrer Familie. Zeigen Sie die drei besten, die Sie »nach langer und intensiver Recherche« finden konnten.

➤ Wenn Sie in Ihrem Unternehmen eine neue Mitarbeiterin einstellen wollen, dann präsentieren Sie Ihren Kollegen maximal zwei Kandidatinnen. Lassen Sie jede Kandidatin von einem Mitarbeiter Ihrem Team präsentieren (die Kandidatinnen dürfen nicht persönlich anwesend sein). Der Mitarbeiter, dessen Stimme das geringste Gewicht hat, vielleicht weil er unsympathisch ist oder als inkompetent gilt, lassen Sie den Kandidaten vorstellen, den Sie nicht haben wollen. Der andere Kandidat wird vom Top-Mitarbeiter präsentiert und Sie werden die neue Kollegin bekommen, die Sie sich vorgestellt haben.

➤ Wenn es viele Entscheidungsoptionen gibt, dann bilden Sie ein Kompetenzteam. Lassen Sie dies maximal drei Entscheidungen rausfiltern und dann den Kollegen vorlegen. Damit erhöhen Sie die Entscheidungskraft der Kollegen erheblich.

Lassen Sie andere sich selbst überzeugen

Manche Menschen sind erst gar nicht so überzeugt, reden sich dann aber immer mehr selbst etwas ein, bis sie gar nicht mehr von dieser Meinung abzubringen sind und fanatischer wirken als alle anderen. Diesen Effekt wollten wir einmal genauer untersuchen und sehen, wie sich dieser konkret in der Praxis anwenden lässt. Wir wollten herausfinden, wie stark sich eine verbal geäußerte Meinung auf die tatsächliche innere Überzeugung auswirkt. Dafür führten wir in mehreren Studentengruppen Diskussionen zum Thema Todesstrafe durch. Jeder Student erhielt zwei Zettel jeweils mit der Frage, ob sie für oder gegen die Todesstrafe seien. Die beiden Zettel hatten die jeweils identische Nummer, damit wir die Zettel einander zuordnen konnten, da die Nummern aber sonst willkürlich waren, blieben die Antworten der Studenten für uns anonym. Ein Zettel sollte vor und einer nach der Studie ausgefüllt werden. Damit wollten wir testen, ob sich die Meinung während der Studie verändert hat.

Wir baten also am Vortag vor einer Diskussionsrunde zu dem Thema auf dem ersten Zettel anzukreuzen, ob sie grundsätzlich die Todesstrafe befürworteten oder ablehnten. Die deutliche Mehrheit war gegen die Todesstrafe. Am nächsten Tag teilten wir die Studenten in zwei gleich große Gruppen auf, unabhängig von ihrer Einstellung. Die eine Gruppe sollte nur für die Todesstrafe argumentieren, die andere dagegen. Natürlich mussten viele, die am Vortag gegen die Todesstrafe gestimmt hatten, nun gegen ihre Überzeugung plädieren. Dennoch kam nach einiger Zeit eine heftige Diskussion in Gang. Am Ende der Diskussion wurden die Teilnehmer gebeten, nun den zweiten Stimmzettel auszufüllen und abzugeben. Die Ergebnisse waren überwältigend. Hatte sich vor der Diskussion eine deutliche Mehrheit gegen die Todesstrafe ausgesprochen und waren nur 15 Prozent dafür, war der Anteil der Befürworter nach der Diskussion auf fast 40 Prozent angestiegen. Was war passiert? Unter denen, die von Anfang an die Todesstrafe ablehnten und auch dagegen argumentiert hatten, hatte niemand das Lager gewechselt. Jedoch hatten viele der ursprünglichen Gegner, die für die Todesstrafe plädieren mussten, nun tatsächlich die Seiten gewechselt. Sie hatten sich also selbst überzeugt und zu Befürwortern gemacht.

Das aus der Psychologie bekannte Konsistenzprinzip besagt, dass wir unbewusst nach einer Übereinstimmung, also Konsistenz, zwischen unserer Überzeugung, unserem Reden und unserem Handeln streben. Inkonsistenz kann zu erheblichen Spannungen bis hin zu extremen psychologischen Belastungen führen. Wenn uns klar wird, dass unser Handeln nicht mit unserer Überzeugung oder unserem Gesagten übereinstimmen, dann versuchen wir instinktiv wieder eine Balance herzustellen.

Genauso ist es den Studenten ergangen, die die Seite gewechselt hatten. Selbstverständlich wussten sie am Anfang, dass ihre Position zur Todesstrafe nur Teil eines Rollenspiels war. Diese Trennung kann unser Gehirn aber nicht lange vornehmen und versucht schnell, die Konsistenz zwischen Überzeugung und Reden wiederherzustellen. Da das Reden in dem Versuch nicht verändert werden konnte, musste eben die Überzeugung angepasst werden.

Diesen Effekt kann man wundervoll nutzen: Bringen Sie Menschen dazu, bevorzugt vor anderen jenseits ihrer eigenen Überzeugung zu argumentieren. Dann braucht es nur noch einen kleinen Stups und auch deren Meinung dreht sich und passt sich dem eigenen Reden an.

Um Widerstände zu überwinden sollten Sie also andere Ihre Position beschreiben lassen. Bitten Sie gezielt darum die positiven Aspekte und Vorteile einmal darzustellen. Die negativen sollten Sie natürlich nicht erwähnen lassen, denn sonst verfestigen sich diese. Menschen dazu zu bringen, sich auf die positiven Dinge zu beziehen, ist recht einfach: *»Die negative Seite haben Sie ja schon genannt. Aber es gibt ja* *durchaus positive Dinge. Könnten Sie einfach mal aus Ihrer Sicht die positiven Aspekte beschreiben, natürlich rein hypothetisch?«* – Wenn die Person immer noch zögert, dann kommen Sie ihr auch entgegen und nennen die positiven Aspekte der Gegenseite. Man sollte es nur nicht übertreiben. Nun ist der andere dran und soll die Vorteile Ihrer Position darstellen. Damit haben Sie eine Situation des Gebens und Bekommens. Sie zollen deren Gegenposition ebenfalls Respekt, da aber Ihr eigentliches Argument von Ihrem Gesprächspartner als Letztes positiv beleuchtet wird, bleibt dies hängen. Aber Vorsicht, man sollte nicht in die eigene Falle tappen, nicht dass Sie sich versehentlich selbst von der anderen Position überzeugt haben. Das ist schon dem einen oder anderen passiert.

Wenn Sie also Ihre Mitmenschen dazu bringen wollen, nicht nur Ihren Argumenten zuzustimmen, sondern wirklich daran zu glauben und später auch dementsprechend zu handeln:

> ➤ Lassen Sie Ihre Mitmenschen die positiven Aspekte selbst formulieren.
> ➤ Betonen Sie, dass es sich nur um ein Gedankenspiel handelt, und bleiben Sie im Hypothetischen. Das senkt die Barrieren andere Positionen zu argumentieren, das Gehirn macht aber später keinen Unterschied mehr zwischen Hypothetischem und Realem (wie beim Beispiel der Todesstrafe).
> ➤ Bitten Sie konkret um Beispiele und nutzen Sie die Macht der Visualisierung, indem Sie bitten, Bilder hinzuzuziehen und Szenarien auszuschmücken.
> ➤ Wenn Sie Ergebnisse präsentieren, lassen Sie Zuschauer offensichtliche Erkenntnisse in eigene Worte fassen.

Weitere Anwendungsbeispiele:

➤ Sie möchten Ihren Partner von einem Irlandurlaub überzeugen. Er möchte lieber an den Strand in die Türkei. Bitten
Sie ihn einfach mal um ein Gedankenspiel. Lassen Sie ihn in
eigenen Worten beschreiben, wie denn aus seiner Sicht ein
optimaler Irlandurlaub, natürlich rein hypothetisch, aussehen würde. Fragen Sie nach und ermutigen Sie ihn, auszu-
schmücken. Nutzen Sie auch die Macht der Bilder: Zeigen Sie
Bilder aus dem Katalog und lassen Sie ihn beschreiben, was
ihm besonders gut gefällt. Wie bei der Todesstrafe wird nach
einiger Zeit der Punkt erreicht sein, wo Sie sein Handeln (das
Buchen der Reise) nur noch dem Gesagten durch einen kleinen Stups anpassen müssen.

➤ Ein Geschäftspartner bittet am Ende eines Gesprächs Kunden immer darum, mal in eigenen Worten zu formulieren,
wie sie das Produkt einsetzen würden, wenn sie es denn
nehmen würden, und welche Vorteile es ihnen bringen würde. Danach ist die Vertragsunterschrift meist nur noch reine
Formsache.

➤ Sie möchten, dass Ihre Mitarbeiter eine neue Software einsetzen. Bitten Sie sie darum zu beschreiben, welche Vorteile
sie davon hätten, natürlich wieder nur hypothetisch. Haken
Sie bei den Vorteilen nach und lassen Sie sich diese mit Beispielen unterlegen.

➤ Sie wollen Ihren Zuhörern die Erkenntnis einimpfen, welches
Team laut Ihrer Analyse am besten gearbeitet hat: »*Wenn Sie
nun die Balkendiagramme sehen, welche Abteilung hat Ihrer
Meinung nach am erfolgreichsten gearbeitet?*« Die Antwort ist
zwar offensichtlich, aber dadurch, dass die Person die Antwort selbst gibt, wird dies eher als Wahrheit empfunden, als
wenn es nur »*vorgebetet*« worden wäre.

So können Sie ein ganzes Team drehen

Diese Methode lässt sich noch verfeinern, um die Überzeugung ganzer Teams innerhalb kurzer Zeit zu drehen.

So verstand ein verdienter Mitarbeiter die Welt nicht mehr. Mit seinen fast 50 Jahren war er jahrelang eine hoch angesehene Führungskraft in dem Ingenieurunternehmen gewesen und hatte maßgeblich zum schnellen Wachstum beigetragen. Er galt als sehr engagiert und seine Mitarbeiter schätzten ihn, weil sie sich bei Problemen stets vertrauensvoll an ihn wenden konnten. Ausgewogen und fair versuchte er Lösungen für »seine« Leute zu finden. Selbst wenn ihm das mal nicht gelang, so war er offen für Kritik und versuchte es in Zukunft besser zu machen. Er war schlichtweg eine Führungskraft, wie man sie sich wünscht. Nun konfrontierte ihn eines Tages der Vorstand plötzlich mit einer Liste von Beschwerden über seinen Führungsstil. Er war völlig sprachlos. Ihm wurde ein umfassender Bericht präsentiert, mit lauter Mitarbeiterzitaten, die dokumentierten, wie unzuverlässig er sei, dass er für seine Mitarbeiter nicht da sei und sich illoyal dem Unternehmen und dem Vorstand gegenüber verhalten hätte. Was war passiert? Wie konnte es sein, dass jene Mitarbeiter, die ihn eigentlich jahrelang als eine der fähigsten Führungskräfte bezeichnet hatten, sich nun plötzlich so negativ über ihn äußerten? Hatten die Mitarbeiter gelogen, war es eine Intrige? So viel sei gesagt, die Mitarbeiter hatten nicht gelogen. Er war aber dem Ego eines Vorstands auf die Füße getreten. Jener Vorstand hatte es nun verstanden, recht geschickt die Meinung des Teams zu seinen Gunsten zu drehen.

Die Gelegenheit bot sich, als sich eine Mitarbeiterin bei einer Projektvergabe übergangen fühlte. Sie konnte beim besten Willen nicht glauben, dass sie möglicherweise wegen mangelnder Fähigkeiten nicht berücksichtigt worden war. Nein, sie war der Meinung, dass es daran lag, dass die besagte Führungskraft sie nicht mochte. Schuld sind ja bekanntlich immer die anderen. Dies war nun der willkommene Anlass für den Vorstand aktiv zu werden. Er suchte gezielt Vier-Augen-Gespräche mit anderen Mitarbeitern des Teams. Jedes Gespräch eröffnete er durch Einsatz des Herdentriebs: Er erzählte, dass sich mehrere Kollegen über den Führungsstil des besagten Vorgesetzten beschwert hätten und er dies als Vorstand untersuchen müsse. Dann nahm er gleich mögliche Bedenken. Es gehe nicht darum, jemanden zu diskreditieren, sondern ihm zu helfen, sich zu verbessern. Die Mitarbeiter sollten ja nur mögliche Verfehlungen nennen, die sie beobachtet hätten, auch wenn sie noch so klein wären, damit alle davon lernen könnten. Es sei ja im Interesse der anderen Mitarbeiter. So wurde gemeinsam gegrübelt, und wen wundert es, natürlich fand sich immer etwas. Die wohlwollende Reaktion des Vorstands bei jeder Aussage zeigte den Mitarbeitern, dass sie sich richtig verhielten und die Erwartungen erfüllten. Die Mitarbeiter hatten kein schlechtes Gewissen, denn sie taten es ja für die Allgemeinheit. So wurde ein »*Vorfall*« nach dem anderen gefunden. Eine spätere Rekonstruktion zeigte, dass diese selbstverständlich oft aus dem Zusammenhang gerissen waren, aber darum ging es ja nicht. Die Einzelaussagen aller Mitarbeiter wurden wie Mosaiksteine zu einem neuen Bild zusammengesetzt und plötzlich war aus der einstmals vorbildlichen Führungskraft ein fürchterlicher und verantwortungsloser Tyrann geworden, der auf seinen Mitarbeitern nur so herumtrampelte.

Wir neigen dazu, gegenüber anderen das zu äußern, was sozial erwünscht ist. Also wovon wir denken, dass es von uns erwartet wird. Lediglich wenn jemand von sich glaubt, ein Rebell zu sein, wird er sich allen Aussagen widersetzen. Aber die Mehrheit der Menschen will gefällig sein. Ein behutsames Signalisieren, welche Aussagen erwünscht sind, führt dazu, dass die Gefragten bereitwillig und teils mit großem Eifer die gewünschten Aussagen liefern. Die harmlose Variante erleben Markt- und Sozialforscher in Umfragen. Es werden die Antworten gegeben, von denen der Befragte glaubt, dass man diese hören will. Eine Befragung, die mit der Einleitung beginnt »*Wir möchten messen, wie tolerant die Deutschen gegenüber Minderheiten sind*« ergibt viel tolerantere Aussagen als eine Befragung, die mit den Worten beginnt: »*Wir möchten die ehrliche Meinung der Deutschen zu Minderheiten hören.*«

Im Fall der Führungskraft wurde dieser Effekt der sozialen Erwünschtheit gezielt eingesetzt, indem der Vorstand sagte, dass es ja um ein besseres Arbeitsklima im Sinne aller gehe. Die Antworten waren entsprechend sozial erwünscht. Später führte das uns bereits bekannte Konsistenzprinzip dazu, dass die Mitarbeiter ihre Meinung ihrer Aussage unbewusst anpassten, und schon war der böse Vorgesetzte geboren.

Nicht nur in Unternehmen, sondern auch in totalitären Staaten wurden so schon unzählige Menschen unbewusst zu Denunzianten. Wir wollen aber weder Denunziation Vorschub leisten noch Mitarbeiter diskreditieren. Diese Methode lässt sich jedoch gezielt einsetzen, um einen Meinungswandel von mehreren Kollegen oder ganzen Teams zu bewirken, und zwar so, dass die Veränderung von innen und somit aus voller Kraft der Überzeugung kommt:

> ➤ Bitten Sie Mitarbeiter in Einzelgesprächen um eine Aussage zu einem Thema.
> ➤ Signalisieren Sie zuvor subtil, was erwartet wird, zum Beispiel: »*Sie wissen ja, wie wichtig Kostenersparnis ist*« (soziale Erwünschtheit).
> ➤ Bestätigen Sie dann bei jeder Aussage, wie hilfreich diese sei und ermutigen Sie somit zu mehr (Bestätigung der sozialen Erwünschtheit).
> ➤ Fassen Sie die Aussagen in knappen, unverfänglichen Sätzen zusammen und lassen Sie sich bestätigen, ob diese dem entsprechen, was gemeint war (doppelte Bestätigung verstärkt die Aussage).

➤ Später setzen Sie aus den verschiedenen Aussagen mosaikartig ein neues Gesamtbild zusammen. Dabei können die einzelnen Aussagen auch aus dem Zusammenhang genommen oder verallgemeinert sein. Lassen Sie die Kollegen diese Aussagen noch mal bestätigen und wiederholen.

Da diese Methode sehr subtil ist, ist es recht schwierig, sich dagegen zu wehren. Durch folgende Schritte gelingt dies dennoch:

➤ Wenn man Sie um eine Aussage bittet, achten Sie darauf, ob man eine Tendenz vorgegeben hat, was man hören möchte. Fragen Sie dann direkt, ob der Eindruck täuscht, dass gewisse Tendenzen bei der Aussage gewünscht sind. Automatisch rudert ihr Gegenüber zurück und wird dies verneinen. Ein weiterer Einsatz der sozialen Erwünschtheit kostet die meisten dann viel Überwindung.
➤ Machen Sie klar, dass Ihre Aussagen bitte vertraulich sind.
➤ Wenn Ihre Zitate dazu verwendet werden, ein Bild zu zeichnen oder eine Meinung zu stützen, die Sie im Grunde nicht unterstützen, oder wenn sie in einem anderen Zusammenhang wiedergegeben werden, als es gemeint war, dann sollten Sie das auch klarstellen. Nutzen Sie die Chance, zu verdeutlichen, was Sie wirklich meinen. Sie sind es sich und den Kollegen schuldig.

Wen interessieren schon Zahlen?

Wir haben die Macht der Zahlen bereits gesehen, als es darum ging, Recht zu haben. Wenn Sie aber nicht nur Recht haben wollen, sondern zusätzlich auf eine nachhaltige Umsetzung abzielen, dann sollten Sie sich nicht auf Zahlen, sondern auf Bilder verlassen. Denn Zahlen sind Sachargumente, Bilder hingegen sprechen uns auf der emotionalen Ebene an und das verleitet zum Handeln.

Die Psychologen Deborah Small, Paul Slovic und der uns bereits bekannte George Loewenstein haben 2007 die Auswirkung von Zahlen und Bildern auf die tatsächliche Umsetzung getestet. Testpersonen wurden losgeschickt, um Spenden für Dürreopfer in Afrika zu sammeln. Es handelte sich um eine reelle Spendenaktion. Ein Teil der Spendensammler bekam Zahlen zur Hungersnot, den betroffenen Personen und dem durchschnittlichen Vitaminmangel in Afrika. Der zweite Teil der Spendensammler erhielt keine Zahlen, sondern nur ein Foto von Rokia, einem Mädchen aus Sambia, dem der Hungertod drohte.

Die Personen, denen die Zahlen vorgelegt wurden, spendeten durchschnittlich 1,14 US-Dollar. Diejenigen, die das Foto von Rokia sahen und ihre Geschichte hörten, spendeten hingegen im Schnitt 2,38 US-Dollar, also mehr als doppelt so viel. Das Bild und die Geschichte waren also deutlich wirksamer als blanke Fakten. Dann wurde es aber erst richtig interessant. In einem dritten Versuch wurden alle Argumente zusammen präsentiert. Erst wurde Rokias Bild gezeigt und ihre Geschichte erzählt, um dann das Gezeigte zusätzlich mit Fakten und Zahlen zur Hungersnot in Afrika zu unterfüttern. Das überraschende Ergebnis war, dass diese Gruppe deutlich weniger spendete als jene, denen nur das Foto und die Geschichte zur Verfügung gestellt wurde, nämlich 1,43 US-Dollar.

Emotionen steigern die Wahrscheinlichkeit und die Intensität des Handelns, die nachgeschobenen Zahlen bei der letzten Gruppe haben das logische Handeln wieder eingeschaltet, und das bremst das Handeln wieder aus. Nutzen Sie also das Auge und das Herz, nicht jedoch den Verstand. Schaffen Sie Bilder und Visionen und lassen Sie diese wirken, verwässern Sie es nicht durch unnötige Fakten. Wer in Bildern redet, bewegt mehr.

Bilder müssen deswegen nicht unbedingt immer in großen Visionen daherkommen, die ein Kopfkino entfachen, wie die nachfolgenden Beispiele zeigen:

Weitere Anwendungsbeispiele

➤ Skizzieren Sie Konzepte und Zusammenhänge am Flipchart oder auf einem Blatt Papier. Besser als sterile PowerPoint-Folien sind live gezeichnete Bilder, selbst wenn Sie keine Designer-Preise gewinnen. Denn unser Verstand kann sich besser mit Bildern identifizieren, die er entstehen und wachsen sieht.

➤ Lassen Sie Ideen anderer, die Sie gut finden, anzeichnen. Ideen, die Sie hingegen nicht unterstützen, lassen Sie nicht skizzieren, sondern mit Zahlen untermauern.

➤ Wenn Sie Folien verwenden, dann reduzieren Sie Zahlen und arbeiten mit deutlichen Bildern. Zeigen Sie zum Beispiel die Kundenzufriedenheit nicht nur durch eine Kurve, sondern auch durch ein Foto von glücklichen beziehungsweise unglücklichen Kunden oder noch besser mit einem kleinen Video von einem Kundeninterview.

Nutzen Sie den Zwang zur Ver…

Stört Sie der Titel dieses Kapitels? Was unvollständig ist, irritiert uns, manche macht es regelrecht aggressiv. Es ist dieser Zwang zur Vervollständigung, der uns nervös macht. Wir schalten in irgendeine Seifenoper ein, von der wir noch nie etwas gehört haben, schauen diesen Blödsinn an und dann in der letzten Szene: Schnitt – und wie es weitergeht, erfahren wir erst morgen. Schon sind wir angefixt, denn das Bild ist nicht vollständig, und schalten am nächsten Tag wieder ein.

Dinge, die unvollständig sind, egal ob es sich um Informationen oder Aufgaben handelt, vermitteln Unsicherheit, beschäftigen unser Hirn unbewusst weiter und verursachen regelrecht Stress. Deswegen ist permanentes Verschieben, die sogenannte Prokrastination, ein enormer

Stressfaktor. Denn eine der Folgen des Vervollständigungszwangs ist es, dass wir uns permanent bewusst oder unbewusst immer wieder mental mit den Dingen beschäftigen, die wir nicht erledigt haben. Je mehr Angelegenheiten unerledigt sind, umso mehr beschäftigt sich unser Hirn damit, wird zunehmend abgelenkt und erschöpft.

Andererseits setzt das Vervollständigen in unserem Hirn einen Belohnungsmechanismus in Gang – es macht uns einfach Freude, wie ein Puzzle, das komplettiert wird. Dies gilt besonders dann, wenn der Akt der Vervollständigung zwar ein wenig Mühe bedarf, aber zugleich nicht so viel Aufwand, dass wir ermüden. Vervollständigung macht Spaß, sie sollte nur nicht zu schwierig sein. Dieser Effekt lässt sich ganz gezielt in zwei Varianten einsetzen.

Wenn Sie andere für ein Vorhaben begeistern wollen, dann rattern Sie nicht gleich alles runter und stellen dadurch die Menschen vor vollendete Tatsachen, sondern entfalten Sie Ihre Pläne wie eine Seifenoper. Erzählen Sie stückweise, unterbrechen dann und führen zu einem späteren Zeitpunkt das Gespräch weiter. Schweifen Sie einfach zwischendurch ab. Dieser Prozess kann sich auch gerne über mehrere Tage hinziehen. Passen Sie einen Kollegen zum Beispiel in der Kaffeeküche ab. *»Ich hätte da eine wundervolle Idee, wie wir Geld sparen können, und das ohne große Probleme. Du kennst doch die Drucker im Erdgeschoss? Lass uns darüber mal beim Mittagessen reden.«* Beim Mittagessen erklären Sie dann ein paar Ansätze, verweisen aber gleich auch auf ein Problem, aber dass Sie dafür schon eine Lösung hätten, dafür bräuchten Sie aber ein wenig mehr Zeit zusammen. Sie halten einen Spannungsbogen aufrecht, der dafür sorgt, dass die Personen immer mehr wissen wollen und dankbar sind für das nächste Puzzlestück. Der Zwang zur Vervollständigung führt dazu, dass Ihre Mitmenschen für das Puzzlestück selbst dankbar sind und deswegen die Neigung geringer ist, zu hinterfragen, ob das Puzzlestück wirklich so sinnvoll ist. Das ist umso wirksamer, je mehr Antwortmöglichkeiten es gibt, also je größer die Unsicherheit ist.

Die Logik der Vervollständigungstechnik ist ebenso wie eine Seifen-oper sehr simpel aufgebaut und funktioniert mit durchschlagendem Erfolg. Auf ein Problem oder einen Konflikt folgt einige Zeit später eine scheinbar befriedigende Lösung. Das löst den Spannungsbogen erst mal auf, dann folgt aber gleich ein weiteres Problem, das sich aus der Lösung ergibt. Hier folgt der nächste Schnitt und nach einer weiteren zeitlichen Unterbrechung lösen Sie auch dieses Problem.

Dieses Auf und Ab können Sie eine ganze Weile durchziehen. Je nach Thema können Sie Ihre Mitmenschen auch einige Wochen zappeln lassen, bis diese sich bei Ihnen selbst melden. Als ich vor einiger Zeit mal für ein neues Unternehmen einen Partner begeistern wollte, sagte ich ihm, dass ich ein sehr aussichtsreiches Projekt habe, mit dem sich gutes Geld verdienen ließe, aber ich wolle ihm ein andermal in Ruhe mehr erzählen. Nach einigen Wochen rief er mich an und bat mich um ein Mittagessen. Nun wollte er was von mir, und ich nicht von ihm. Das war gleich eine viel bessere Ausgangslage für Verhandlungen.

Oft passiert es auch, dass die Personen selbst auf das nächste Puzzlestück kommen und Ihnen damit sogar Arbeit abnehmen. Diesen Effekt können Sie auch bewusst nutzen. Anstatt dem anderen also viele Möglichkeiten zu lassen, können Sie bewusst die Lösungsmöglichkeiten einschränken. »*Wir brauchen dringend personelle Unterstützung. Aber das Geld reicht nicht für eine Vollzeitkraft. Außerdem ist es ja nur für zwei Monate. Überstunden machen keinen Sinn, weil die einfach zu teuer für diese simplen Aufgaben sind. Naja, vielleicht fällt uns noch eine Lösung ein, aber viel Zeit bleibt nicht.*« Na, wie lautete die Lösung? Richtig! »*Lassen Sie uns doch einen Praktikanten oder eine Praktikantin einstellen.*« Je naheliegender die Lösung ist, umso größer der Hurra-Effekt. Wir freuen uns dann wie das kleine Kind beim Kasperle-Theater, das den Kasperl schon lange sieht, bevor es das doofe Krokodil tut.

Geben Sie nichts her ohne Gegenleistung

Manchmal muss man ziemlich hart ringen, um das zu bekommen, was man will. Man diskutiert, verhandelt und scheint sich kaum von der Stelle zu bewegen. Die schlechte Nachricht zuerst: Manche Dinge dauern ihre Zeit und manche sind auch anstrengend. Da muss man einfach geduldig sein. Nun aber die gute Nachricht: Kleine Schritte führen auch ans Ziel, man muss nur wissen, wie man sie setzt.

Um in einer Verhandlungssituation erfolgreich zu sein, sollten wir stets an die Erkenntnis von George Loewenstein denken: Menschen in Verhandlungen bewerten Gewinn und Verlust nicht absolut, sondern relativ. Sorgen Sie also dafür, dass Ihre Mitmenschen das Gefühl haben, genauso viel abgegeben zu haben wie Sie oder mehr dazugewonnen zu haben. Zerlegen Sie dafür das große Ziel in viele kleine Ziele. Unterscheiden Sie für sich selbst, was Sie unbedingt erreichen wollen und was Sie bereit sind, dafür als bewussten Einsatz aufzugeben. Jeder Einsatz, den Sie aufgeben, wirkt wie ein Geschenk. Das Prinzip der Gegenseitigkeit sorgt dafür, dass Sie ein wenig mehr zurückbekommen. Deswegen sollte man stets betonen, wie wertvoll einem die aufgegebene Position ist. Dadurch neigt nun der andere dazu, ebenfalls eine Position aufzugeben und fühlt sich auch nicht mehr so schlecht dabei, da er ja relativ nicht schlechter dasteht als Sie. Aus diesem Grund ist es wichtig, dass Sie das große Ziel in kleine Pakete schnüren, und zwar in solche, die Ihnen wichtig sind und jene, die Sie gezielt aufgeben. Wenn Sie wenig abzugeben haben, dann schaffen Sie einfach Scheinpositionen. Diskutieren Sie zum Beispiel den Ablauf einer Betriebsfeier, dann bestehen Sie auf einen Weihnachtsmann, der die Geschenke verteilt, auch wenn Ihnen das eigentlich vollkommen egal ist. Damit haben Sie eine Scheinposition geschaffen, die Sie dann nach langem Diskutieren aufgeben, um im Gegenzug etwas anderes einzufordern. Das Schöne beim Argumentieren ist, dass solche Scheinpositionen außer ein wenig Kreativität nichts kosten.

Wichtig: Nur weil Sie etwas schenken, haben Sie noch lange nichts zu verschenken. Die Kunst liegt darin, ein weniger wichtiges Argument des Gesprächspartners als besonders gut hervorzuheben und zu unterstreichen, wie bestechend gut es war, und ebenso sich nur mit viel offensichtlichem Schmerz von einer Position zu trennen. *»Das ist ein ziemlich wichtiges Argument, das habe ich so noch gar nicht bedacht. Da haben Sie Recht, auch wenn es mir echt wehtut, auf den Weihnachtsmann zu verzichten.«*

Das Geben und Nehmen ist wie ein Tango und Sie können den Takt bewusst forcieren. Kein Witz, behalten Sie im Hinterkopf immer den berühmten Tango-Takt: *Du-Ich, Du-Ich, Du-Ich-Ich-Ich.* Wenn der andere etwas einfordert, dann geben Sie wiederstrebend nach, unter der Bedingung, dass er Ihnen bei einem anderen Thema entgegenkommt. *»OK, wir verzichten auf den Weihnachtsmann, aber dafür sollten wir diesmal Livemusik haben.«* Geben Sie niemals eine Position kostenlos auf, sondern fordern Sie immer etwas mehr im Gegenzug. Ihr Gegenüber will etwas (Du), Sie fordern im Gegenzug (Ich), das wiederholt sich. Beim dritten Mal überrumpeln Sie ihn und fordern drei Sachen, die jeweils für Sie einen kleineren Wert haben, aber in der Summe einen größeren Wert als eine Einzelposition. *»Dann bestellen wir den teureren Wein, so wie du es willst, dafür gibt es diesmal aber keinen Sekt, keine Weihnachtsgans und dafür Gebäck.«*

Und noch ein wichtiger Tipp. Machen Sie nicht den Anfängerfehler und stürzen sich auf das, was Ihnen am wichtigsten ist. Wenn Sie wissen, dass etwas, das Ihnen persönlich am Herzen liegt, sehr heftig diskutiert werden wird, dann bringen Sie es ziemlich zum Schluss unter. Da sind die meisten Menschen bereits erschöpft und Widerstände sinken. Profis nutzen diesen Effekt gezielt aus. Schonen Sie also Ihre Kräfte für den Schlussspurt. Andererseits achten Sie darauf – wenn jemand am Ende einer Besprechung noch mal kurz ein Thema aufgreift, kann das Taktik sein, seien Sie dann besonders auf der Hut.

Noch mal zusammenfassend: Mit diesen drei Regeln führen Sie den Verhandlungstango:

➤ Möglichst viele, kleine Schritte.
➤ Unterscheiden Sie zwischen Positionen, die Ihnen wichtig sind, und Positionen, die Sie bereit sind aufzugeben.
➤ Schaffen Sie, wenn notwendig, weitere Scheinpositionen, die Sie aufgeben können.
➤ Wenn Sie eine Position aufgeben, dann verschenken Sie sie teuer.
➤ Und geben Sie niemals eine Position auf, ohne als Gegenbedingung eine leicht höherwertige Position einzufordern.
➤ Denken Sie an den Tango-Takt: Du-Ich, Du-Ich, Du-Ich-Ich-Ich
➤ Nutzen Sie die Schwäche der anderen und bringen Sie Themen, die Ihnen besonders wichtig sind und wo Sie großen Widerstand erwarten, am Ende ein.

7. Jetzt wird umgesetzt

Mit den bisher beschriebenen Techniken können Sie Ihre Mitmenschen also viel leichter überzeugen und für Ihre Ideen und Vorhaben gewinnen. Dies bedeutet zwar, dass wir alle einer Meinung sind, aber große Pläne zu haben heißt noch lange nicht, dass auch wirklich umgesetzt wird. Zu schnell werden wir von den Tücken des Alltags eingeholt oder fallen in alte Verhaltensmuster zurück. Ich erlebe es immer wieder, dass Führungskräfte so sehr damit beschäftigt sind, ihre Mitarbeiter mitzureißen und zu überzeugen, dass sie sich danach erschöpft zurücklehnen und das Wichtigste vergessen, nämlich für die Umsetzung zu sorgen. Wenn Sie Ihre Mitmenschen erst mal überzeugt haben, beginnt also die eigentliche Herausforderung. Aber auch diese lässt sich mit ein paar Kniffen leicht meistern.

Wer sagt, der macht

Die Wahrscheinlichkeit, dass auch wirklich umgesetzt wird, lässt sich bereits durch eine Variante des Konsistenzprinzips deutlich steigern, also der menschlichen Neigung, Überzeugung und Handeln den eigenen Worten anzupassen. Der Sozialwissenschaftler Anthony Greenwald hatte in den USA gezeigt, dass unter Personen, die die Absicht hatten zur Wahl zu gehen, diejenigen mit höherer Wahrscheinlichkeit auch tatsächlich wählen gingen, die ihre Absicht gegenüber einer dritten Person mündlich bestätigt hatten und nicht nur für sich den guten Vorsatz gefasst hatten. In einer beliebigen Gruppe konnte man also die Wahlbeteiligung um 25 Prozent höher werden lassen, einfach indem man fragte, ob die Personen wählen gehen würden.

Das lässt sich auch ganz praktisch anwenden. Die Dozenten einer Hochschule, an der ich einen Lehrauftrag hatte, regten sich darüber auf, dass die Studenten beim Verlassen des Hörsaals ihre Tische nicht sauber machten. Ständig wurden die Tische verschmutzt hinterlassen mit Kaffeeflecken, Krümeln, vergessenen Taschentüchern et cetera. Dabei wurden die Studenten jeden Morgen darauf hingewiesen, dass sie ihre Tische am Nachmittag nach Ende der Veranstaltung reinigen sollten. Da jede Stunde ein anderer Dozent in dem Raum unterrichtete, war die Aufforderung des ersten Dozenten bis zum Nachmittag schnell wieder vergessen. Also änderten wir die Taktik. Anstatt nur die Studenten aufzufordern, fragten wir zusätzlich zu Veranstaltungsbeginn jeden Einzelnen, ob er oder sie denn heute seinen Tisch sauber machen würde. Wir flochten diese Frage ganz unverfänglich in kurzen Gesprächen oder auch während der Pausen ein und baten um eine konkrete Antwort. Selbstverständlich verneinte keiner. Das war keine Überraschung. Uns ging es aber auch nicht um ein Stimmungsbild, sondern wir wollten ja etwas bewirken. Und tatsächlich wurden am Nachmittag alle Tische sauber hinterlassen. Dies wiederholten wir in den Folgewochen gelegentlich. Aber selbst wenn wir ein paar Tage mal nicht nachfragten, wurden die Tische nun immer sauber gehalten. Selbst als wir ganz aufhörten zu fragen, hatten wir keine Probleme mehr. Was war passiert? Während wir zuvor die Studenten lediglich aufgefordert hatten etwas zu tun, ließen wir sie nun selbst sagen, was sie tun würden. Allein dadurch, dass sie selbst sagten, was sie tun würden, erhöhte sich die Wahrscheinlichkeit erheblich, dass sie es auch tatsächlich taten. Durch das Konsistenzprinzip lässt sich also nicht nur die Überzeugung verschieben, sondern die Wahrscheinlichkeit der Umsetzung signifikant erhöhen. Wenn Männer nicht nur darüber nachdenken würden, ihren Frauen Blumen mitzubringen, sondern es auch morgens ankündigten, dann wäre es zwar keine Überraschung mehr, aber die Wahrscheinlichkeit, dass der Mann am Abend wirklich mit Blumen nach Hause käme, wäre deutlich höher und die Umsätze von Blumenläden würden sprunghaft ansteigen.

Wenn Sie also die Wahrscheinlichkeit der tatsächlichen Umsetzung erhöhen wollen, dann fordern Sie Ihre Mitmenschen nicht nur zum Handeln auf, sondern fragen Sie gezielt, ob und wie man etwas tun würde. Noch wirksamer ist diese Methode, wenn die Handlungsabsicht gegenüber einer ganzen Gruppe geäußert wird. Durch den Herdentrieb werden damit andere Menschen »angesteckt«. Ferner ist die Konsistenztechnik umso wirksamer, je mehr Zeugen es gibt. Auch ein Ausschmücken der Handlungsabsicht durch konkrete weitere Schritte und Maßnahmen, die nun anstünden, erhöhen die Wahrscheinlichkeit der Umsetzung.

Weitere Anwendungsbeispiele

➤ Vor der Besprechung zur Festlegung von Vertriebszielen oder sonstiger Abteilungsziele teilen Sie an die Mitarbeiter die jeweiligen Zielsetzungen aus. Bitten Sie dann jeden Mitarbeiter, die eigenen Vertriebsziele zu benennen, fragen Sie, ob sie damit übereinstimmen und fragen Sie nach, welche Maßnahmen sie einsetzen würden, um diese zu erreichen. Die gegenseitige Absichtserklärung sorgt für faktisches Handeln.

➤ Sie haben sich im Unternehmen auf eine neue Arbeitsweise geeinigt. Bevor Sie nun auseinandergehen, bitten Sie jeden Mitarbeiter noch mal in kurzen Worten die Vorteile der besprochenen Schritte aufzuzählen sowie weitere Maßnahmen, die er oder sie einleiten wird, beziehungsweise was nun sein jeweiliger Aufgabenbereich ist.

➤ Fragen Sie nicht, ob jemand etwas machen wird, sondern wie. Ein geäußertes »Ja« ist schon ein guter Schritt. Wirksamer ist jedoch, wenn man jemanden das eigene Handeln ausschmücken lässt. Wenn Ihr Kind sein Fahrrad reparieren soll, dann fragen Sie, wie es gedenkt vorzugehen, wann es loslegt und welche Materialien es benötigt.

Wer schreibt, der macht noch mehr

Noch mehr als das gesprochene Wort prägt das geschriebene Wort unser Handeln. Eine schriftliche Verpflichtung hat also mehr als Vertragscharakter. Sie steigert die Wahrscheinlichkeit, dass nicht nur geredet, sondern auch wirklich gemacht wird. Um zu zeigen, dass sich schriftliche Verpflichtungen messbar auswirken, haben wir mal wieder ein paar Studenten eingespannt. Wir bildeten zwei Gruppen mit je 36 Teilnehmern und erklärten, dass 30 Tage lang die Studenten täglich Geld in eine Gruppenspendendose für ein Waisenhaus in Russland werfen sollten. Innerhalb jeder Gruppe sollten die Mitglieder selbst von sich aus erklären, was sie selbst bereit seien täglich beizutragen. Jeder durfte also das spenden, was ihm oder ihr möglich war. Daraus sollte die Gruppe dann einen Zielbetrag für das Ende der Spendenaktion gemeinsam festlegen. Die erste Gruppe war angehalten, sich über Spendenhöhe und Zielbetrag ausschließlich mündlich auszutauschen. Wir nannten diese intern die Gruppe *Sprech*. In der zweiten Gruppe *Schreib* hingegen wurden die Teilnehmer gebeten eine schriftliche Absichtserklärung über die Höhe der täglichen persönlichen Spende abzugeben. Die Erklärung sollte dabei von allen Gruppenteilnehmern unterschrieben sein. Diese Versuchsanordnung wiederholten wir jeweils mit drei weiteren Gruppen, sodass wir insgesamt je vier Gruppen *Sprech* und *Schreib* hatten.

Es zeigte sich, dass 98 Prozent der Teilnehmer in allen Gruppen sich tatsächlich an das tägliche Spenden hielten. Dies hatten wir auch so erwartet, denn wir hatten ja bereits im vorherigen Kapitel gesehen, dass eine geäußerte Absicht die Wahrscheinlichkeit deutlich steigert, etwas auch wirklich zu tun. Wie sah es aber mit der Qualität des Handelns aus, also der täglichen und letztlich gesamten Spendenhöhe? Hier zeigten sich zwei äußerst interessante Effekte.

So waren die angestrebten Spendenziele der Gruppen *Sprech* zu Beginn, also bei der Absichtserklärung, deutlich optimistischer und lagen im Schnitt um 24 Prozent über den avisierten Spendenzielen der Gruppen *Schreib*. Ein komplett anderes Bild zeigte sich dann bei den nach 30 Tagen tatsächlich erreichten Spendenzielen. Während die Gruppen *Schreib* ihre schriftlich fixierten Ziele mit acht Prozent Abweichung ziemlich gut trafen (sie lagen entweder leicht darüber oder leicht darunter), waren die Ergebnisse der Gruppen *Sprech* eine Katastrophe. Im Schnitt lagen Sie um 21 Prozent unter den avisierten Zielen.

Dieser Versuch zeigte uns zweierlei. Einerseits neigen wir Menschen dazu, verbal schnell etwas leichtfertiger zu sein und höher zu stapeln, als wenn wir etwas schriftlich festhalten. Ferner führt das geschriebene Wort eher dazu, dass wir etwas umsetzen, als nur das gesprochene Wort. Wenn Sie also wollen, dass etwas umgesetzt wird, dann lassen Sie es ihre Mitmenschen in eigenen Worten bestätigen. Wenn Sie aber auch gleichzeitig noch die Qualität der Leistung optimieren wollen, dann lassen Sie Ihre Mitmenschen die Absichten niederschreiben. Das hat zugleich den Vorteil, dass man später mal einen Beweis hat, falls es wider Erwarten doch Abweichungen gibt. Natürlich kann man seine Mitmenschen nicht jedes Mal Absichten schriftlich dokumentieren lassen. Dennoch ergeben sich mit ein wenig Einfallsreichtum auch hier zahlreiche Möglichkeiten. So kann man zum Beispiel seine Mitarbeiter bitten niederzuschreiben, was sie sich als persönliche Ziele für das kommende Geschäftsjahr setzen.

Was geschrieben wird, wirkt selbst dann überzeugender, wenn man es nicht selbst schreibt, sondern wenn andere es für einen schreiben. Dieser Effekt wird aktiv beim Pencil-Selling genutzt. Bei dieser Verkaufsmethode beginnt der Verkäufer zu einem bestimmten Zeitpunkt im Gespräch die Vorteile des Produkts und des Vertrags für den Kunden aufzuzeichnen. Er skizziert dann zwei Optionen und der Kunde soll diejenige einkreisen, die er besser findet. Durch einen einfachen Kreis um die von ihm präferierte Option hat er sich unterbewusst bereits verpflichtet. Selbst wenn Sie nicht im Vertrieb tätig sind, können Sie das Pencil-Selling nutzen. In Besprechungen oder Gesprächen nutzen Sie immer Stift und Papier oder Flipcharts, um Ihre Ideen zu skizzieren. Das Gehirn versteht das leichter und Sie wirken überzeugender. Lassen Sie Ihr Gegenüber positive Ergänzungen hineinschreiben, das steigert die gefühlte Übereinstimmung und Verpflichtung.

Wenn zwei Kollegen unterschiedliche Ideen haben, dann lassen Sie diejenige Idee, die Sie bevorzugen, am Flipchart skizzieren und diejenige, die Sie nicht mögen, nur verbal vortragen. Das ist nicht fair, aber einerseits fällt das kaum jemandem auf und ferner wollen Sie ja kein Schiedsrichter sein, sondern etwas erreichen.

Übrigens ist diese Methode auch hilfreich, den inneren Schweinehund zu überwinden. Machen Sie einen Vertrag mit sich selbst, bezüglich Ihrer Ziele. Hängen Sie dann diesen Vertrag dorthin, wo Sie ihn täglich sehen. Bei mir hängt er am Badezimmerspiegel. Mehrmals am Tag sehe ich, was ich mit mir vereinbart habe, und mein Unterbewusstsein beginnt mich zu drangsalieren. Denn wir wissen ja, wie stressig es für unser Hirn ist, wenn etwas nicht vervollständigt ist.

Weitere Anwendungsbeispiele

> ➤ Wenn Sie Kollegen bitten, einen Fertigstellungstermin zu nennen, dann fragen Sie per E-Mail und bitten um schriftliche Antwort. Der geschriebene Termin ist dann viel verbindlicher.

> ➤ Sie wollen Freiwillige für eine lästige Aufgabe gewinnen, zum Beispiel für einen Umzug. Dann fragen Sie ruhig telefonisch an, denn persönlich abzusagen fällt den meisten schwerer. Anschließend bitten Sie nochmal per E-Mail um Infos, wann die Person kommt und was sie konkret tun kann (Schränke tragen, Malerarbeiten).

➤ Versicherungsvertreter lassen gerne Klienten den Finanz-
bedarf im Alter selbst aufschreiben und diktieren dann die
Finanzierungslücke, die im Alter geschlossen werden muss.
Da der Klient das selbst aufgeschrieben hat, ist er umso überzeugter davon. Diese Methode können Sie auch nutzen, indem Sie Ihre Kollegen schreiben lassen, welche Veränderun-
gen vorgenommen werden müssen oder ihnen Probleme in
die Feder diktieren.

Steigern Sie die Gier der Mitmenschen

Trotz Überfluss leben wir in einer Zeit der absoluten Knappheit. Jedenfalls gewinnt man diesen Eindruck, wenn man die tägliche Werbung sieht oder durch Läden geht. »Nur jetzt«, »Nur noch eine Woche«, »Solange der Vorrat reicht«, »Begrenzt auf 1000 Stück.« Die
Werbung nutzt hier den sogenannten **Verknappungseffekt** in zahlreichen Varianten. Je knapper etwas ist, umso dringender wollen wir
es haben. Knappheit macht gierig. Dabei ist es völlig irrelevant, ob
wir die Waren wirklich brauchen. Meist tun wir das nämlich überhaupt nicht. Was aber knapp ist, wirkt attraktiv und steigert unsere Gier.

Die Baumarktkette Hornbach hatte im Jahr 2012 einen tschechi-
schen Panzer gekauft, den Stahl eingeschmolzen, daraus 7000 Hammer hergestellt, die sogenannten Panzerhammer, und diese ihren
Kunden in einer einmaligen Werbeaktion angeboten. Die Kunden
rannten dem Unternehmen die Türen ein. Es gab ja nur 7000 Stück,
gemacht aus einem (!) Panzer. Nüchtern betrachtet – wer braucht
einen Hammer aus Panzerstahl? Was haben die Leute damit vor?
Panzer zertrümmern? Aber selbst ich, die wandelnde handwerkliche
Katastrophe, wollte einen haben. Zu meinem Glück waren die Häm-
mer bereits vergriffen. Er hätte sonst sowieso nur in der Ecke gelegen.

Diesen Effekt können Sie wundervoll für sich verwenden, und das nicht nur im Verkauf. Es gibt zahlreiche Situationen im Alltag, wo man durch den Verknappungseffekt gezielt Begehrlichkeiten wecken kann, die vorher gar nicht oder nur gering ausgeprägt waren.

Als Berufsanfänger startete ich in einem Beratungsunternehmen durch. Der Gründer und Geschäftsführer war ein gefragter Vortragsredner und viel unterwegs. Da ich mit ihm eng zusammenarbeitete, liefen bei mir die Anfragen für Präsentationen und Vorträge ein. Als ich bei ihm anfing, war er zwar noch nicht sonderlich ausgebucht, aber einen Telefontermin mit ihm zu bekommen war dennoch recht schwierig. Dennoch klappte es meist beim zweiten oder dritten Mal, ihn zu sprechen und über einen möglichen Vortrag zu reden. Aus rund einem Drittel der dann durchgestellten Telefonate wurde ein Auftrag. Als sich die Auftragslage dann im Laufe der Zeit exorbitant entwickelte und der Terminkalender meines Chefs überzulaufen drohte, bemerkte ich folgenden Effekt: Je häufiger die Kunden vergeblich versuchten meinen Chef zu erreichen, umso kürzer wurden die Intervalle, in denen sie anriefen. War es bei den ersten drei Anrufen ein Abstand von einer Woche bis zehn Tagen, stieg die Schlagzahl dann sprunghaft an auf bis zu einmal täglich. Das lag nicht daran, dass das Anliegen dringender wurde. Es wurmte die potenziellen Kunden nur, dass sie nicht durchkamen. Zusätzlich bemerkte ich, dass die Wahrscheinlichkeit größer wurde, dass aus solch einem Telefonat ein Auftrag wurde, je häufiger der potenzielle Kunde anrufen musste.

Noch mehr stieg die Wahrscheinlichkeit eines Auftrags an, wenn der Geschäftsführer sich die Zeit nahm endlich auch mal zurückzurufen. Die Kunden konnten ihr Glück kaum fassen. *Der Himmel sei gepriesen. Der große Guru nimmt sich Zeit für mich.* Alternativ gab ich als absolute »Ausnahme« nach dem x-ten Versuch seine private und »absolut geheime« Handynummer raus. Auch das adelte den Kunden und führte mit großer Wahrscheinlichkeit zu einem Auftrag.

Was uns dieses Beispiel zeigt? Wer viel zu tun hat, ist gefragt, wer gefragt ist, ist wichtig und teuer und hat Autorität! Womit er seine Zeit tatsächlich verbringt, ist nachrangig. Dieses Spiel erlebt man, wenn man Vorstände oder Geschäftsführer oder solche, die sich für wichtig halten, erreichen will. Ich nenne es das Vorstandsspiel. Um solche wichtigen Personen zu sprechen, rufe ich nie selbst an. Meine persönliche Assistentin ruft dessen persönliche Assistentin an. Dann wird mehrere Male dramatisch der Terminkalender abgeglichen, überlegt, Rücksprache getroffen, bis man endlich zusammen-findet. Ehrlich gesagt ist das nur ein Spiel darum, wessen Zeit knapper und somit wertvoller ist. Es wertet Sie aber persönlich auf. Selbst wenn Sie keinen persönlichen Assistenten haben (persönlich klingt übrigens auch schon richtig wichtig!): Dann machen Sie es so, wie ich es früher gemacht habe. Bitten Sie einen Kollegen oder eine Kollegin, persönlichen Assistenten zu spielen. Sie steigern Ihre Trefferquote erheblich. Sie können sich ja später mal bei Gelegenheit revanchieren.

Wenn Sie einen Gefallen für einen Kollegen wertiger erscheinen lassen wollen, dann machen Sie sich rar. Verkomplizieren Sie künstlich die Terminfindung, um dann endlich die Zeit zu haben, um die ersehnte Gefälligkeit zu erweisen. Dabei geht es nicht nur darum, sich selbst oder seine Leistungen begehrter zu machen. Wer seine Zeit nicht veredelt, dem droht Gefahr, dass sie nicht geschätzt und in der Folge missbraucht wird. Ein frisch eingestellter Vorgesetzter hatte bei Arbeitsbeginn seine neuen Kollegen mit folgendem, gut gemeinten Angebot begrüßt: »*Meine Mitarbeiter sind mir wichtig. Deswegen ist meine Tür immer offen für meine Mitarbeiter. Wenn Sie also ein Problem haben, können Sie jederzeit zu mir kommen.*« Die Mitarbeiter kamen auch, aber sie nahmen ihn mit jeder Kleinigkeit in Beschlag. Vor lauter Gesprächen und Meetings kam er gar nicht mehr zum Arbeiten. Seine Zeit war ja im Überfluss vorhanden. Besser wäre gewesen zu erklären: »*Obwohl ich viel um die Ohren haben werde, sind mir meine Mitarbeiter wichtig. Lassen Sie sich einen Termin geben und ich wer-*

de mir Zeit für Sie nehmen. Selbst wenn es auch mal etwas länger dauert, dass wir zusammenfinden und wir uns kurz fassen müssen. Sie sind mir wichtig und ich werde mir die Zeit freischaufeln.« So hätte er gezeigt, dass ihm die Mitarbeiter viel bedeuten, und zwar so viel, dass er sogar bereit war, seine kostbare Zeit zu opfern, die dann auch entsprechend von den Mitarbeitern geschätzt und nicht mit Nichtigkeiten verplempert worden wäre.

Steigern Sie also den Wert Ihrer Leistung und Ihrer Arbeit, indem Sie immer etwas beschäftigter als andere sind. Damit meine ich nicht, dass Sie so tun sollen, als ob. Sie werden bestimmt beschäftigt sein und nicht nur Däumchen drehen. Es muss eben nur wichtig sein! Sagen Sie auch mal höflich aus Zeitgründen »Nein«. Sie gewinnen dadurch!

Nur sollte man es nicht übertreiben, wie mein damaliger Chef. Er war so unerreichbar geworden, dass die Leute sich irgendwann gar nicht mehr die Mühe machten ihn anzurufen. Auch unser Unternehmen riefen sie nicht mehr an, weil ein Termin ohnehin viel zu schwierig zu koordinieren war. Zum Schluss herrschte totale Auftragsflaute. Der Verknappungseffekt funktioniert im Alltag also am besten, wenn etwas sehr wertvoll wirkt, weil es knapp oder exklusiv ist, aber dennoch relativ leicht zu bekommen ist. Das Schnäppchen ist deswegen so interessant, weil es streng limitiert ist, ich aber gleichzeitig sofort zugreifen kann. Dass hier im wirklichen Leben oft ein Widerspruch ist, vergessen selbst abgeklärte Profis, die auf scheinbare Schnäppchen hereinfallen oder sensationellen und »absolut sicheren« Zinsversprechen von 80 Prozent pro Jahr glauben.

Gier gepaart mit Bequemlichkeit sind die beiden Motive, die hier an einem Strang ziehen. Wenn Sie sich selbst so unerreichbar machen, dass ein Sechser im Lotto einfacher ist als ein dreiminütiges Gespräch mit Ihnen, verliert man leicht das Interesse an Ihnen. Das ist so wie mit der Dorfschönheit, die jeden abblitzen lässt und dann alleine beim Dorfball sitzt. Niemand spricht sie mehr an, weil sich keiner Chancen ausrechnet.

Weitere Anwendungsbeispiele

➤ Wenn ein Kunde eine Zusatzleistung haben will, dann sagen Sie, dies sei grundsätzlich nicht möglich, aber Sie könnten es mal versuchen. Lassen Sie ihn dann zappeln. Nach einigen Tagen rufen Sie zurück, verkünden Sie die gute Nachricht, dass Sie es intern »ausnahmsweise« ermöglicht haben, es würde nur eine Kleinigkeit kosten …

➤ Ihr Chef möchte Sie sprechen. Machen Sie sich rar! Springen Sie nicht gleich. Sie sind beschäftigt und damit wichtig! Umso interessanter und wertvoller werden Sie für Ihren Chef. Mitarbeiter, die immer Zeit haben, sind weniger wert. Als ich Berufsanfänger war, kam meine Chefin aus London herübergeflogen, um unter anderem mit mir zu sprechen. Als sie mich um zehn Minuten versetzte, sagte ich den Termin ab. Nicht nur weil ich ein Pünktlichkeitsfanatiker war. Ich war einfach beschäftigt. Den nächsten Termin nahm sie entsprechend ernst. Machen Sie sich rar und Sie werden umso mehr geschätzt!

Lassen Sie die Verlustangst der anderen für sich arbeiten

Noch mehr als die Gier treibt uns die Angst zu verlieren zu den seltsamsten Handlungen. Wie schnell die wirtschaftliche Rationalität des Menschen an ihre Grenzen stößt, zeigt folgendes kleine Experiment des US-amerikanischen Wirtschaftswissenschaftlers Max Bazerman. Jeweils zwei Bieter konnten um eine 100-Dollar-Banknote bieten. Der höchste Bieter bekam die 100 US-Dollar. Die Sache hatte nur einen kleinen Haken: Derjenige, der in der Versteigerung unterlag, musste den Betrag des letzten Gebots trotzdem bezahlen, als Verlustprämie sozusagen. Wenn also der Höchstbietende 80 US-Dollar bot und der Unterlegene bei 75 US-Dollar ausstieg, hatte der Gewinner 80 US-Dollar zu bezahlen und bekam 100 US-Dollar, somit hatte er einen Gewinn von 20 US-Dollar gemacht. Der Unterlegene musste sein letztes Gebot bezahlen und hatte somit einen Verlust von 75 US-Dollar gemacht. Was meinen Sie, was der Höchstbetrag war, zu dem die 100 US-Dollar den Besitzer wechselten? Es waren 468 US-Dollar! Dieses Experiment wurde nicht nur einmal durchgeführt, sondern 600 Mal! Nicht ein einziges Mal lag das Höchstgebot unter 100 US-Dollar! Dabei waren die Teilnehmer alle Personen, die auch im Beruf mit Geld zu tun hatten, also ein wirtschaftliches Grundverständnis hatten. Was ist bei der Versteigerung geschehen? Am Anfang der Auktion überwog die Gier. 100 US Dollar für 40 oder vielleicht 50 Dollar zu bekommen! Da wird man schon gierig. Nach einiger Zeit kippte jedoch das Szenario. Die Angst wurde zum dominierenden Motiv, nämlich die Angst, den Einsatz für nichts und wieder nichts zu verlieren.

Auch wenn Gier uns antreibt Dinge zu tun, so ist die Angst zu verlieren meist stärker. Und damit ist nicht einmal der Verlust von materiellen Dingen gemeint. Überlegen Sie mal, welche Dinge im Leben sich mit dem hübschen Wort »mein« versehen lassen. *Mein* Haus, *mein* Auto aber auch *meine* Kinder, *mein* Ehemann, *meine* Ehefrau, *meine* Position, *meine* Rechte (*meine* Pflichten werden hingegen nicht so sehr als persönlicher Besitz angesehen). All das sind Pronomina, die auf einen empfundenen Besitz hinweisen und etwas, das wir verlieren können. Denn je mehr jemand besitzt, umso mehr kann er verlieren. Wer nichts hat, kann auch nichts verlieren. Diese Erkenntnis sollten Sie sich immer vor Augen führen. Deswegen meine Empfehlung: Reduzieren Sie Ihren Besitz radikal. Sie haben dann nicht nur mehr Zeit, sondern auch viel weniger Verlustängste. Eine Familie, die im bayerischen Deggendorf im Hochwasser 2013 alles verloren hatte, erklärte in einem Radiointerview im Mai 2014, dass sie eigentlich glücklicher seien als vorher. Sie hatten ja schon alles verloren, nun konnten sie nur noch gewinnen. Ein interessanter Ansatz. Vielleicht sind nicht diejenigen, die viel besitzen, wirklich mächtig, sondern jene, die nichts besitzen, denn sie haben nichts zu verlieren, sind aber dafür viel freier.

Diese Verlustangst hat Harvard-Ökonom Roland Fryer in der Praxis bei Lehrerboni getestet.

Die Ökonomen arbeiteten für ihre Studie mit neun Schulen in der Stadt Chicago Heights zusammen und konnten so die Wirkungen von Lehrerboni in einem Experiment messen. Sie bildeten zwei Lehrergruppen. In der einen Gruppe boten sie den Pädagogen an, bis zu 8000 Dollar zu zahlen, wenn die Schüler bei einem Vergleichstest überdurchschnittlich gut abschnitten. Einer zweiten Gruppe zahlten sie 4000 Dollar vorab, mit der Auflage, dass das Geld zurückzuzahlen sei, wenn die Schüler die vorgegebene Punktzahl im Test nicht erreichten. Selbstverständlich gab es auch eine Kontrollgruppe, die keinen Bonus als Anreiz erhielt.

Bei der Auswertung am Ende des Schuljahres kamen die Forscher auf ein überraschendes Ergebnis. Schüler, deren Lehrer erst nach dem Test ausgezahlt wurden, erreichten nicht mehr Punkte als diejenigen in der Kontrollgruppe, in der die Lehrer keine Prämien erhielten. Doch eine Schülergruppe war in dem Test besonders stark:

Diejenigen, deren Lehrer von den Forschern schon vor dem ersten Schultag 4000 Dollar erhalten hatten. Statt Lehrer mit der Aussicht auf einen fetten Bonus zu locken, sollte man also offenbar lieber androhen, ihnen Geld wegzunehmen.

Gut, das war ein Versuch in den USA, und so etwas lässt sich arbeitsrechtlich in Deutschland kaum durchsetzen. Aber überlegen Sie mal, was mehr wirkt. Das Versprechen, bei guter Leistung einen Firmenwagen zu bekommen, oder das Auto bei schlechter Leistung wieder weggenommen zu bekommen. Von der Schmach gegenüber den Kollegen ganz zu schweigen. Studien haben gezeigt, dass Menschen eher bei der Steuer schummeln, wenn es um eine Steuernachzahlung geht, als bei einer Steuerrückerstattung. Bei einer Steuerrückerstattung ist das Geld ja schon weg. Es geht ja »nur« um einen Gewinn. Bei einer Steuernachzahlung wird einem etwas weggenommen, entsprechend groß ist die Neigung, etwas »kreativer« zu sein.

Nun geht es nicht darum Leute zu quälen oder zu erniedrigen. Wer sich aber in seine Mitmenschen hineinversetzt und erkennt, was es ist, das sie nicht verlieren möchten, kann genau dort ansetzen, um sie zu bewegen, Dinge zu tun. Natürlich erfolgt dies auch wieder subtil und ohne Drohungen! Man kann sogar selbst jemandem einen scheinbaren Besitz verschaffen, um ihm diesen dann wieder wegzunehmen. Genau das passiert bei Probefahrten, wenn man ein Auto kaufen will. Man fährt durch die Stadt, die Familie ist begeistert und dann, am Ende der Fahrt, muss man »sein« schönes Auto abgeben. Na, dann wird es doch gleich gekauft. Dieser Kniff lässt sich leicht auf das Büro übertragen. Teilen Sie guten Mitarbeitern einen Praktikanten zu und erwähnen Sie, dass Sie diesen versetzen müssen, da die Vertriebskennzahlen einen Praktikanten nicht rechtfertigen würden. Schon steigen die Verkäufe. Ein Händler für Kopierer und Bürodrucker hat seine Umsatzzahlen verdreifacht, indem er die Drucker nicht verkaufte, sondern für drei Monate auf Probe überließ. Ohne Wenn und Aber. Welches Unternehmen konnte das

schon ablehnen? Als die Drucker aber wieder abgeholt werden sollten, war der Schmerz groß, und die Bereitschaft zu kaufen umso größer. Die Verlustangst lässt sich in den verschiedensten Varianten nutzen. Man muss eben nur erkennen, was sie antreibt und wie man sie
forcieren kann.

Weitere Anwendungsbeispiele

➤ Eine Mitarbeiterin soll einen Posten übernehmen, den sie
eigentlich gar nicht mag. Vereinbaren Sie nur einen begrenz-
ten Zeitraum auf Probe. Das ist weniger verbindlich. Nach einigen Wochen (und durch gutes Loben und Anwendung der
Heldenmethode) wird das gefühlt »ihr« Posten sein. Sie wird
ihn nicht mehr abgeben wollen.

➤ Sie wollen Mitarbeiter zu besseren Leistungen anspornen.
Dann schenken Sie ihnen Vertrauen und geben Sie ihnen
Zugang zu exklusiven Informationen. Wenn die Leistung mal
schwächelt, schränken Sie das Vertrauen ein und nehmen
Sie die Informationen weg. Liebesentzug ist eines der effek-
tivsten Mittel der Menschenführung.

➤ Ein Mitarbeiter redet in Besprechungen ausschweifend und
elend lange. Nehmen Sie ihn beiseite und sagen Sie ihm,
dass seine Meinung zwar wichtig sei, aber sie ihn nicht mehr
zu Wort kommen lassen können, da dies die Länge der Besprechungen sprengt. Halten Sie dies die nächste Besprechung durch. Bei einer weiteren Zusammenkunft erlauben
sie ihm schließlich wieder sich auf Probe zu äußern. Er wird
sich absolut kurz fassen.

➤ Ein Kunde, der Sie sehr schätzt und gerne mit Ihnen zusam-
menarbeitet – vielleicht flirten Sie ja auch ein wenig am Telefon –, reduziert nach einiger Zeit sein Auftragsvolumen.
Erklären Sie ihm, dass Sie bei dem geringeren Auftragsvolumen nicht mehr für ihn zuständig sein dürfen. Sie sind nur
für Großkunden verantwortlich. Das sind Firmenrichtlinien.
Mit ziemlicher Sicherheit springt das Auftragsvolumen wieder schlagartig nach oben.

Nutzen Sie die Macht versenkter Kosten

Die Verlustangst führt noch zu einem anderen spannenden Phäno-men, dem Effekt der versenkten Kosten. Wir hassen Verluste, ent-sprechend hassen wir es, Verluste abzuschreiben. Mit anderen Wor-ten, der **Sunk-Cost-Effekt** beschreibt unsere menschliche Neigung, schlechtem Geld gutes Geld hinterherzuwerfen.

Dieses Phänomen wurde erstmals 1985 von den Psychologen Hal Arkes und Catherine Blumer beschrieben und seitdem in vielen psy-chologischen Experimenten unter den unterschiedlichsten Rah-menbedingungen eindrucksvoll nachgewiesen. Interessant ist hier auch die Arbeit des Psychologen Howard Garland, der 1990 in ei-ner Studie die folgende Aufgabe stellte: Die nach dem Zufallsprin-zip ausgewählten Teilnehmer sollten sich in die Rolle des Vorstands eines Flugzeugbauers hineinversetzen. Für zehn Millionen US-Dol-lar sollte ein neuer Tarnkappenbomber entwickelt werden. 90 Pro-zent der Entwicklung sei bereits fertiggestellt, entsprechend neun Millionen US-Dollar verbraucht. Nun hat überraschend ein Kon-kurrent ebenfalls einen neuen Tarnkappenbomber entwickelt, die-sen aber bereits auf den Markt gebracht. Dieser wird zu einem güns-tigeren Preis angeboten als das eigene, noch fertig zu entwickelnde Modell und ist zudem schneller und leistungsstärker. Die Teilneh-mer sollten nun entscheiden, wie sie vorgehen würden – das Vorha-ben einstampfen oder die restliche Million US-Dollar investieren. 82 Prozent der Teilnehmer entschieden sich für eine Fortführung des Projekts. Nur 18 Prozent entschieden dagegen, also für eine Einstel-lung des Projekts, was die Abschreibung von neun Millionen US-Dollar, aber die Rettung der restlichen Million US-Dollar zur Fol-ge hätte. Die Probanden warfen also lieber schlechtem Geld gutes hinterher, als zu retten, was zu retten war. Der hohe Anteil derjeni-gen, die das Projekt fortführen wollten, also dem Sunk-Cost-Effekt erlagen, ist deswegen erstaunlich, da in einer solchen Simulation der Sunk-Cost-Effekt geringer ausfallen müsste als in der Praxis, denn die investierten Ressourcen waren ja nur fiktiv, die Teilnehmer hatten nicht wirklich Geld investiert, keine eigenen Arbeitszeiten eingebracht und waren deswegen auch nicht emotional so stark eingebunden wie bei echten Projekten. Man kann sich also denken, um wie viel stärker der Sunk-Cost-Effekt im Alltag wiegt, wo er ein weitverbreitetes Phänomen ist. Er erklärt, wieso Investoren zu lange an verlustbringenden Aktien festhalten, weshalb Regierungen an sinnlosen Großvorhaben festhalten und warum Unternehmen Produkte auf den Markt bringen, obwohl diese chancenlos sind und allen Beteiligten klar sein müsste, dass es besser gewesen wäre, die Entwicklung einzustellen und die Kosten abzuschreiben.

Der Sunk-Cost-Effekt kann auch aktiv gewinnbringend genutzt werden. Apples beste Kundenbindungsstrategie ist zum Beispiel, dass mit jeder App, die ein Kunde kauft, die Wahrscheinlichkeit sinkt, dass der Kunde das nächste Mal ein Telefon oder Tablet-PC eines Konkurrenten kauft, weil er bereits so viel in die kleinen Programme investiert hat. Selbst wenn die Preise und Produkte des Wettbewerbers weitaus attraktiver sein mögen, stellen die bereits getätigten Investitionen eine hohe und wirksame Wechselbarriere dar.

Der Sunk-Cost-Effekt spielt aber auch in unserem Alltag eine entscheidende Rolle und beeinflusst erheblich, was wir tun. Ich bin übrigens der Überzeugung, dass ein Großteil der Beziehungen auf dem Sunk-Cost-Effekt beruht. Sorgen Sie dafür, dass Ihre nicht dazu gehört. Am einfachsten ist das, wenn Sie sich jeden Morgen sagen: »*Pfeif auf die Vergangenheit, will ich das auch in Zukunft?*« Das erhöht zwar die Wahrscheinlichkeit einer Trennung erheblich. Aber wenn nicht, dann ist es echte Liebe und kein Sunk-Cost-Effekt!

Sunk-Cost-Effekte lassen sich wundervoll im Alltag anwenden, selbst wenn man kein Geld investiert. Bringen Sie jemanden einfach dazu, dass er Mühe und Zeit investiert. »*Meine Mitarbeiter haben jetzt so viel Zeit investiert in das Projekt, das können wir nicht ein-*

fach stoppen«, ist ein typisches Sunk-Cost-Argument, zeigt aber, wie die Sache funktioniert. Wenn Sie andere erst mal für sich arbeiten lassen, haben Sie schon so gut wie gewonnen. Versicherungsmakler lassen ihre Kunden oft erst mal eine schriftliche Vermögensaufstellung machen. Dies dient nicht nur der Bedarfsermittlung, sondern auch dem Sunk-Cost-Effekt. Wenn der potenzielle Kunde schon Arbeit hineingesteckt hat, ist er viel geneigter genauer zuzuhören und möglicherweise einen Abschluss zu tätigen.

Unternehmen, die Büromaterialien an andere Unternehmen liefern, lassen ihre potenziellen Kunden alte Rechnungen und Lieferscheine suchen, um Vergleiche zu erstellen. Vergleiche sind zweitrangig, Hauptsache, der andere arbeitet schon mal und versenkt seine Zeit.

Ich selbst gehe zum Beispiel niemals zu einem Termin, ohne dass vorher ein Fragebogen ausgefüllt wird. Bei Workshops erhöht das die Aufmerksamkeit, bei potenziellen Kunden die Ernsthaftigkeit des Termins und die Wahrscheinlichkeit eines Vertragsabschlusses. Wer das nicht ausfüllt, den besuche ich erst gar nicht. Schließlich ist meine Zeit knapp.

Wenn Sie Kollegen von einem neuen Konzept überzeugen wollen und mit Argumenten nicht weiterkommen, dann sollten Sie folgenden Deal vorschlagen: »*Wir können später entscheiden, ob wir das Konzept wirklich umsetzen. Es wäre gut, wenn wir es vielleicht einfach mal ausarbeiten und durchdenken*«. Lassen Sie Ihre Kollegen das Konzept ohne Sie ausarbeiten. Die Wahrscheinlichkeit, dass es dann umgesetzt wird, steigt rasant. Wenn Sie übrigens dabei wären, hätten Sie keinen Erfolg, weil Ihre Kollegen Ihnen dann beweisen wollten, dass sie gegen das Konzept sind, und sich gar nicht erst hineindenken.

Der Sunk-Cost-Effekt lässt sich also recht einfach nutzen und ist sehr bequem. Sie müssen ja nichts selbst machen, sondern nur die anderen machen lassen, damit diese dann umso begeisterter mehr machen. Und wenn Ihre Kollegen mal die Segel streichen wollen, dann erinnern Sie einfach daran: »*Wir haben nun schon so viel Zeit und Aufwand investiert, da können wir doch nicht einfach ...*«

Weitere Anwendungsbeispiele

➤ Sie wünschen sich zum Beispiel eine neue Schrankwand, aber Ihr Partner scheut die Kosten? Dann suchen Sie nicht selbst, sondern bitten Sie ihn oder sie, selbst im Internet und in Möbelhäusern danach zu suchen. Man könne dann ja immer noch entscheiden. Die Arbeit, die er oder sie investiert, sind schon versenkte Kosten und steigern die Wahrscheinlichkeit, dass letztlich doch eine Schrankwand gekauft wird, erheblich!

➤ Sie wollen eine neue Software einführen und Ihre Kollegen sträuben sich dagegen. Lassen Sie diese einen Anforderungskatalog ausfüllen und berufen Sie ein Ideenteam ein. Es ist unerheblich, wie viele Ideen tatsächlich in die Software einfließen, es geht nur darum, dass die Kollegen möglichst viel Arbeit investieren.

➤ Ihr Team will bei einem internen Projekt abspringen. Lassen Sie jedes Teammitglied erzählen, was es für das Projekt bereits alles getan hat. Da fällt es plötzlich richtig schwer, die Flinte ins Korn zu werfen.

Manipulieren Sie den kleinen mentalen Buchhalter

Apropos versenkte Kosten: Vor zwei Jahren habe ich mir einen Montblanc-Füller gekauft. Ein wundervolles Stück, nur leider ziemlich teuer. Ich gestehe es, er hat 260 Euro gekostet. So viel Geld für einen Füller? Deswegen schreibe ich nun weder besser noch sind meine Notizen schlauer, und ehrlich gesagt würde ich auch mit einem 50-Cent-Kugelschreiber klarkommen. Aber ich habe bis heute den Kauf nicht bereut, denn ich habe mir nicht nur einen Stift

gekauft. Ich habe mich belohnt! Ich hatte einen großen Vertrag ab-
geschlossen und mir dieses Teil gegönnt. Außerdem rede ich mir bis
heute ein, dass wichtige Dokumente damit unterschrieben werden
müssen und ein solcher Füller anderen Leuten signalisiert, dass ich
erfolgreich bin. Das ist natürlich ziemlicher Unsinn. Er signalisiert
allenfalls, dass ich viel zu viel Geld für einen Stift ausgegeben habe.
Aber dennoch kann mein kleiner mentaler Buchhalter die Kosten so
verbuchen, dass ich kein schlechtes Gewissen habe. Wir alle besitzen
solche kleinen mentalen Buchhalter, und diese lassen sich hervorragend beeinflussen, damit wir Dinge tun, die wir sonst nicht tun würden. Die Autowerbung suggeriert Familienglück und Sicherheit, also kaufen wir dieses Auto nur für die Familie, aber eigentlich wollen
wir die Karre für uns haben und damit angeben.

Nutzen Sie diesen mentalen Buchhalter, um andere dazu zu bringen, Dinge umzusetzen. Wollen Sie einen neuen Schreibtisch haben? Dann gehen Sie nicht zu Ihrem Chef und sagen, dass Sie das alte Ding nicht mehr sehen können. Reden Sie über Kundenwirkung
und Arbeitsplatzergonomie. Sie werden schneller zum Zug kommen. Brauchen Sie einen Praktikanten, der Ihnen lästige Aufgaben
abnimmt, auf die Sie einfach keine Lust haben? Dann erläutern Sie
die Vorteile, die es hätte, wenn Sie Ihre Zeit entsprechend Ihrem Gehalt höherwertigen Aufgaben widmen könnten. Wir haben am Anfang über die Sinngebung gesprochen. Verschieben Sie den Sinn so,
dass der kleine mentale Buchhalter glücklich ist. Dafür muss man
nur verstehen, worauf die andere Person anspringt, also wie sich die
vier kleinen Helferlein – unsere Motivatoren – entfalten und welche
Auswirkungen dies hat.

Weitere Anwendungsbeispiele

➤ Sie sind teurer als der internationale Wettbewerber. Betonen Sie, dass es ja nicht nur um Geld gehe, sondern Sie ein deutsches Unternehmen sind und durch den Vertrag der deutsche Mittelstand gefördert wird. Sind Sie ein internationales Unternehmen, betonen Sie, dass die internationale Erfahrung den Preis wert ist.

➤ Ihre Kollegen sträuben sich, die neue Software einzuführen. Argumentieren Sie, dass dies im Sinne der Arbeitsplatzerhaltung ist. Wer sich verweigert, vernichtet ergo Arbeitsplätze.

➤ Ihr Kollege hat keine Lust die Excel-Tabelle zu erstellen, um die Sie ihn gebeten haben. Erwähnen Sie einfach, dass ansonsten die attraktive Kollegin aus Abteilung B das machen müsste und sie ihm bestimmt sehr dankbar ist, wenn er ein Gentleman ist und die Arme von dieser Arbeit verschont.

Hüten Sie sich vor dem faulen Team

Kennen Sie die beste Methode, die Motivation und Leistungsbereitschaft eines jeden Einzelnen auf den Tiefpunkt zu bringen? Bilden Sie ein Team! Vergessen Sie solche tollen Begriffe wie Gruppendynamik und Synergieeffekte, das ist schöne Theorie. In der Praxis setzt das Faulenzen ein, sobald mehr als zwei Personen zusammenarbeiten. Am eindrucksvollsten hat Professor Bibb Latané diesen Effekt des sozialen Faulenzens nachgewiesen. Hierfür lud er mehrere Studentengruppen ein. Zu Beginn des Experiments ließ er den Studenten die Augen verbinden und ihnen Kopfhörer aufsetzen. Den Studenten wurde abwechselnd gesagt, dass Sie alleine, zu zweit oder in einer Gruppe mit fünf Personen so laut schreien und klatschen sollten, wie sie konnten. Da sie selbst weder sehen noch hören konnten, wussten Sie nicht, ob sie alleine oder mit mehreren in einem Raum saßen. Tatsächlich waren sie immer allein. Wenn man den Teilnehmern sagte, dass sie zu zweit seien, machten sie nur 87

Prozent so viel Lärm, als wenn sie dachten, alleine im Raum zu sitzen. Sagte man ihnen, sie seien nun in einer Fünfergruppe im Raum, machten sie nur noch 74 Prozent so viel Lärm, gaben sich also deutlich weniger Mühe. Fühlt man sich also als Mitglied eines Teams, sinkt die individuelle Leistung. Überspitzt formuliert: Sobald man ein Team bildet, öffnet man der Faulheit Tür und Tor.

Nun müsste demnach jedes Unternehmen Teamarbeit verbieten und könnte allein dadurch zweistellige Produktivitätssteigerungsraten erzielen. Das macht in der Praxis natürlich wenig Sinn. Auch Fußballer erliegen oft genug der sozialen Faulheit. Deswegen würde jedoch kein Trainer auf den Gedanken kommen, als Gewinnstrategie alle Spieler bis auf einen vom Platz zu stellen. Sich gegenseitig beizustehen, Erfahrungsaustausch und komplementäre Stärken machen Teams durchaus sinnvoll. Manche Menschen blühen erst in Teams auf. Nur muss man aufpassen, dass diese positiven Aspekte nicht durch das soziale Faulenzen aufgefressen werden.

Wenn man einmal weiß, dass ein Team ein hervorragendes Versteck für die individuelle Leistungsbereitschaft bietet, kann man auch gezielt dagegen vorgehen. In einer Studie zusammen mit der Higher School of Economics in Nischni Nowgorod, Russland, konnten wir unter rund 250 Vertriebsmitarbeitern und technischen Mitarbeitern zeigen, dass allein durch klare Abgrenzung der Verantwortlichkeiten und eine Messbarkeit der eigenen Leistung die soziale Faulheit wirkungsvoll bekämpft werden konnte. Je zeitgenauer die Leistung gemessen wurde, umso besser wurde die Leistung. Spannend dabei war, dass die Vorgesetzten die Ergebnisse der Leistungsmessung gar nicht zu sehen bekamen. Nur der Mitarbeiter selbst konnte seine eigenen Leistungskennzahlen sehen, und das war den Mitarbeitern auch bekannt. Es war also nicht der Druck der Chefs, sondern allein die Tatsache, dass die Mitarbeiter täglich selbst sehen konnten, ob sie ihr Soll erfüllt hatten oder nicht, was zu der Leistungssteigerung führte. Wer also täglich mit der eigenen Leistung konfrontiert wird, ist fleißiger, denn er kann sich nicht mehr hinter anderen verstecken.

➤ Damit Kollegen von sich aus motiviert sind, Dinge so umzusetzen, wie Sie es wollen, sollten Sie den persönlichen Leistungsfortschritt für die Personen auch innerhalb von Teams messbar machen.

➤ Je genauer die individuelle Leistung nachvollziehbar ist, umso besser. Wöchentlich bringt mehr als monatlich und täglich mehr als wöchentlich.

➤ Die Leistungsfortschritte müssen den Personen jederzeit zugänglich sein und am besten direkt geliefert werden (push) anstatt dass die Kollegen diese immer selbst abrufen müssen (pull). Das geht nämlich schnell im Alltag unter.

➤ Es reicht bereits aus, wenn der Leistungsfortschritt nur der Person selbst zur Verfügung gestellt wird. Wann es Sinn macht, Leistungen öffentlich zu machen, und welche Gefahren damit zusammenhängen, sehen wir im nächsten Kapitel.

Überwinden Sie die Trägheit der Masse

Die Trägheit der Masse kann man aber auch bewusst nutzen, um Maßnahmen in die richtige Richtung zu lenken. Anfang der neunziger Jahre besuchte ich in Las Vegas eine Show des großen Magiers Lance Burton. Ich hatte Karten für einen Platz in einer der vorderen Reihen bekommen und somit auch das zweifelhafte Glück, auf die Bühne gebeten zu werden. Dort sollte ich ein Tuch halten und Lance Burton »assistieren«. Nachdem meine Aufgabe beendet war, dankte er mir recht herzlich, beugte sich zu mir herüber und flüsterte mir ins Ohr: »*Standing ovations at the end, please don't forget.*« (*Standing Ovations zum Schluss – nicht vergessen, bitte!*) Im Laufe der Show wurden rund zehn Zuschauer in ähnlicher Form auf die Bühne geholt, und ich bin mir sicher, dass er allen genau diese Worte ins Ohr flüsterte.

Denn am Ende der Show, als der Applaus tobte, stand ich natürlich sofort auf, und mit mir die anderen zehn Zuschauer. Es dauerte nur wenige Sekunden und der ganze Saal erhob sich und tobte. Lance Burton hatte seine Standing Ovations. Als Meister der Täuschung verstand er es natürlich, zwei psychologische Kniffe effektiv für ein begeisterndes Ende seiner Show einzusetzen. Sie werden die beiden Kniffe bestimmt schon erkannt haben: Es ist der Herdentrieb garniert mit dem Prinzip der Gegenseitigkeit.

Zuschauer, die plötzlich auf der Bühne stehen, fühlen sich geschmeichelt. Natürlich sind manche ein wenig scheu und es ist ihnen auch ein wenig unangenehm. Aber neben der Autoritätsperson des Abends auf der Bühne zu stehen ist eine Ehre. Lance Burton hat uns Zuschauern auf der Bühne etwas ganz Wertvolles geschenkt, nämlich Anerkennung und sozialen Status, die sogenannten fünf Minuten Ruhm. Und wir wissen ja, wer bekommt, gibt auch gerne zurück. Entsprechend gerne erfüllten wir anschließend den Wunsch nach Standing Ovations.

Genau da setzte dann der Herdentrieb ein, den wir ja schon von Caldianis Handtuchexperiment kennen. Die Zuschauer sahen, wie andere zum Applaudieren aufstanden, und machten es ihnen nach. Es brauchte nur einige Vormacher und der Saal stand und tobte. Hilfreich war, dass die Ersten, die aufstanden, eben jene waren, die zuvor auf der Bühne gestanden hatten und somit gefühlt in der Hierarchie etwas über dem »Durchschnittspublikum« standen, also als Anführer der Herde wirkten.

Die erfolgreiche Umsetzung von guten Plänen und gemeinsam getroffenen Entscheidungen steht und fällt meist mit diesem Herdentrieb. Deswegen ist es entscheidend, diesen wichtigen Effekt nicht nur bei der Überzeugung, sondern auch in der Umsetzungsphase zu beherrschen und darauf zu achten, dass nichts aus dem Ruder läuft. Leider liegen die Tücken im Detail. So versuchen wir oft unsere Mitmenschen zu richtigem Handeln anzuspornen und verwenden versehentlich den Herdentrieb gegen uns selbst!

»Es kann so nicht weitergehen, dass die meisten in diesem Team zu spät kommen! Nur eine Handvoll sind wirklich pünktlich«, tobte ein Teamleiter bei einer Besprechung. *»Ich möchte, dass sich das ändert.«* Hat es dann auch, seitdem waren noch mehr Mitarbeiter unpünktlich. Er hatte zwar in der Sache Recht, aber nicht in der Argumentation. Dadurch, dass er das Verhalten der Mehrheit herausstellte, war dies der Status quo, an dem sich die Mitmenschen nun begannen zu orientieren. Dabei spielte es keine Rolle, dass die Mehrheit falsch handelte. Der Herdentrieb war mal wieder stärker als moralische oder rationale Argumente.

Hätte er seine empörte Aussage leicht abgewandelt, hätte er wohl mehr Erfolg gehabt: *»Es kann nicht sein, dass die Leistungsträger alle pünktlich sind, während einige andere stets unpünktlich sind.«* Wohlgemerkt, nicht die Mehrheit, sondern nur einige andere kommen zu spät, und zwar nicht die Leistungsträger! Denn alles andere wäre ja eine Verfälschung der Tatsachen. Soziale Bewährtheit entsteht nicht allein durch Masse, sondern auch durch Klasse. Jemand, der eine Stufe höher ist als wir, dient eher als Orientierungspunkt für uns und unsere Mitmenschen. Diese leicht höhere Stufe kann strukturell hierarchisch sein, wie ein Vorgesetzter. Es können aber weniger formelle Aspekte eine Rolle spielen, wie zum Beispiel Mehrleistung, Dauer der Zugehörigkeit, anerkannte fachliche Autorität et cetera. Aber Vorsicht: Beim Handtuchexperiment von Caldiani haben wir ja gesehen, dass die soziale Bewährtheit umso besser funktioniert, je ähnlicher uns jemand ist. Damit der Herdentrieb über den Status funktioniert, darf der hierarchische Unterschied nur leicht und nicht zu groß sein. Sonst wirkt die Person fremd und dient nicht als »Kopf der Herde«. Bei Lance Burton waren wir Zuschauer, die auf der Bühne gestanden hatten, zwar wie alle anderen, jedoch ein klein bisschen anders.

Im Prinzip ist es wie in der Schule. Wenn der Klassenheld eine neue Musikgruppe hört, dann machen es ihm alle Jungs nach, die cool sein wollen, und wenn das Klassen-Starlet plötzlich eine neue Frisur hat, dann setzt sie den neuen Trend und alle Mädchen versuchen ihr nachzueifern. Jede Mode ist nichts anderes als ein Herdentrieb. So war es mit Tattoos und den Flesh-Tunnels, den übergroßen Löchern in den Ohrläppchen. Einige jugendliche Individualisten wollten sich durch extravaganten Körperschmuck von der Masse abheben. Andere Jugendliche begannen dies gezielt nachzuahmen. Sie rennen einem Trend hinterher, imitieren gezielt Individualisten, um genauso individuell zu wirken. Dieses Bild bricht spätestens dann zusammen, wenn Enddreißiger aus Jugendwahn diese Trends kopieren. Der Individualist, der am Anfang stand, ist schon lange vom Mainstream eingeholt worden und muss etwas Neues finden, um sich abzuheben. Das ist das Schicksal der Individualisten, sie werden stets von der Herde gejagt, die ihnen treudoof hinterhertrottet.

Um Dinge in Gang zu kriegen, sollten Sie es also wie Lance Burton machen. Warten Sie nicht erst darauf, dass ein Herdentrieb entsteht, sondern stoßen Sie diesen bewusst an:

1. Suchen Sie sich gezielt Personen aus, die der Masse ähnlich sind, sich aber dennoch durch besonders positive Eigenschaften leicht abheben und somit als Vorbilder dienen können. Zum Beispiel durch besondere Erfahrung, eine lange Betriebszugehörigkeit, überdurchschnittliche Leistungen et cetera.

2. Teilen Sie diesen Mitarbeitern mit, dass sie sich besonders als gutes Beispiel eignen und eine Vorbildfunktion für ein Projekt oder Vorhaben einnehmen würden. Dadurch schenkt man Wertschätzung (Gegenseitigkeitseffekt).

3. Instruieren Sie diese Mitarbeiter genau, wie sie sich verhalten sollen, damit andere Mitarbeiter sich an ihnen orientieren können (soziale Bewährtheit).

Wenn Sie es richtig anstellen, müssen Sie den anderen Mitarbeitern gegenüber gar nicht betonen, wer die Vorbilder sind. Die soziale Bewährtheit funktioniert schon von alleine. Wichtig ist nur, dass diese ausgewählten Kollegen regelmäßig zeigen oder kommunizieren, was sie tun und darauf hinweisen, dass andere sich genauso verhalten mögen.

Weitere Anwendungsbeispiele

➤ Ihre Kollegen sollen Anträge in einer bestimmten Art und Weise ausfüllen. Merken Sie bei nicht vollständig ausgefüllten Anträgen an, dass alle anderen das immer gewissenhaft und richtig machen. Verweisen Sie darauf, dass jeder, der Hilfe braucht, sich an Herrn Meyer oder Frau Schulze wenden kann.

➤ Ein älterer Mitarbeiter will eine neue Software nicht verwenden, weil er sich damit nicht wohlfühlt. Wenn Sie nun auf all die anderen Kollegen verweisen, die die Software problemlos anwenden, kann dies wirkungslos sein, wenn die Kollegen zum Beispiel jünger oder anders ausgebildet, also ihm unähnlich sind. Stellen Sie ihm einen Mitarbeiter zur Seite, der ihm alters- und ausbildungsmäßig ähnlich ist und der die Software bereits erfolgreich einsetzt.

➤ Sie wollen Ihren Vorgesetzten von einem Marketingkonzept überzeugen. Zeigen Sie Beispiele vergleichbarer Unternehmen auf, die ein ähnliches Konzept bereits erfolgreich einsetzen.

➤ Sie müssen Personen aber nicht unbedingt instruieren, sich besonders zu verhalten. Manchmal reicht auch aus, sie einfach zu erwähnen. In der Kundengewinnung werden gerne Zitate von anderen Kunden verwendet, am besten mit deren Bildern. Dabei müssen es gar nicht 1000 Zitate sein, sondern allein drei bis vier Originaltöne von Kunden lösen bereits den Effekt der sozialen Bewährtheit aus.

Der Drang zur Mitte

Dummerweise führt der Herdentrieb oft zu Mittelmaß, und wer will schon Mittelmaß? Dies haben wir eindrucksvoll in einer zweiten Stufe unseres Experiments zum Kapitel »Hüten Sie sich vor dem faulen Team« gesehen. In der ersten Stufe hatten wir ja bewusst die persönlichen Leistungsparameter nicht öffentlich gemacht, um die intrinsisch motivierte Leistungssteigerung zu messen. In einer zweiten Stufe haben wir dann die durchschnittliche Fertigungsleistung wöchentlich veröffentlicht, so zum Beispiel die fertiggestellte Stückzahl pro Woche pro Kopf, Fehlerquote et cetera. Natürlich nannten wir niemals öffentlich die persönlichen Leistungen, sondern nur die des Gesamtteams. Diese Zahlen sollten als Richtlinien dienen, um schlechtere Mitarbeiter über den Herdentrieb anzuspornen. Tatsächlich stieg die Leistung der schlechteren Hälfte deutlich um zwölf Prozentpunkte an. Dummerweise orientierte sich auch die bessere Hälfte an dem Durchschnitt, deren Leistung sank um sieben Prozentpunkte. Dies zeigt, dass der Sog des Herdentriebs ein zweischneidiges Schwert ist.

Der Herdentrieb kann auch krank machen! Das zeigt sich wundervoll in Betrieben, die die krankheitsbedingten Fehltage wöchentlich aushängen. Das ist eigentlich eine gut gemeinte Aktion, mit der Mitarbeiter zu einer gesünderen Lebensweise und mehr Arbeitssicherheit animiert werden sollen. Nur zeigt sich danach leider regelmäßig, dass Leute mit geringeren Fehltagen plötzlich öfter krank werden. Sie sehen nämlich, dass sie im Vergleich zur Mehrheit ja noch einige Tage »Luft nach oben« haben und dann dauert eine Krankheit das nächste Mal auch etwas länger. Ein weiteres Beispiel, das gut gemeint, jedoch nicht unbedingt gut gemacht ist.

Dabei kann man mit wenigen leichten Kniffen vermeiden, dass sich alle am Mittelmaß orientieren. Wir hatten ja bereits gesehen, dass der Herdentrieb sich nicht nach der rechnerischen, sondern der empfundenen Mehrheit richtet. Unser Gehirn rechnet keine Mehrheitsverhältnisse aus, um dann instinktiv zu entscheiden. Definieren Sie also das, was als Mehrheit empfunden wird. In unserem Versuch hat sich gezeigt, dass sich die Leistungen bereits schlagartig verbesserten, und im oberen Feld deutlich weniger abgesunken sind, als wir nicht mehr die Durchschnittsleistung aller Teams zeigten. Stattdessen nannten wir nur noch den durchschnittlichen Wert des oberen Viertels, also der besten 25 Prozent. Wir haben die Messlatte einfach angehoben. Durch diesen kleinen Kniff lag das empfundene Mittelmaß plötzlich auf einem höheren Niveau. Genauso könnte man die Krankheitsstände verbessern, indem man einfach die 25 Prozent mit den wenigsten Fehltagen als Durchschnitt ausweist.

Sie können aber noch einen Schritt weitergehen. Lassen Sie die Mitarbeiter oder Teams nur ihre eigenen Zahlen sehen, so wie wir es in unserem ursprünglichen Experiment gemacht haben. Um aber zu zeigen, wo man gegenüber der Masse steht und um einen gewissen Herdentrieb zu nutzen, vergeben Sie zusätzlich grüne Punkte für Teams, die sich im oberen Viertel befinden, gelbe für Teams, die sich darunter bis zum Mittelfeld befinden, und rote für alle, die darunter liegen. Jetzt weiß zwar ein gutes Team, dass es gut ist, aber eben nicht, *wie* gut. Die Wahrscheinlichkeit die Leistung schleifen zu lassen, ist hier geringer, als wenn Sie absolute Werte ausweisen würden. Das schlechte und das mittlere Team müssten zwar logisch wissen, dass sie die Mehrheit ausmachen, aber da die gefühlte Mehrheit die Leistungsträger sind, empfinden sie sich als unterdurchschnittlich. Entsprechend besteht weiterhin der Ansporn für eine Leistungssteigerung.

Wer droht, hat schon verloren

Die zuvor genannten Techniken steigern die Umsetzungswahrscheinlichkeit und -geschwindigkeit erheblich. Dennoch lässt es sich nicht ganz vermeiden, dass es immer mal wieder Momente gibt, wo eine Kollegin, ein Mitarbeiter oder der Chef selbst sich einfach nicht bewegt. Die Gründe hierfür können vielfältig sein. Manchmal ist es Zeitmangel, vielleicht ist es Angst, viele Menschen sind auch einfach nur stur und bequem.

Sie beißen sich auf die Lippen, verkneifen es sich immer wieder, dann können Sie doch nicht mehr an sich halten und es platzt aus Ihnen heraus: die Drohung! *»Wenn Sie nicht das tun, werde ich das und das tun!«* Oft helfen solche Drohungen sogar, das will ich gar nicht abstreiten, aber zu welchen Kosten?

Drohungen haben einige Tücken, derer man sich immer bewusst sein sollte:

1. Eine Drohung hinterlässt stets böses Blut und verbrannte Erde.
2. Wenn eine Drohung einmal geäußert wurde, dann wird die andere Person in Zukunft versuchen, nicht mehr erpressbar zu sein und sich bemühen, sich Ihrem Drohpotenzial zu entziehen. Deswegen ist dies meist eine Einmal-Waffe.
3. Eine Drohung kann nur dann funktionieren, wenn die andere Person sich durch die Drohung beeindrucken lässt. Was aber, wenn dies nicht geschieht? Dann steht man ziemlich dumm da. *»Wenn Sie nicht sofort etwas unternehmen, dann kündige ich.«* – *»OK, dann kündigen Sie eben.«* Was soll man nun tun? Klar, kündigen, aber vielleicht will man das eigentlich gar nicht.
4. Die andere Person muss sich nicht nur durch die Drohung beeindrucken lassen, Sie müssen auch selbst Mut, Kraft und die Fähigkeit besitzen, die Drohung umzusetzen.
5. Letztlich, aber am wichtigsten: Wer durch eine Drohung etwas tut, handelt unter Zwang, das ist immer schlechter, als wenn jemand etwas freiwillig tut. Wer lässt sich schon gerne zwingen? Und schließlich wollen wir ja andere Menschen dazu bringen, freiwillig das zu tun, was wir wollen, und sich dabei sogar noch wohl zu fühlen!

Dennoch gibt es eine Möglichkeit, einen subtilen Druck aufzubauen, ohne dass dies als Drohung wahrgenommen wird. Und zwar, indem Sie ein Verlustszenario beschreiben, das der Person wirklich wehtut. Nun mag man sich fragen, wo hier der Unterschied zu einer Drohung liegt, und tatsächlich ist dieser klein, aber umso entscheidender. Eine Drohung beruht auf der Androhung einer Strafmaßnahme: *Wenn du (nicht) das tust, tue ich (nicht) das.* Ein Verlustszenario beschreibt jedoch eine logische, mögliche Folge von Handeln oder Nicht-Handeln. *Wenn du (nicht) das tust, kann es sein, dass das und das (nicht) geschieht.* Sie wollen Ihren Chef dazu bringen, endlich die Steuerunterlagen durchzugehen. Eine Drohung wäre es, anzukündigen, dass Sie sich versetzen lassen, dessen Vorgesetzten anrufen oder es dem Finanzamt melden, wenn er dies nicht tut. Ein Verlustszenario hingegen wäre, wenn Sie darauf hinweisen würden, dass mangelhafte Steuerunterlagen das Unternehmen viel Geld kosten würden und dies dann auf ihn zurückfiele, wovor Sie ihn bewahren wollen. Ein weiteres Beispiel: Es erklärt sich niemand bereit, bei der Weihnachtsfeier zu helfen. Eine Drohung wäre: »*Wenn niemand mithilft, dann schmeiße ich hin. Dann gibt es eben keine Feier.*« Eine Verlustbeschreibung hingegen würde lauten: »*Ich schaffe es einfach nicht alleine, die Feier zu organisieren, so gerne ich das auch würde. Wenn mir niemand hilft, kann ich sie nicht durchführen.*«

Verlustbeschreibungen haben drei wichtige Eigenschaften. Sie sind

➤ ohne persönliche Emotionen;
➤ keine Strafmaßnahmen, sondern Folgen, die sich quasi zwangsweise ergeben;
➤ Hilfsangebote, um unerwünschte Folgen zu vermeiden, ohne jemanden zu erpressen.

Sie merken also, selbst wenn der Unterschied zwischen Drohung und Verlustszenario erst noch spitzfindig wirkte, so liegen doch Welten dazwischen. Auch wenn es in der Hitze des Gefechts verlockend wäre, eine Drohung auszusprechen, gewinnt man dadurch nichts. Tatsächlich lassen sich Drohungen sogar sehr leicht aushebeln, wie wir im folgenden Kapitel sehen werden. Während eine Drohung also immer eine Konfrontation darstellt, ist eine Verlustbeschreibung das Gegenteil, denn sie dient unserem Wohl und dem Wohl unserer Mitmenschen gleichermaßen.

8. Achtung Angriff – so parieren Sie Attacken mit Leichtigkeit

Sie glauben, alles sei in Ordnung. Die Arbeit läuft gut, Ihre Mitmenschen sind Ihnen wohl gesonnen und die Kunden zufrieden. Es passiert genau dann, wenn man es am wenigsten erwartet, und es erwischt Sie eiskalt: der plötzliche Angriff von anderen. Je unerwarteter, umso härter trifft uns ein solcher Angriff. Vielleicht ist es eine mehr oder weniger berechtigte Kritik, manchmal resultiert der Angriff einfach daraus, dass man eines oder mehrere der vier Motive, also Ego, Gier, Bequemlichkeit oder Angst trotz aller guten Vorsätze nicht beachtet hat. Egal ob er Angriff berechtigt oder unberechtigt, nachvollziehbar oder vollkommen unerklärlich ist – er wirft uns erst mal aus der Bahn. Es gibt weniger feine Mitmenschen, die diese Verunsicherung spüren und die Chance der Überlegenheit nutzen, um gleich noch mal »nachzutreten«. Manchmal nutzen auch andere Mitmenschen die Gelegenheit und stimmen in diesen unsäglichen Chor mit ein, um Ihnen gegenüber die Oberhand zu gewinnen oder sich eigene Vorteile zu sichern, und plötzlich hat man noch mehr Gegenwind. Deswegen ist das oberste Gebot, schnellstmöglich wieder zur Souveränität zurückzufinden.

Finden Sie sofort Ihren Halt wieder

Das wissen wir natürlich irgendwie instinktiv und reagieren, indem wir aus allen Kanonen zurückfeuern. Schreit uns jemand an, schreien wir zurück. Wirft uns jemand Fehler oder gar Inkompetenz vor, dann kontern wir entsprechend. Das kann manchmal kurzfristigen

Erfolg bringen, hinterlässt jedoch meist einen ziemlichen Scherbenhaufen. Außerdem gibt es genügend Situationen, in denen eine solche Vorgehensweise alles andere als ratsam ist. Es hat sich in der Praxis oft als wenig vorteilhaft erwiesen, dem Vorgesetzten, dem Hauptkunden des Unternehmens oder dem Polizisten bei der Verkehrskontrolle wutentbrannt und schreiend Inkompetenz vorzuwerfen.

Egal aus welcher Richtung der Angriff kommt, es gilt als Erstes, Ruhe zu bewahren und die Fassung zurückzugewinnen. Das ist umso wichtiger, wenn der Angriff ungerechtfertigt oder hochemotional erfolgt.

Deswegen gilt es nun Emotionen rauszunehmen, und zwar in allererster Linie Ihre eigenen. Denn die sind ja ebenfalls hochgeschnellt. Entweder ist man sauer, enttäuscht oder hat schlichtweg Angst, was genauso menschlich ist. Psychologen haben schon vor Jahrzehnten in der Traumabewältigung vier Phasen identifiziert, die gezielt abgearbeitet werden – und ein Angriff ist ja nichts anderes als ein Trauma.

➤ Die erste Reaktion ist *Ungläubigkeit.* Man will nicht wahrhaben, was gerade passiert.
➤ Dann kommt die *Wut.*
➤ Erst allmählich beginnt man die Situation zu *akzeptieren.*
➤ Dann beginnt man zu *handeln.*

Mindestens die Hälfte der Reaktionszeit auf einen Angriff passiert also rein gar nichts. Man verarbeitet emotional, ist dabei aber völlig unproduktiv. Jede Phase bewusst zu »erleben« und zu verarbeiten, wie es Psychologen empfehlen, ist zwar schön und sinnvoll, und wenn Sie mehrere Tage Zeit dafür haben und das Problem nicht so schnell gelöst werden muss, dann tun Sie das. In den meisten Fällen haben wir diesen Luxus nicht. Sinnvoller ist es, sich selbst beizubringen, diese gesamte emotionale Erlebniskurve radikal abzukürzen, indem man die ersten Phasen *Ungläubigkeit* und *Wut* so schnell wie möglich hinter sich lässt. Mit der *Akzeptanz* beginnt dann schon wieder das Nachdenken und somit eine produktive Reaktion. Wenn man sich einmal bewusst ist, dass Ungläubigkeit und Wut eigentlich nur emotionale Zeitverschwendung sind, fällt es leichter, darauf zu verzichten. Das nächste Mal, wenn Sie heftig kritisiert oder sonst wie angegangen werden, gehen Sie aus sich selbst heraus und beobachten sich aus einer externen Perspektive. Sie sind ungläubig, erstaunt, verwundert. OK. Haken Sie das sofort ab. Sie stehen ja auch nicht im Regen und starren eine halbe Stunde nach oben und schauen den Regen an, egal was der Wetterbericht gesagt hat. Es ist so, wie es ist. Allein mit dieser Gedankenbrücke lässt sich die Reaktionszeit erheblich verkürzen!

Jetzt kommt die Wut. Auch diese lässt sich bändigen. Es ist leichter, als viele glauben. Richtige animalische Wut, zu der wir Menschen ohne Weiteres fähig sind, führt normalerweise zu erheblichen, meist sogar körperlichen Reaktionen. Wie oft haben Sie zugeschlagen, wenn Sie wütend waren? Ich denke, so gut wie nie. Weil Sie gelernt haben, Wut zu kontrollieren und in eine andere Richtung zu lenken, vielleicht nach innen oder indem Sie verbal kontern. Obwohl Wut einen Gewaltreflex in uns auslöst, gelingt es uns, sie zu beherrschen. Genauso kann man die noch restliche verbleibende, also die zivilisierte Wut einfach in positive Kraft umlenken. Visualisieren Sie in Gedanken, wie spielend leicht es Ihnen fällt, die Person zu drehen und zu manipulieren, bis sie Ihnen wie ein dressiertes Hündchen folgt. Natürlich sind das keine ethisch einwandfreien Gedanken, aber sie sind allemal besser, als seiner Wut freien Lauf zu lassen. Visualisieren Sie also, wie Sie die andere Person dominieren werden, und setzen Sie es dann mit den nachfolgenden Methoden um. Das macht viel mehr Spaß und ist viel erfüllender, als einfach auf Konfrontation zu gehen oder zu schmollen.

Zuerst überlegt man sich, wie so oft, was die andere Person eigentlich wirklich will. Reinzoomen, verstehen, Motive identifizieren, all die Methoden, die wir schon kennen. Die andere Person hat uns ja angeschrien, weil sie irgendwie emotional unter Druck steht und nun im Kessel Dampf ablassen musste. In einer solchen Situation sachlich zu argumentieren und wohlmöglich die andere Person davon überzeugen zu wollen, dass sie Unrecht hat, ist, als ob Sie in Russland Chinesisch sprechen würden. Es ist im Moment völlig egal, wer Recht oder Unrecht hat, sondern in allererster Linie geht es darum, die Person vorsichtig in die richtige Richtung zu lenken und behutsam Druck aus dem Kessel abzulassen.

Entschärfen Sie Drohungen effektiv

Natürlich lassen sich andere Personen nicht immer sofort beruhigen. Ganz unangenehm sind jene Zeitgenossen, für die Drohungen ein legitimes Mittel der Argumentation sind. Was von Drohungen zu halten ist, haben wir ja bereits behandelt. Dennoch beeindrucken uns Drohungen mehr, als uns lieb ist. Wenn sie nicht völlig lächerlich sind, machen sie uns Angst. Dabei sollten Sie sich von Drohungen niemals, absolut niemals einschüchtern lassen! Außer man droht Ihnen mit körperlicher Gewalt, dann heißt es schleunigst den Standort wechseln. Da dies in deutschen Unternehmen jedoch eher selten vorkommt, gilt es Ruhe zu bewahren! Denn sobald jemand droht, sind Sie im Vorteil! Sie wissen ja nun, was Ihnen blühen kann, und können entsprechend darauf reagieren. Bei einer Drohung gilt das Gleiche wie bei jedem Angriff, erst mal durchatmen und die ersten beiden Schritte, nämlich Ungläubigkeit und Wut, gekonnt überspringen. Dann gehen Sie in drei klaren Schritten vor:

1. Visualisieren

Da Drohungen meist einen Angstreflex oder zumindest ein beklemmendes Gefühl in uns auslösen, gilt es erst einmal, der Sache den Schrecken zu nehmen. Visualisieren Sie kurz, was es bedeuten würde, wenn derjenige die Drohung in die Tat umsetzte. Das bekannte

Übel ist immer weniger furchteinflößend als das unbekannte. Meist entpuppt sich die Drohkulisse als gar nicht so gefährlich und im Grunde sogar lächerlich harmlos.

2. Bewerten

Jetzt sollte man sich überlegen, ob die Person die Drohung überhaupt in die Tat umsetzen kann. Und selbst wenn, nun, da Sie die ganze Sache visualisiert haben und etwas nüchterner betrachten, überlegen Sie sich, welche Konsequenzen das für Sie hätte. Was würde schlimmstenfalls passieren? Man droht Ihnen vielleicht, sich bei Ihrem Chef zu beschweren. Na und? Schlimmstenfalls gibt es einen Rüffel vom Chef. Deswegen lässt man sich doch nicht erpressbar machen. Bestenfalls können Sie Ihre Sicht der Dinge präsentieren, und gar nichts passiert. Beliebt sind auch Drohungen mit dem Rechtsanwalt. Das ist doch keine Drohung. Das ist allenfalls ein Versprechen, die Sache einem unemotionalen, nüchternen Profi zu übergeben. Da können Sie nur dankbar sein, weil Sie sich das Geschrei nicht mehr anhören müssen. Drohungen, die selbst nüchtern betrachtet uns existenziell gefährden können, sind äußerst rar gesät. In den meisten Fällen sind Drohungen albernes Kindertheater und deren Folgen allenfalls ein paar unwesentliche Unannehmlichkeiten.

3. Entschärfen

Nun muss man bei einer Drohung nicht immer aus Prinzip auf stur schalten. Man sollte sie aber auf alle Fälle entschärfen. Am besten gelingt das, indem man gar nicht erst auf die Drohung eingeht. Einfach ignorieren. Wie Sie dann weiter verfahren, liegt ganz bei Ihnen. Sie können nachgeben oder Ihren Standpunkt beibehalten. Machen Sie auf alle Fälle klar, dass es Ihre Entscheidung ist, wie nun weiter verfahren wird. Denn entsteht einmal der Eindruck, dass die Drohung gewirkt habe, hat man sich erpressbar gemacht. Und wie das mit Erpressern nun mal so ist, hören die nie mehr auf, sondern nutzen das Drohpotenzial immer wieder, wenn es ihnen Vorteile verspricht. Wenn Sie wissen, dass es sich um eine leere Drohung handelt, oder Sie gar nichts zu befürchten haben, dann nutzen Sie den effektivsten Weg: »*Machen Sie es doch.*« Damit ist zwar jede zwischenmenschliche Basis endgültig hinüber, aber auf Erpresser kann man in seinem Umfeld gut verzichten. Sie glauben gar nicht, wie frei man sich dann fühlt.

Glücklicherweise kommt es im Alltag nur selten zu Drohungen, sondern es geht eher um mehr oder weniger berechtigte Kritik, die wir wiederum zu unserem Vorteil nutzen können.

Holen Sie sich das Heft des Handelns zurück

Selbstverständlich mögen wir Kritik nicht. Was wäre, wenn ich Ihnen aber sage, dass Sie sogar deutlich besser dastehen könnten als zuvor, wenn Sie mit Kritik richtig umgehen? Kundenzufriedenheitsstudien zeigen immer wieder, dass Kunden, die ein Problem hatten, bei einer sehr freundlichen und effizienten Problemlösung durch das Unternehmen hinterher meist zufriedener und treuer sind als vor dem Problem. Das heißt natürlich nicht, dass man Kunden Probleme machen sollte, um deren Zufriedenheit zu steigern. Es zeigt aber, dass in jedem Problem eine Chance liegt. Langjährige gute Beziehungen sind ja nicht allein an den Glücksmomenten gewachsen, sondern gerade durch die Probleme, die man miteinander hatte, und nach denen man sich wieder zusammengerauft hat.

Sie haben das bestimmt schon einmal selbst erlebt. Irgendjemand hat einen Fehler gemacht. Man hat sich maßlos geärgert, es hat sich viel Wut angestaut. Mehrere Stunden, wenn nicht Tage, haben Sie überlegt, wie und was Sie sagen werden. Dann haben Sie sich endlich durchgerungen, und die Reaktion der Person war überraschend positiv, sodass Sie danach ein besseres Verhältnis hatten als zuvor. Das ist die wahre Kunst, mit Kritik umzugehen.

Aber als Erstes müssen Sie wieder die Zügel in die Hand bekommen. Das ist umso wichtiger, wenn Sie vor anderen oder in einer unfeinen Art angegangen werden. Gerade jetzt ist es wichtig, an die Spielregeln zu erinnern. Das schafft vielleicht nicht Sympathie, aber die erreichte Abkühlung ist es wert. Wird man zum Beispiel vom Vorgesetzten vor versammelter Mannschaft kritisiert, sollte man erst mal nicht auf die Sache eingehen, sondern ein anderes Spielfeld definieren:

»*Ihr Einwand ist berechtigt, aber das ist etwas, das wir in einem persönlichen Gespräch und nicht vor versammelter Mannschaft klären sollten.*«

Das geht natürlich auch etwas freundlicher und unterwürfiger.

»*Das ist mir schon wichtig, dass das nicht wieder vorkommt. Ich würde mich gerne im Anschluss mit Ihnen zusammensetzen, damit Sie mir exakt sagen können, was Ihnen nicht gepasst hat.*«

Wenn ein Kunde sich lautstark beschwert und seine Wut bei Ihnen ablässt, dann können Sie ihn auch höflich zur Räson rufen.

»*Ihr Anliegen ist bestimmt berechtigt, aber deswegen sollten wir doch sachlich bleiben.*«

Auch das geht natürlich noch etwas eleganter:

»*Ich kann vollkommen verstehen, dass Sie wütend sind, aber Sie reden so schnell, dass ich mir gar nicht notieren kann, was exakt das Problem ist, und dann kann ich es nicht für Sie lösen. Würden Sie mir das noch mal von Anfang an in Ruhe erklären?*«

Sie haben den Kunden nicht in die Schranken gewiesen, sondern ihm einen Weg gezeigt, wie er schneller eine Lösung seines Problems bekommt.

Manchmal ist es übrigens gar nicht so schlimm, wenn ihr Gegenüber einfachste Benimmregeln verletzt. Selbst wenn Sie in aller Öffentlichkeit gebügelt und gefaltet werden, können Sie sogar gut dastehen, wenn Sie professionelle Ruhe bewahren. Denn wer schreit, wirkt meist unprofessioneller als der, der Ruhe bewahrt. Nur merkt der Choleriker es nicht. Es reicht aber schon, dass man selbst und die Umstehenden es wissen. Ruhig zu bleiben und gar nicht zu reagieren, hat also nichts mit Ohnmacht oder Hilflosigkeit zu tun. Wer selbst bestimmt, wann er handelt und wann er nicht handelt, hat ebenso die Zügel in der Hand.

Selbstverständlich können Sie auch solche Choleriker drehen. Grundsätzlich ist ein wirksames Heilmittel für peinliches Verhalten, wenn man einen Spiegel vorgehalten bekommt. Zumindest für kurze Zeit sorgt das in den meisten Fällen für Besserung. Halten Sie also einem solchen Zeitgenossen einen verbalen Spiegel vor, in dem Sie ihm sagen, wie er sich gerade verhält oder wirkt:

»*Ich verstehe, dass Sie sauer sind, aber ich hatte Sie eigentlich für jemanden gehalten, der im Gegensatz zu anderen immer ruhig und besonnen handelt.*« Das ist gewagt? Nein, ist es nicht. Schlimmstenfalls werden Sie einen Spruch hören wie, »*Da sehen Sie, wozu Sie mich gebracht haben.*« Aber dennoch wird der Tonfall danach schlagartig ruhiger.

Weitere Sätze, die helfen, sind:

»*Sie sagen doch selbst immer, dass man ein Problem ruhig und sachlich angehen soll. Vielleicht sollten wir uns auf das eigentliche Problem konzentrieren, ich will ja auch, dass das für Sie gelöst wird.*«

»*Sie sind immer so professionell. Dass Sie so aus der Haut fahren, ist ein Zeichen, wie sehr Sie das geärgert hat. Lassen Sie uns aber jetzt ...*«

214

Eine kleine Abwandlung dieses Satzes ergibt eine absolute Killer-Methode. Sie eignet sich für den Fall, dass Sie in einem Vier-Augen-Gespräch angegangen werden. Ihr Chef schreit Sie zum Beispiel in seinem Büro nach Strich und Faden an. Schauen Sie Ihn völlig schockiert an, setzen Sie sich dann hin und beobachten Sie ihn erstaunt und leicht interessiert, wie ein total exotisches Exemplar im Zoo. Schütteln Sie zwischendurch verwundert den Kopf. Irgendwann wird er Sie irritiert auffordern zu antworten. *»Was schütteln Sie so den Kopf?«* oder *»Haben Sie was zu sagen oder schauen Sie nur blöd?«* Beugen Sie sich dann langsam ein wenig vor. Schauen Sie ihm in die Augen und beginnen mit beruhigender und sanfter Stimme: *»Ich habe Sie noch nie so erlebt. Das tut mir wirklich leid, dass Sie so aus der Haut gefahren sind. Ich möchte das sofort für Sie lösen. Jetzt ist es wichtig, dass wir ganz genau Schritt für Schritt durchgehen, was sich ändern muss, damit das nicht wieder passiert.«* Und zack. Schon haben Sie wieder die Fäden in der Hand, denn Sie sagen ja, was als Nächstes geschieht, und die Luft ist erst mal raus. Es schadet hier gar nicht, dass Sie zugegeben haben, einen Fehler begangen zu haben, denn das können Sie schnell wieder zu Ihren Gunsten drehen, wie wir später sehen werden. Es geht ja nur darum, dass Sie den Spiegel vorgehalten haben und schlagartig für eine Verhaltensänderung sorgen.

Schlagen Sie sich auf die Seite Ihrer Kritiker

Nun wollen wir ja mit Angriffen und Kritik so umgehen, dass wir danach besser dastehen als vorher, also alles zu unseren Gunsten verläuft. Das funktioniert über die drei Vs: *Verstehen, Verkleinern, Verbessern.*

Mit *Verstehen* ist nicht gemeint, die Kritik unbedingt inhaltlich oder sachlich zu verstehen. Vielleicht ist sie völlig unbegründet. Darum geht es erst mal gar nicht. Es ist das *emotionale* Verstehen gemeint. In unserem Unternehmen arbeitete einige Zeit ein Senior-Berater, der fachlich eher ein Tiefflieger war, aber immer dann geholt wurde, wenn es darum ging, einen unzufriedenen Kunden zu beruhigen, was glücklicherweise nicht allzu oft vorkam. Dennoch gehört ein solches Gespräch nun wirklich nicht zu den dankbarsten Aufgaben. Aber er liebte es. Er nahm sich Zeit für den Kunden, sprach in ruhigem Ton mit ihm und begann damit das Offensichtliche zu erfassen: »*Ich habe den Eindruck, dass Sie nicht hundertprozentig zufrieden mit uns sind. Ich würde gerne wissen, was Sie genau stört.*« Nun begann der Kunde loszusprudeln. Der Senior-Berater lauschte dabei aufmerksam, nickte verständnisvoll, und wie ein Therapeut stellte er fürsorglich interessierte Zwischenfragen:

»*Wie fühlten Sie sich, als das Problem auftrat? Welche Konsequenzen hatte das für Sie?*« Oder er ergänzte hier und da mitfühlend, um zu zeigen, dass er versteht, welche Probleme dem Kunden entstanden sind. »*Ich würde mich genauso fühlen. Das darf nicht sein.*« Dann setzte er sich als Anwalt für den Kunden ein. »*Dürfte ich das so zitieren? Ich würde gerne meine Kollegen darauf ansprechen. Damit so etwas nie wieder vorkommt.*«

Der gute Senior-Berater machte sich zugleich zum Therapeuten, Anwalt und besten Freund des Kunden und hatte eine unglaubliche Erfolgsquote. Natürlich heißt das nicht, dass man jeder Kritik uneingeschränkt zustimmen sollte. Aber wenn man Verständnis für die Situation des anderen zeigt, hebt man die Konfrontation auf, und nach wenigen Minuten befindet man sich auf der gleichen Seite, da man mitfühlt und ja nun beide wollen, dass das Problem gelöst wird.

Wie wirkungsvoll und zugleich einfach anwendbar diese Methode sein kann, habe ich neulich bei einer meiner unzähligen Bahnfahrten erleben dürfen. Nachdem wir eine halbe Stunde im ICE an einem verlassenen Bahnsteig standen, ohne dass sich irgendetwas tat, wurden wir gebeten auszusteigen, da der ICE defekt sei. Nach weiteren 30 Minuten wurden wir aufgefordert, doch wieder einzusteigen, weil der ICE wohl doch nicht so defekt sei wie gedacht und weiterfahren könne. Die Stimmung der Fahrgäste war mal wieder auf dem Tiefpunkt und entlud sich gegenüber den armen Zugbegleitern, die das Chaos am wenigsten zu verantworten hatten. Dann kam die Durchsage: »*Sehr geehrte Damen und Herren, wir bedauern dieses Hin und Her sehr. Wir wissen, wie es Ihnen geht, und Sie können sich sicher sein, dass meine Mitarbeiter und ich uns mindestens genauso ärgern wie Sie. Wir werden aber nun alles daran setzen, die Zeit aufzuholen.*«

Der Zugführer hat es brillant gemacht. Keine Ausflüchte, Verständnis gezeigt und solidarisiert, um dann eine Lösung anzubieten. Ich hätte ihn am liebsten sofort eingestellt.

Wie so oft gilt auch hier: Versetzen Sie sich in die Perspektive der anderen Person. Es geht erst mal gar nicht darum, wer Schuld hat, sondern darum, zu verstehen, wie es der anderen Person geht und welche gefühlten Probleme entstanden sind. Schlagen Sie sich emotional auf die Seite Ihres Kritikers.

Stutzen Sie Probleme auf das richtige Maß

Nun befinden Sie sich in einer optimalen Ausgangsposition für den nächsten Schritt, das Verkleinern. Was nicht zu verwechseln ist mit Kleinreden! Instinktiv wollen wir natürlich Kritik abwiegeln. »*Das ist doch nicht so schlimm, wie es aussieht.*« Doch! Das ist genauso schlimm, wie es aussieht, nämlich aus der Sicht des anderen! Wenn Sie jetzt das Problem auch noch kleinreden, dann haben Sie verspielt und Sie können wieder von vorne beginnen. Das Problem ist in dem Moment so groß, wie es wahrgenommen wird. Denken Sie daran, Sie haben sich ja bestenfalls schon auf die Seite Ihres Kritikers geschlagen, nun können Sie ihn auch führen. Probleme werden oft emotional aufgebläht, weil man sich darüber ärgert. Die Konsequenzen sind dabei oft kleiner, als zunächst angenommen. Jetzt kommt es auf Ihr Fingerspitzengefühl an. Wenn Sie das Gefühl haben, dass die sachlichen Auswirkungen wirklich kleiner sind, als sie erscheinen, und das Problem eher daher rührt, dass eines der vier Motive Ego, Angst, Bequemlichkeit, Gier berührt wurde, dann können Sie die Auswirkungen gemeinsam beleuchten.

Zum Beispiel regt sich eine Kollegin darüber auf, dass sie bei E-Mails nicht auf cc gesetzt wird. Soll sie doch froh sein, dadurch hat sie weniger unnötige E-Mails in der Inbox. Aber auf cc gesetzt zu werden, ist ein Statussymbol, man fühlt sich immer ein wenig wichtig. Fragen Sie nun interessiert und besorgt, welche Probleme ihr dadurch entstanden sind: »*Das tut mir wirklich sehr leid. Ich hoffe, dadurch sind nicht zu viele Probleme entstanden. Haben Sie deswegen Schwierigkeiten bekommen? Dann sagen Sie es mir. Ich werde es versuchen wieder gutzumachen.*« Der Person wird schnell klar, dass das Problem sachlich eigentlich geringer ist, als sie tut, aber es geht ja um das Prinzip, und *Prinzip* ist das Code-Wort für *mein Ego*.

Selbst rein sachliche Probleme sind oft kleiner, wenn man sie einmal ausgesprochen und ein wenig genauer beleuchtet hat. Manche Aussagen entpuppen sich dann auch schnell als völlig übertrieben. »*Mehrere Studenten haben sich über die Aufgabenstellung und das Arbeitsvolumen beschwert*«, hieß es in einem Beschwerdeschreiben über die Semesterarbeit, die ich den Studenten aufgegeben hatte. In einem persönlichen Gespräch mit dem Verfasser des Beschwerdeschreibens entpuppten sich die »mehreren« als der Student selbst und dessen Kollegen, mit denen er die Semesterarbeit erstellen sollte. Genauso können bei Kundenbeschwerden schnell aus »mehreren vergeblichen Anrufen« nur ein bis zwei, aus »mindestens 20« Falschlieferungen drei und aus einer Verspätung von »über einer Stunde« 20 Minuten werden. Es geht nicht darum, das Problem kleinzureden oder zu verharmlosen. Aber wenn das Problem genauer betrachtet wird, führt das nicht selten dazu, dass beiden Seiten klar wird, worum es wirklich geht. Meist geht es nur zu einem kleinen Teil um das sachliche Problem, aber zum größten Teil um irrationale Aspekte, die in unseren vier Hauptmotiven zu finden sind. Zum Beispiel ein Kunde, der sich nicht ernst genommen fühlt (*Ego*), der Chef, der sich durch einen zu langen Bericht arbeiten muss (*Bequemlichkeit*), der Kunde, der einen Gutschein als Entschädigung herausschlagen will (*Gier*) oder der Mitarbeiter, der befürchtet übergangen zu werden und keine Informationen zu bekommen (*Angst*).

Gerade wenn der sachliche Beschwerdegrund deutlich geringer ist als dargestellt und die eigentlichen Probleme bei den vier Motiven liegen, erleben Sie oft eine Blockade. Als ein Teamleiter von seinem Chef mit der Aussage konfrontiert wurde, dass sich mehrere Mitarbeiter aufs Heftigste über dessen »lockeren« Führungsstil beschwert hätten, wollte der Teamleiter natürlich etwas ändern. Deswegen fragte er, wer denn die Personen seien, er würde gerne mit ihnen gezielt das Gespräch suchen, um mögliche Probleme zu beseitigen. »*Wir sind doch nicht bei der Stasi!*« war die patzige Antwort des Chefs. In einem späteren intensiven Coaching konnten wir feststellen, dass die Beschwerde tatsächlich von einer Person kam, die deutlich älter war als der Teamleiter und sich deswegen nicht respektiert gefühlt hatte. Der Chef wiederum hatte bei den Mitarbeitern nachgefragt und gehört, was für ein toller Teamleiter das sei, der immer für die anderen da sei. Ein Teamleiter, der beliebter war als er selbst? Das konnte dem Chef mit dem übersteigerten Ego nur verdächtig sein. Das klang ja nach Verbrüderung, und schnell war aus einer Beschwerde und zahlreichen positiven Aussagen eine Masse von Beschwerden geworden. Ein persönliches Gespräch hätte aber die Wahrheit ans Licht gebracht. Deswegen der platte Stasi-Spruch. Selbst wenn Sie also platt abgebürstet werden, dann sollte Sie das nicht weiter stören. Denken Sie daran, Sie sind gerade ein wenig Psychotherapeut, dessen größte Aufgabe darin besteht, zuzuhören. Menschen fühlen sich schon besser, wenn sie nur endlich mal über ihre Probleme reden können, und wer redet, der kommt oft zu ein wenig mehr Selbsterkenntnis. Aber wie gesagt, es bedarf ein wenig

Fingerspitzengefühl. Nicht hilfreich ist, wenn Sie gerade einen Choleriker etwas beruhigt haben, dann nach den Auswirkungen des Problems fragen und er wieder wie eine Rakete durch die Decke geht.

Ebenfalls wenig hilfreich ist es, auf andere Situationen zu verweisen, die viel dramatischer waren, um zu zeigen, wie gering doch das Problem hier ist. Das ist einer der wenigen Momente, wo der Rahmungseffekt versagt. Wenn ein Arzt seinem Herzanfallpatienten erklärt, dass er die Sache mit der doppelten Bypass-Operation mal nicht so tragisch nehmen solle, schließlich würden täglich Menschen an ganz anderen Dingen sterben, ist das keine gute Strategie. Jeder Patient leidet am meisten und ist der Mittelpunkt des Schmerzes und Kummers, genauso ist das mit Kritikern und Beschwerdeführern.

Wenn Sie aber gemeinsam die tatsächlichen Auswirkungen betrachten, sind diese meist geringer, als es zuerst erscheint, und übrig bleiben, wenn auch unausgesprochen, meist wieder die üblichen vier Verdächtigen – Ego, Gier, Angst, Bequemlichkeit.

Verwandeln Sie eine scheinbare Niederlage in einen Sieg

Nun geht es darum, konkret zu verbessern, und zwar sowohl die Situation der anderen Person als auch Ihre eigene. Drehen wir also jetzt eine scheinbare Niederlage in einen Sieg. Eines ist klar: Egal was passiert ist, es muss immer einen Schuldigen geben! Wenn das Wetter am Sonntag schlecht ist, dann schimpfen wir auf den Wetterbericht und die Meteorologen. Als die Finanzkrise kam, wurden die Gier-Banker beschuldigt und die hohe Verschuldung der Staaten, während wir selbst weiter eifrig Konsumentenkredite aufnahmen. Wenn das eigene Kind die vierte Erkältung in drei Monaten nach Hause bringt, dann ist die Schule Schuld, das Nachbarskind oder der Bengel selbst, der sich ja nie richtig anzieht. Die Suche nach dem Schuldigen ist wie die Suche nach dem Sinn. Sie macht es uns leichter, Dinge zu begreifen.

Sie haben sich ja bereits emotional auf die Seite des anderen geschlagen, da ist die Versuchung groß, gemeinsam mit dem Finger auf andere zu zeigen. Das ist menschlich jedoch äußerst unfein. Es nimmt zwar erst mal Druck von Ihnen, hinterlässt aber einen unangenehmen Nachgeschmack. Im Grunde gibt es zwei Situationen: Entweder Sie haben die Sache selbst verbockt oder jemand anders und Sie sind nur der Blitzableiter beziehungsweise werden versehentlich für den Schuldigen gehalten. Eigentlich geht es aber gar nicht um Schuld, sondern um Verantwortung, und aus irgendeinem Grund stehen Sie jetzt in der Verantwortung und müssen die Sache zum Besseren drehen.

Wenn Sie nun wirklich einen Fehler gemacht haben, dann geben Sie ihn doch einfach zu und liefern eine kurze Begründung (Sinngebung), aber keine Ausflüchte! Viele Menschen scheuen sich so sehr, einen Fehler zuzugeben. Dabei machen uns Fehler menschlich und sogar sympathisch. Außerdem hat das noch einen weiteren eleganten Effekt: Wenn Hunde miteinander kämpfen und der unterlegen Hund seine offene Kehle zeigt, dann kann der andere Hund gar nicht mehr zubeißen. Er lässt ab und alles ist gut, wenn es nicht gerade ein völlig psychopathischer Kampfhund ist. Genau diesen Effekt können Sie auch nutzen.

Wenn ein Kollege sich wahnsinnig darüber aufregt, dass Sie vergessen haben, den Bericht fertigzustellen, dann können Sie entweder lange herumdebattieren über mangelnde Informationen oder Arbeitsflut oder die ganze Sache abkürzen: »*Du hast Recht, das habe ich versemmelt. Das tut mir wirklich leid, dass du deswegen Probleme bekommen hast. Ich hatte nur so viel um die Ohren. Das ist keine Entschuldigung, nur dass du weißt, dass es nicht böse gemeint war. Ich werde dafür sorgen, dass es nicht wieder vorkommt, und zwar machen wir das in*

Zukunft so ... «Was soll da noch jemand viel sagen, wenn Sie schon zugegeben haben, dass es Ihr Fehler war? Dann kommen vielleicht noch ein paar kritische Seufzer und gut ist es. Außer natürlich, Sie haben den gleichen Fehler zum zwanzigsten Mal gemacht, dann hilft auch ein offenes Schuldeingeständnis nichts.

Die Hündchen-Methode hat übrigens nichts mit Unterwerfung zu tun! Deswegen geben Sie gleich die Richtung vor und bieten eine Lösung.

Ein ehrliches Schuldeingeständnis ist meist hilfreicher als ewiges Abstreiten. Sie sollten nur vermitteln, dass Sie das Problem im Griff haben. In zahlreichen Studien zur Kundenzufriedenheit konnten wir sehen, dass Probleme, die aus veränderbaren Situationen resultieren, weitaus weniger schwer wogen, als jene, die man nicht verändern konnte. Die Aussage *»Das liegt an unserem Computersystem«* schafft vielleicht Verständnis, weil jeder das kennt, wenn der Computer streikt, aber sie suggeriert, dass es sich um ein dauerhaftes Problem handelt. Sagt man hingegen, *»Das liegt an unserem Computersystem, aber unsere Technik arbeitet gerade an einem Update«*, vermittelt dies, dass es ein temporäres Problem ist und es ja noch Hoffnung gibt. Wenn Sie also Verantwortung übernehmen, dann vermitteln Sie auch immer Hoffnung. Das lässt Sie sympathisch und kompetent erscheinen, und genau dieser kleine Kniff sorgt dafür, dass Sie hinterher sogar besser dastehen als zuvor. Wenn Sie die Verantwortung für einen Fehler übernehmen, dann bieten Sie also stets eine Lösung mit an beziehungsweise signalisieren, dass an einer Lösung gearbeitet wird. Das folgende Eingeständnis enthält alle Aspekte, die wichtig sind, um eine Kritik zu den eigenen Gunsten zu drehen, nämlich

➤ Eingestehen des Offensichtlichen,
➤ Entschuldigung,
➤ Begründung und
➤ Lösung.

»*Der Bericht hat wirklich viele Fehler. Das tut mir leid, ich war nur einfach total geflutet. Ich werde mir in Zukunft mehr Zeit nehmen.*« Oder »*Da ist leider etwas bei Ihrer Lieferung wirklich schiefgelaufen, das bedaure ich sehr. Wahrscheinlich wurde das nicht noch mal kontrolliert. Ich werde in Zukunft dafür sorgen, dass die Mitarbeiter genauer sind.*« Fehler sind menschlich, auch in großen Unternehmen. Eine ehrliche und gut angebrachte Entschuldigung bedarf nur ein klein wenig Mut, Sie können aber das Vertrauen und die Herzen Ihrer Mitmenschen gewinnen.

9. Das Wichtigste zum Schluss

Wir haben nun zahlreiche Methoden behandelt, die Ihnen helfen, andere Menschen dazu zu bringen, das zu tun, was Sie wollen. Ich persönlich wünsche mir, dass sie Ihnen dabei helfen, Ihre persönlichen Ziele zu erreichen. Wie bei allem gilt auch hier: Übung macht den Meister. Je häufiger Sie die Methoden anwenden, umso intuitiver und effektiver werden Sie diese verwenden. Wir haben aber das Wirkungsvollste noch gar nicht behandelt. Dabei ist es eigentlich sehr naheliegend, wird aber im Alltag oft vergessen. Wenn Sie mal Ihr eigenes Leben beobachten – für wen waren oder sind Sie bereit mehr zu tun als für jeden anderen? Für wen wären Sie bereit Dinge zu tun, die Sie sonst eher nicht bereit wären zu machen? Es ist der Mensch, der Sie persönlich glücklich macht.

Das **Glück** ist das kostbarste Gut, was wir haben, eben weil es so rar und so vergänglich ist. Und umso wertvoller ist es, wenn wir es geschenkt bekommen. Glück erleben wir nicht nur in der Liebe und der Familie, es gibt auch die anderen kleinen Glücksmomente des Alltags. Es kann oft so einfach sein andere Menschen für einen kleinen Moment glücklich zu machen, sei es durch ein unerwartetes Dankeschön, ein kleines Geschenk, das ehrlich gemeinte Lob oder die Schulter zum Anlehnen, wenn es jemandem mal nicht so gut geht. All das sind die kleinen alltäglichen Glücksmomente, die wir unseren Mitmenschen geben können. Denn wenn wir eines gesehen haben, dann ist es, dass wir keine sachlichen Roboter sind, sondern verletzliche Wesen mit einigen wenigen, aber umso wichtigeren emotionalen Bedürfnissen.

Wenn wir ehrlichen Herzens Glück schenken, dann tun Menschen viel eher Dinge für uns, ebenfalls ehrlichen Herzens. Und selbst wenn nicht. Wen stört das schon? Denn kaum etwas ist schöner, als andere Menschen ein wenig glücklich zu machen. Es kostet nicht mal etwas.

In diesem Sinne wünsche ich Ihnen nicht nur viel Erfolg, sondern viele dieser Glücksmomente, und dass Sie dieses Glück verbreiten.

Danksagung

Mein Dank gilt vor allem meiner wundervollen Ehefrau, für ihre Liebe, dafür, dass sie stets an mich glaubt, und für die wundervolle Familie, die sie mir geschenkt hat. Vor allem danke ich ihr dafür, dass sie eine der wenigen Personen ist, bei denen die in diesem Buch beschriebenen Methoden rein gar nicht funktionieren. Dafür kennt sie mich einfach zu gut, und das ist ein wundervolles Gefühl. Ein großer Dank geht auch an meine Eltern für ihre Liebe und Geduld mit mir.

Ich möchte mich auch recht herzlich bei den Mitarbeitern der Deutschen Bahn dafür bedanken, dass sie mich stets zuverlässig, sicher und freundlich durch Deutschland kutschieren. Dieses Buch ist nämlich zum größten Teil bei meinen unzähligen Bahnfahrten quer durch Deutschland entstanden, und die interessantesten Menschen habe ich bei Bahnfahrten kennengelernt.

Ferner gilt mein Dank all jenen, die mich beruflich und privat unterstützt haben und ohne die ich nie da stünde, wo ich jetzt bin. Würde ich Namen nennen, liefe ich Gefahr, jemanden versehentlich unerwähnt zu lassen und ihm somit Unrecht zu tun. Deswegen belasse ich es dabei, keine Namen zu nennen. Denen ich zu danken habe, sage ich es persönlich.

Über den Autor

Kishor Sridhar (Dipl-Ing., MBA) ist Managementberater, Coach und Vortragsredner. Er begleitet Unternehmen bei der Lösung von Entwicklungsblockaden, sowie der zielgerichteten Marktentwicklung und Umsatzsteigerung. In seiner Arbeit vertritt Kishor Sridhar den Grundsatz, dass der rational, sachlich und stets vernünftig handelnde Mensch ein Mythos ist. Gerade die menschlichen und vermeintlich unvernünftigen Handlungsweisen sind der wahre Antrieb für Spannendes und Neues.

Unter Verwendung der Erkenntnisse der Verhaltenspsychologie und der Behavioral Economics setzt er diese Philosophie seit fast zwei Jahrzehnten in seiner Arbeit erfolgreich im In- und Ausland um und ermöglicht es so Unternehmen und Mitarbeitern verdeckte Potenziale zu entfachen.

Neben Seinen Beratungstätigkeiten hat Kishor Sridhar Lehraufträge an diversen, internationalen Hochschulen.

Im Redline Verlag ist von ihm bereits das Buch *Krisen-Impfung* erschienen.

www.sridhar.de

Literaturverzeichnis

Ariely, D. (2010). *Denken hilft zwar, nützt aber nichts.* Knaur TB.

Arkes, H. R., & Blumer, C. (Februar 1985). The Psychology of Sunk Cost. *Organizational Behavior and Human Decision Processes*, Volume 35, Issue 1, Seite 124-140.

Arkes, H. R., Kung, Y.-H., & Hutzel, L. (March 2002). Regret, Valuation, and Inaction Inertia. *Organizational Behavior and Human Decision Processes*, Volume 87, Issue 2, Seite 371-385.

Babcock, L. L. (1995). *Biased judgements of fairness in bargaining.* The American Economic Review, 85, Seite 1337-1343.

Babcock, L. W. (1996). *Choosing the wrong pond: Social comparisons that reflect a self-serving bias.* Quarterly Journal of Economics, Seite 111, 1-19.

Babcock, L., & Loewenstein, L. (1997). *Explaining bargaining impasse: the role of self-serving biases.* Journal of Economic Perspectives, Seite 109-126.

Bazerman, M. W. (1995). *Perceptions of fairness in interpersonal and individual choice situations.* Current Directions in Psychological Science, 4, Seite 39-43.

Bazermann, M. H. (1983, Vol. 27, No. 4). *I won the Auction but Don't Want the Prize.* The Journal of Conflict Resolution, Seite 618-634.

Danzigera, S., Levavb , J., & Avnaim-Pesso, L. (April, 2011). *Extraneous factors in judicial decisions.* Proceedings of the National Academy of Sciences.

De Mesquita, B. B. (2010). *The Predictioneer's Game.* New York, USA: Random House.

Doppler, K., & Voigt, B. (2012). *Feel the Change.* Frankfurt: Campus Verlag.

Garland, H. (Dezember 1990). *Throwing good money after bad: The effect of sunk costs on the decision to esculate commitment to an ongoing project.* Journal of Applied Psychology, Vol 75(6), Seite 728-731.

Güth, W., Schmittberger, W., & Schwarze, B. (Volume 3, Issue 4, December 1982*). An experimental analysis of ultimatum bargaining.* Journal of Economic Behavior & Organization, Seite 367-388.

Kahneman, D. (2011). *Thinking, Fast and Slow.* Farrar Straus Giroux.

Kahneman, D., & Tversky, A. (März 1979). *Prospect Theory: An Analysis of Decision under Risk.* Econometrica, 47 (2), Seite 263-291.

Kahneman, D., Knetsch, J. L., & Thaler, R. H. (Winter 1991). *Anomalies: The Endowment Effect, Loss Aversion, and Status Quo Bias.* The Journal of Economic Perspectives, Volume 5, Issue 1, Seite 193-206.

Taylor, S. E., & Brown, J. D. (1988). *Illusion and well-being: a social psychological perspective on mental health.* Psychological Bulletin, 103(2), Seite 193-210.

Thaler, R. H. (1999). *Mental Accounting Matters.* Journal of Behavioral Decision Making, Seite 183-206.

Stichwortverzeichnis

Entwickle deine Stärken

Viele Menschen haben sich schon gefragt, ob sie ihre potenziellen Talente und Stärken im Beruf auch tatsächlich voll ausschöpfen. Und viele müssen diese Frage mit einem klaren NEIN beantworten, denn allzu oft bleiben die eigenen Talente unentdeckt und ein Leben nach den eigenen Fähigkeiten rückt in weite Ferne. Doch jeder, der möchte, kann seine Stärken ausbauen.

Basierend auf den erfolgreichen Online-Assessments von Gallup bieten dieses Buch von Tom Rath und der zugehörige Online-Code jedem die Möglichkeit, selbst seine fünf Toptalente herauszufiltern, um sich dieser bewusst zu werden und sie dann gezielt zu fördern. Der Leser wird überraschende Erkenntnisse gewinnen und herausfinden, mit wie viel mehr Spaß und Freude er durchs Leben gehen wird, wenn er auf seine persönlichen Begabungen achtet.

208 Seiten
Hardcover
16,99 € (D) | 17,50 € (A)
ISBN 978-3-86881-529-0

www.redline-verlag.de

REDLINE | VERLAG

Selbstmarketing für Schüchterne

Nicht jeder steht von Natur aus gerne im Rampenlicht. Doch es ist heute wichtiger denn je, sich gut präsentieren zu können – gerade weil Arbeitsplatzwechsel und Selbstständigkeit im Berufsleben zum Normalfall geworden sind. Die Folge: Sich ins Gespräch zu bringen, sich gut zu präsentieren und zu verkaufen, das wird von jedem erwartet. Wie gehen schüchterne, introvertierte oder hochsensible Menschen mit diesem Druck am besten um?

Susanne Hake zeigt mit STORYdynamics®, einem ebenso einfachen wie effektiven Fünf-Schritte-Programm, wie Selbstakzeptanz zu finden und innere und äußere Blockaden zu überwinden sind. Schritt für Schritt lernen die Leser, die eigenen, oft auch verborgenen, Stärken herauszuarbeiten, anzuerkennen und überzeugend zu vermitteln. Ziel ist es, mit mehr Selbstvertrauen seinen Weg zu gehen und Erfolge zu erleben, die auch über die Arbeitswelt hinaus beglückend sind.

256 Seiten
Broschur
16,99 € (D) | 17,50 € (A)
ISBN 978-3-86881-550-4

www.redline-verlag.de

REDLINE | VERLAG

Den Mutigen gehört die Welt

Den Mutigen gehört die Welt! Das ist das Motto und die Vision des Unternehmers und Erfolgscoachs Jens Hilbert. Nach zahlreichen Krisen als gehänselter Junge vom Land, Startschwierigkeiten, beruflichen Pleiten und Misserfolgen ist er heute ganz oben angekommen. Seine Unternehmensgruppe ist mit 350 Mitarbeitern als Marktführer in mehreren Ländern mit 20 Millionen Euro Umsatz jährlich tätig.

Er akzeptierte sein persönliches »Anderssein«, streifte seine Opferrolle ab und entwickelte sein ganz eigenes Erfolgskonzept, indem er lernte, seine Schwächen gewinnbringend einzusetzen. Seit Jahren macht er anderen Menschen Mut, ihren eigenen Weg zu gehen, ihre eigene Erfolgsgeschichte zu schreiben. Denn nur mit einem gesunden Selbstwertgefühl sind überdurchschnittliche Leistungen und Karrieren möglich – für jeden, der sich im Leben Ziele setzt!

208 Seiten
Broschur
17,99 € (D) | 18,60 € (A)
ISBN 978-3-86881-532-0

www.redline-verlag.de

REDLINE | VERLAG